DAS BIBLISCHE ANATOLIEN

VON DER GENESIS BIS ZU DEN KONZILEN

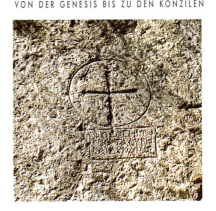

DAS BIBLISCHE ANATOLIEN

VON DER GENESIS BIS ZU DEN KONZILEN

Fatih Cimok

A TURİZM YAYINLARI

UMSCHLAGSEITE VORNE
Berg Ararat, nach Osten blickend.

DIE UMSCLAGSEITE HINTEN
Arche Noah. Ausschnitt einer Buchmalerei, spätes sechzehntes Jh.,
Zübdetü't Tevarih, 'Die legendäre Chronik des Lebens der Propheten'.
Museum für türkische und islamische Kunst. İstanbul.

TITELSEITE
Kreuz und biblische Inschrift aus dem steinernen Eingang von Anazarbus
(Anavarza). Sechstes Jh. n. Chr. Es ist der Beginn des Psalms 46 in
griechischer Sprache: 'Gott ist uns Zuflucht und Stärke, ein bewährter Helfer
in allen Nöten'.

Aus dem Englishen übersetz von Isabell Auer

HERAUSGEBER
Takeko Harada

BILDER
Aus dem Archiv von A Turizm Yayınları

Erste Auflage 2001
Zweite Auflage 2002

ISBN 975-7199-31-1

VERLEGER
A Turizm Yayınları
Şifa Hamamı Sokak 18/2,
Sultanahmet, İstanbul 34400, Türkei
Tel: (0212) 516 24 97 Fax: (0212) 516 41 65
e-mail: aturizm@superonline.com

INHALT

'Herr, empfange die Gaben derer, deren Namen Du kennst'.
Weihinschrift auf Griechisch aus dem Mosaikfußboden einer Kirche in Antiochia am Orontes.
Erste Hälfte des 6. Jh. n. Chr. Archäologisches Museum Hatay. Antakya.

Vorwort

Dieses Buch soll dem Leser als Begleiter vor, während oder nach seiner Reise in die Türkei dienen. Um diesem Anspruch gerecht zu werden, wurde jedes Kapitel als geschlossene Lese-Einheit konzipiert, beinahe unabhängig von den anderen Abschnitten und als ob der Leser keine oder wenig Information zum Thema habe. Somit sind Wiederholungen unvermeidbar. Es wurde ebenso darauf geachtet, den Text so unakademisch wie möglich zu gestalten.

Die frühgeschichtliche Erzählung der Bibel beginnt in der ersten Hälfte des zweiten Jahrtausends mit der Reise Abrahams von Ur in Chaldäa nach Haran und Kanaan und endet mit dem Einzug der Israeliten in das Gelobte Land im zwölften Jh. v. Chr. und der darauf folgenden Bildung eines Vereinigten Königreichs. Der geschichtliche Abschnitt umfasst die Königreiche im Norden (Israel) und Süden (Juda) und schließt mit der Etablierung des unabhängigen Hasmonäischen Königreichs in der Mitte des zweiten Jh. v. Chr. Das Neue Testament beginnt mit dem Aufkommen des Christentums und schließt mit der Offenbarung des Apostel Johannes in Patmos am Ende des ersten Jh. n. Chr. Eine große Anzahl der Nationen, Reiche, Ereignisse und Plätze, die in dieser zweitausend Jahre umfassenden Schilderung vorkommen, unabhängig davon, ob es Volkssagen oder wahre Handlungen sind, betreffen auch Anatolien. In diesem Buch werden zusätzlich Themen erwähnt, die nicht in der Bibel behandelt werden, wie z.B. Edessa (Urfa) oder die Ökumenischen Konzile, um dem Leser ein vollständigeres Bild der Bedeutung Anatoliens für die Entstehung des heutigen Christentums zu vermitteln.

Bei der Behandlung der Erzählungen des Alten Testaments wurde ein flexibler Plan von Schlüsselverweisen und eine kurze Schilderung des Themas in Zusammenhang mit Anatolien und Palästina verfolgt. Bezüglich der Stätten, die im Neuen Testament vorkommen, werden nur jene der frühchristlichen Geschichte berücksichtigt.

Die Zeitangaben in diesem Buch sind häufig annähernd, dies gilt stärker für die früheren Perioden. Bei der Rechtschreibung der antiken Namen wurden die gängigsten, nicht-akademischen Versionen, ohne Bemühung einheitlich die griechische oder lateinische Form zu verwenden, benutzt. Ebenso wurde statt Kleinasien Anatolien, der Name der Region, der vom griechischen Hauptwort *anatole*, der Osten des Orients, wo die Sonne aufgeht, abstammt, bevorzugt.

Weihstein der Kirche der Apostel. Anazarbus (Anavarza). Erste Hälfte des
sechsten Jh. n. Chr. Der Kranz enthält ein Kreuz mit Alpha und Omega, dem ersten

und letzten Buchstaben des griechischen Alphabets, um Gottes Ewigkeit und
Unendlichkeit kundzutun (Offb 1:8; 21:6) oder die von Christus (Offb 22:13).

GESCHICHTLICHE EINLEITUNG

Palästina, das in der Vergangenheit das Land von Kanaan genannt wurde, ist ein kleines Stück Erde zwischen Anatolien, Syrien, Mesopotamien und Ägypten. Seine Geschichte, von der Mitte des zweiten Jahrtausends v. Chr. bis zur christlichen Zeitrechnung, trifft nicht nur mit in der Bibel erwähnten Ereignissen, sondern auch mit großen sozialen und wirtschaftlichen Änderungen zusammen, wie der Entdeckung der alphabetischen Schrift, dem Ersatz von Bronze durch Eisen, die Einführung des Münzsystems, dem Aufstieg und Untergang der griechischen *polis* und dergleichen: Innovationen oder Errungenschaften, die eine wichtige Rolle spielten für die Erreichung der heutigen Kultur.

Die traditionelle Sichtweise der patriarchischen Ära, die das Leben Abrahams, Isaaks, Jakobs und Josephs beherrschte, endete in der Mitte des fünfzehnten Jh. v. Chr. Ungefähr zu dieser Zeit wurde Ägypten von den Pharaonen des Neuen Königreichs, Syrien und das nördliche Mesopotamien von Mitanni, das gefährlich im Zentrum lag, und Anatolien von den Hethitern regiert. Die Assyrer, jenseits des Euphrats, stellten ihre Macht sporadisch zur Schau. Sie waren bisher noch nicht, wie das neo-assyrische Reich, zur Kriegsmaschine des Nahen Ostens geworden. Babylonien erlitt nach dem Untergang des alten Babylonischen Reichs einen Rückschlag, während dem die kassitischen Könige von Babel keinerlei territorialen Ambitionen hatten. Gegen Ende des siebten Jh. v. Chr. erhob es sich zum neo-babylonischen Reich. Jenseits der Ägäis lag Ahhiyawa oder die Mykenern, deren König vom großen König der Hethiter als ebenbürtig betrachtet wurde. Aufgrund der Keilschrifttafeln und anderen archäologischen Materials, das bei Ausgrabungen regelmäßig ans Tageslicht gebracht wurde und wird, wächst unser Wissen über die antike Geschichte dieser Länder von Tag zu Tag. Diese Großmächte sollen hauptsächlich Krieg zur Unterdrückung der kleinen Staaten in und am Rande ihrer Territorien geführt haben und nicht miteinander. Falls sie sich bezüglich ihrer gegenseitigen Stärke nicht sicher waren, bevorzugten sie die Einrichtung anhaltender wirtschaftlicher und diplomatischer Beziehungen, von denen sie gemeinsam profitieren würden. Die Archive, die die Protokolle ihrer diplomatischen Beziehungen aufbewahrten, belegen, daß sie Abkommen unterzeichneten, Koalitionen eingingen, gegenseitig ihre Töchter ehelichten, Botschafter, Ärzte (Magier), Geschenke und Briefe austauschten. Obwohl sie verschiedene Sprachen verwendeten, korrespondierten sie in derselben internationalen Schrift und Sprache: der akkadischen Sprache und Keilschrift. Dies war ein System von Zeichen, die Silben aufwiesen und mit einem gespitzten Rohr in ein flaches Lehmstück geritzt wurden, das später gebrannt wurde. Jeder Herrscher besaß ein Archiv mit akkadisch sprechenden Schreibern, die seine in der einheimischen Sprache diktierten Briefe in die akkadische Sprache und auch die Antwortschreiben übersetzten. Die Hattusa Archive und Amarnabriefe werden als die besten dieser Aufzeichnungen angesehen.

Während der späteren Periode des Bronzezeitalters zwischen 1500 und 1200 v. Chr. befand sich Palästina in der politischen Sphäre der Ägypter, die es als ihr eigenes Land ansahen. Nach dem Kadesch-Vertrag lud Ramses II. Hattusili III. mit den Worten: 'Ich werde nach Kanaan gehen, um meinen Bruder zu treffen', zu einem Besuch seines Landes ein. Es wurde unter einigen unbedeutenden Königreichen aufgeteilt, von denen jedes ein Hinterland regierte, das üblicherweise von Hirten-Nomaden besiedelt wurde. Seine Bevölkerung, Kanaanäer genannt, bestand überwiegend aus Amoritern[1] und gestaltete eine weitgehend homogene Kultur überall in der Levante. Kanaans Größe und Geographie erlaubte den Stadtstaaten keine

---

[1] Akkadisch *Amurru* oder 'Westland'. Semitisch sprechende Stämme begannen gegen Ende des dritten Jahrtausends von ihrer Heimat, dem nördlichen Arabien und der syrischen Wüste, in alle Richtungen auszuwandern.

Relief mit Musikern. Ende des achten Jh. v.Chr. Karatepe (Azitiwataya). Vier Musiker spielen die im antiken Nahen Osten bekanntesten Instrumente: eine Rahmenpauke, eine Harfe, eine Lyra und eine Doppelflöte. Diese Instrumente werden gelegentlich in der Bibel erwähnt, z.B. als Samuel (1 Sam 10:5) Saul auffordert, nach einem speziellen Zeichen seiner göttlichen Wahl zum ersten König Israels zu suchen: Beim Betreten der Garnison der Philister würde er eine 'Schar von Propheten treffen, die von der Kulthöhe herabkommen und vor ihnen wird Harfe, Pauke, Flöte und Zither gespielt'.

Vereinigung und Bildung eines einzelnen starken Königreichs, das gegen Ägypten ankämpfen könnte. Die ägyptischen Garnisonen, die zwischen den kanaanäischen Siedlungen stationiert waren, waren für die Eintreibung der Steuern und Abgaben verantwortlich. Im Laufe der frühen Geschichte trachteten die gegenseitig eifersüchtigen und mißtrauischen kanaanäischen Städte, insofern sie keine vorübergehenden, losen Bündnisse eingingen, nach der regionalen Macht oder kämpften untereinander und waren folglich beeinflußt von den Ereignissen außerhalb Palästinas.

Während des Einfalls der Seevölker um 1190 v. Chr. erlitten Anatolien und Palästina dasselbe Schicksal. Der Untergang der Hethiter führte für Anatolien einen 400 Jahre andauernden Rückschlag herbei, genannt das Dunkle Zeitalter. In Palästina bereitete die Abwesenheit der ägyptischen Hegemonie den Boden für die Israeliten, um in das Gelobte Land einzuziehen und eine Regierungsform zu gründen, die später das Vereinigte Königreich genannt wurde.

Nach dem Zerfall des hethitischen Reiches in Anatolien überlebte seine materielle Kultur in Form von Architektur und Schriften der Fürstentümer des südöstlichen Hochlands. Karkemisch, Milid (Malatya), Gurgum-Marqasi (Maraş), Samal (Zincirli) und Azitiwataya (Karatepe) waren die bedeutendsten neo-hethitischen Königreiche. Ungeachtet einiger hethitischer Merkmale wurden diese Stadt-Reiche von der

Gezer Kalender. 925 v. Chr.
Archäologische Museen İstanbul. Es
besteht aus einem kleinen, flachen
Kalkstein, darauf eingekerbt eine
Konkordanz-Tabelle der zwölf Lunationen
mit den Perioden des landwirtschaftlichen
Jahre. Es wird angenommen, daß es sich
hierbei um eine Schulübung handelte, die
auswendig gelernt werden mußte.
Die Inschrift wird als eines der ältesten
Muster von erhaltenen hebräischen
Schriften angesehen, und wird auf das
Ende des Vereinigten Königreichs datiert.

aramäischen Kultur beherrscht, die später durch einige neo-assyrische Elemente ergänzt wurde. In Kanaan fiel diese Periode zusammen mit dem Aufstieg Phöniziens (Byblos, Sidon und Tyrus) und mit der Herrschaft von Saul, David und Salomo. Viel früher waren zusätzliche Kräfte wie Urartu, die Lyder und Phryger, Tabal im Norden des Taurus und Que (kilikische Ebene) im restlichen Anatolien erschienen und füllten die politische Lücke, die durch die Abwesenheit der Hethiter entstanden war. Im nördliche Mesopotamien und Syrien wurde Mitanni durch die Assyrer ersetzt. Im südlichen Mesopotamien wartete Babylonien auf sein Wiedereindringen. Schließlich überdauerte Assyrien alle diese Mächte und nahm sogar Ägypten ein. Das Eintreffen der Kimmerier (bibl. Gomer) und der Skythen (bibl. Aschkenas) aus dem Norden des Kaukasus verkomplizierten das Bild des Nahen Ostens im achten und siebten Jh. v. Chr. Beinahe alle diese Reiche oder Staaten kommen in der Bibel vor und sind mit der ethno-geographischen Geschichte Anatoliens verbunden. Die Geschichte von Anatolien und Palästina ist nach dem sechsten Jh. v. Chr. leichter zu verfolgen, da sie dasselbe Schicksal teilten: Beide Länder wurden ein Teil des halb-persischen Reiches für zwei Jahrhunderte und beide spürten die politischen und kulturellen Auswirkungen der Eroberung Alexanders des Großen und der Herrschaft der nachfolgenden hellenistischen Monarchien, der Ptolemäern und Seleukiden, für weitere zweihundert Jahre. Die Vorherrschaft der aramäischen Sprache und Schrift, die die akkadische Keilschrift im achten Jh. abgelöst hatte, hielt bis zur Einrichtung des hellenistischen Reiches an. Im dritten Jh. nahm Griechisch allmählich den Platz von beiden, Aramäisch und den heimischen Sprachen, als gemeinsame Sprache ein. Diese Entwicklung unterstützte die Ausbreitung der christlichen Lehre in der heidnischen Welt. Die Wurzeln des Kaiserkults, der später den Stein des Anstoßes für das Christentum bilden und Verfolgungen auslösen würde, gehen auch auf die hellenistische Ära zurück.

Im zweiten Jh. v. Chr. drangen die Römer in Anatolien und kurz darauf in Palästina ein. Folglich befanden sich Anatolien und Palästina während der letzten Epoche der biblischen Geschichte unter der Hegemonie derselben Macht. Der direkte Einfluß der römischen Präsenz in Anatolien und Palästina wurde zwar nicht im Alten Testament, jedoch im Neuen Testament erwähnt. Obwohl in der kleinen Welt von Judäa geboren, sollte das Christentum den Kampf sowohl gegen das Heidentum als auch das Judentum in großem Ausmaß in der griechisch-römischen Welt Anatoliens, vom Tigris bis zur Ägäis, gewinnen. Das Christentum wurde zur ersten offiziellen und, nachfolgend am Ende des vierten Jh. n. Chr., zur ausschließlichen Religion des späten Römischen Reiches.

DIE FLÜSSE VON EDEN

Der dritte Strom heißt Tigris; er ist es, der östlich an Assur vorbeifließt. Der vierte Strom ist der Eufrat (Gen 2:14).

In der Genesis (2:14) sind Euphrat und Tigris zwei Nebenflüsse[1] des Stromes, der durch den Garten Eden fließt. Bei den Israeliten war der Euphrat als *Perath* (akkadisch *Purattu*) bekannt. Die Hethiter nannten ihn *Mala* oder *Purana*. In der Bibel wird er oft als 'der Strom' oder 'der große Strom' (Gen 15:18) bezeichnet, um die östliche Grenze der zivilisierten Welt und die Grenze des Gelobten Landes auf dieser Seite anzuzeigen. Der heutige Name des Flusses wurde von den Griechen von *Ufratu*, seinem altpersischen Namen, abgeleitet.

In den hethitischen Annalen war der Tigris als *Aranzah* bekannt, einem ursprünglich hurritischen Namen. Der hebräische Name des Flusses war *Hiddeqel*, vom akkadischen *Idiglat* abgeleitet. In der Bibel wird er ebenfalls lediglich als 'der Strom' bezeichnet. Sein heutiger Name kommt vom altpersischen *Tigra*.

Beide Flüsse entstehen im östlichen Anatolien, gespeist vom Schnee der Berge. Sie mündeten in der Antike gesondert in den Persischen Golf. Ihre Flußarme breiteten sich wie ein Netz in den Bergen aus und antike Festungen wurden dort errichtet, wo ihre tiefen Schluchten passierbar waren. Der Euphrat ist ungefähr 2.800 km und der Tigris 2.000 km lang. Obwohl schmaler als sein Bruder, trägt der Tigris mehr Wasser. Der Euphrat fließt von seiner Mündung in großen Kurven südwärts durch das Land. Dieser physische Unterschied ist bei Isaiah (27:1) vermerkt, 'Leviatan, die schnelle Schlange, den Leviatan, die gewundene Schlange'. In der sumerischen Schöpfungsmythologie entsprangen die beiden Flüsse den Augen der urzeitlichen, sumerischen Göttin Tiamat, als sie vom Gott Marduk umgebracht wurde; 'der Tigris

Personifizierung des Flusses Tigris. Mosaik aus Seleukia Pieria (Çevlik). Erste Hälfte des zweiten Jh. n. Chr. Das Institut der Kunst. Detroit. Michigan.

[1] Die anderen zwei Nebenflüsse, der Pishon und Gihon, können nicht identifiziert werden.

ist ihr rechtes Auge, der Euphrat ist ihr linkes Auge'. Später füllte der Enki, der Gott der Weisheit, die Flüsse mit Fisch und wählte eine Gottheit für jeden der beiden. Die Vernachlässigung des Opferns vor der Überquerung des Flusses erzürnte die Götter und provozierte göttliche Bestrafung. Der Hethiter könig Mursili II. behauptete daß sein Land eine Plage erlitt, da sein Vater dem Fluß *Mala* (Euphrat) kein Opfer dargebracht hatte.

Einmal aus den Bergen in die syrische und mesopotamische Ebene geflossen, wurden die Flüsse zu den Hauptwasserquellen der Armeen und Karawanen, die durch die Wüste zogen, und auch der angesiedelten Bevölkerung. Sie wurden zur Triebkraft der Entstehung der mesopotamischen Zivilisationen. Tatsächlich entstand Mesopotamien[2] durch den Schlamm, den sie mit sich trugen und war das fruchtbarste Stück Land zwischen dem Indus und dem Nil. Herodot, der im späten fünften Jh. v. Chr. schrieb, behauptete, daß die Erde Mesopotamiens fruchtbarer[3] war als die Ägyptens. Das Funktionieren dieser Flüsse als Handels- und Transportadern zwischen dem Norden und dem Süden machte einige Wüstensiedlungen zu wichtigen Handelszentren, ausgestattet mit Kais am Flußufer, Zollhäusern, Hafenmeistern, Wachen und Kontrollpunkten. Obgleich das nördliche Hochland früher besiedelt wurde, erschufen die Bewohner des Südens, aufgrund der Verwaltung der Wasserkontrolle des Flusses und seiner Arme, eine Bewässerungswirtschaft. Die Speicher solcher Städte enthielten alles, was Mesopotamien vorort erzeugte, Wolle, Häute, Getreide, Textilien und Bitumen, und was es importierte, Gold, Silber, Zinn, Bronze, und andere Metalle, Nutzholz, Elfenbein, Lapislazuli, Parfums, Gewürze, Öl und Wein. Neben Floßen, die die Armeen oder Händler beförderten, erwähnt die sumerische Literatur Floße aus Baumstämmen des 'Zedernberges' (der Amanus), die den Euphrat wie 'gigantische Schlangen' hinunter schwammen. Zur Erleichterung des Transports und um das Wasser besser zu nutzen, wurden die Flüsse durch Bewässerungskanäle verbunden. Die erste Zivilisation entstand im südlichsten Teil Mesopotamiens, wo Euphrat und Tigris sich einige 200 km vor dem Persischen Golf vereinen. Einige der wichtigsten Städte dieser Zivilisationen wurden an den Hauptwasserstraßen oder ihren Nebenflüssen gegründet: Ur der Chaldäer, Uruk (bibl. Erech), Babel, Mari, Karkemisch am Euphrat, Ninive, Nimrud (bibl. Kalach) und Assur am Tigris.

Die antike Literatur und Aufzeichnungen enthalten fragmentarische, aber dennoch interessante Hinweise auf beide Flüsse. Bereits im dritten Jahrtausend wurde der Transport auf ihnen hauptsächlich mit Booten ausgeführt, die aus einem Rahmen aus Ästen und geflochtenem Schilfrohr

[2] Griechisch *Mesopotamia*, oder 'zwischen zwei Flüssen', wurde entweder vom hebräischen 'Aram Naharaim' oder 'Syrien der Flüsse' oder von aramäischen oder arabischen Äquivalenten abgeleitet.

[3] Obwohl es nicht den zwei- oder dreihundertfachen Ertrag an Korn brachte, wie Herodot und Strabo behaupteten.

bestanden und mit Häuten überspannt waren. Diese Schiffe waren als 'Rüben' bekannt, und wurden von Ufer zu Ufer gerudert.

Herodot meinte, daß die Boote, die den Euphrat hinunterfuhren, rund in ihrer Form und aus Häuten gemacht waren. Jedes wurde von einem Mann gerudert und das größte hatte eine Kapazität von mehr als vierzehn Tonnen. Jedes Boot beförderte einen lebenden Esel — die größeren mehrere — und wenn sie Babylon erreichten und die Fracht zum Erwerb angeboten wurde, wurden die Boote zerlegt, der Rahmen und das Schilf verkauft und die Häute für die Rückreise auf den Esel verladen. Es gab keinen Wind, um sie flußaufwärts zu treiben und es rentierte sich nicht, leere Floße von Menschen oder Eseln ziehen zu lassen. Mitte des neunzehnten Jh. s. konstruierte Henry Austen Layard zwei der größten Floße, die bis dahin bekannt waren. Jedes bestand aus 600 aufgeblasenen Ziegen- und Schafshäuten, für eine Reise von 1.000 km vom Nimrud bis zur Mündung des Tigris, um die kolossale Statue eines Bullen und eines Löwen, die sich heute im Britischen Museum befindet, zu transportieren. Auch Lawrence von Arabien soll die Strömung des Euphrats genutzt haben, um die Reliefe, die er in Karkemisch ausgegraben hatte, flußabwärts zu bringen. Im dritten Jahrtausend v. Chr. soll Sargon von Akkad, als Kind, von seiner Mutter in die Fluten des Euphrats geworfen worden sein. Hattusili I. (1650-1620 v. Chr.) prahlte damit, daß er und seine Armee den Fluß zu Fuß überquert hätten. Ägyptische Annalen berichten, daß der Pharao Tuthmosis III.[4] (1479-1425 v. Chr.), nachdem er Palästina überfallen hatte, in Syrien einmarschierte, bis nach Alalach (Tell Açana) vordrang und den Euphrat überquerte. Als die Ägypter das Flußufer erreicht hatten, waren sie erstaunt, daß dieser Fluß vom Norden 'stromaufwärts' und nicht wie der ihnen vertraute Nil vom Süden 'stromaufwärts' floß. In denselben Annalen wird zum ersten Mal die Existenz von Elefanten in dieser Region erwähnt. Eines dieser Tiere kam in der Nähe von Karkemisch frei und bedrohte den Pharao. Ein Soldat rettete ihn jedoch, indem er den Rüssel der Bestie mit seinem Schwert abschlug. Einige hundert Jahre später brüstete sich der assyrische König Tiglat-Pileser I. (1114-1076 v. Chr.) damit, daß er zehn männliche Elefanten im Distrikt Haran getötet, ihre Stoßzähne und Häute sowie vier weitere lebend gefangene Elefanten als sein Eigentum an sich genommen habe. In einer Inschrift, die er in den Klippen im Nordosten von Diyarbakır hinterließ, sagt er: 'Ich ging zu der Quelle des Tigris. Ich wusch die Waffen des Assur dort, wo das Wasser entspringt'. Der spätere Mangel an Elfenbein in Assyrien gegen Ende des achten Jh. s. v. Chr., wird als Hinweis auf die Ausrottung der Elefanten in dieser Region interpretiert. Derselbe König behauptet, daß er den Euphrat achtundzwanzig Mal überqueren mußte, um die aramäischen

---

[4] Die ägyptische Hieroglyphen-Inschrift auf dem Obelisk in İstanbul, der von Karnak kam, gedenkt zum Teil dieser Expedition. Die anderen drei erhaltenen Obelisken befinden sich in Rom, London und New York.

Plünderer zu verfolgen. Er brachte seine Soldaten auf Floßen aus aufgeblasenen Ziegenhäuten, heute als 'Kelek' (akkadisch *Kalakku*) bekannt, ans andere Ufer. Ashurnasirpal II (883-859 v. Chr.) war ein weiterer assyrischer Machthaber, der uns die Aufzeichnungen seiner Jagd auf Wildschweine und Löwen in der oberen Region des Euphrats hinterließ.

Von der Existenz von Löwen in den Binsenhainen an den Flußufern wurde bis in das vierte Jh. n. Chr. berichtet. Sein Nachfolger Schalmaneser III. (858-824 v. Chr.) dekorierte die Pforten seines Palastes in Balawat mit Bronzereliefen, die sein Opfer und ein Abbild seiner Person an der Mündung des Tigris zeigen, wo die Originale erhalten geblieben sind. Die Inschrift des Königs Sarduri II. (764-734 v. Chr.), von Urartu in der er behauptet, daß er den Euphrat überquerte, als dieser ruhig war, liegt heute im Wasser des Karakaya Damms.

Die Ströme traten regelmäßig über ihre Ufer, wenn sie ihren Lauf änderten, und eine solche Katastrophe mag wohl das mesopotamische Sintflut-Epos inspiriert haben. Obwohl Ausgrabungen Schlammlagen verschiedener antiker Stätten in Mesopotamien ans Licht brachten, stammen diese aus verschiedenen Perioden und es gibt bisher noch keinen Hinweis auf eine universale Überschwemmung.

Der Ruhm der Flüsse im Verständnis der Menschen in der Antike wird in den Erzählungen der Bibel widergespiegelt. Die judaistische und christliche Interpretationen des Euphrats als Grenze zwischen der Erde und der Unterwelt wurde von der babylonischen Mythologie inspiriert. Als Jesaja (11:15) sagt: 'Der Herr[5]…er schwingt in glühendem Zorn seine Faust gegen den Eufrat und zerschlägt ihn in sieben einzelne Bäche', damit die Restlichen aus Israel von Assyrien zurückkehren würden. Er benutzt das Wort in seine antiken Bedeutung. In der Offenbarung (16:12) schreibt Johannes über den Euphrat: 'Da trocknete sein Wasser aus, so daß den Königen des Ostens der Weg offenstand'. Diese waren die Herrscher der Unterwelt vor dem endgültigen Kampf zwischen Gott und Satan in Armageddon. In der Offenbarung (9:14) wird der Fluß als Grenze zwischen der Welt des Lebens und dem Königreich des Todes erwähnt. Gott befiehlt die Freilassung der vier Engel der Todes, 'die am großen Strom, am Eufrat gefesselt sind'. Auch als Daniel 'am Ufer des großen Flusses, des Tigris' (Dan 10:4) stand, blickte er auf und sah die Erscheinung des Erzengels.

Nach der römischen Eroberung und der Installierung des *pax romana* oder 'Römischen Friedens', diente der Euphrat unter der Herrschaft des Augustus (27 v. Chr.-14 n.Chr.) als Grenze zwischen Rom und seinen östlichen Nachbarn, zuerst die Parther und dann die Sassaniden. Die Bedeutung des Flusses als Grenze im physischen Sinne wird auch auf die Trennung der westlichen und östlichen Kirchen ausgedehnt.

[5] Augrund seiner Heiligkeit wird *Yhwh* oder 'Yahweh' oft durch das hebräische *Adonas* oder 'mein Herr' ersetzt.

Die Arche Noah, mit der Inschrift *Kibotos* versehen. Ende viertes, Anfang fünftes Jh. n. Chr. Mosaik Museum Misis (nahe Adana). Es gehörte zu dem Boden des Mittelschiffs einer Kirche oder Kathedrale. Die Form der Schiffes muß vom hebräischen Wort *teba oder 'Truhe'*, das für die Arche in der Bibel verwendet wurde, inspiriert worden sein; ins Griechische übersetzt *Kibotos* oder 'Kiste'. Die Bundeslade wurde benutzt, um die zwei Steintafeln mit den Geboten, die Moses von Gott auf dem Berg Hareb (Sinai) erhielt, und anderen Relikten aufzubewahren. In einer der Ecken der Tafel zeigt eine Restaurierung aus dem sechsten Jh. n. Chr. Noah, Sem und Jafet, wie sie aus dem Schiff kommen und ein Brandopfer darbringen (Gen 8:18).

DER BERG ARARAT

Am siebzehnten Tag des siebten Monats setzte die Arche im Gebirge Ararat auf (Gen 8:4).

Der berühmteste Ort, der in der Bibel im Zusammenhang mit Anatolien erwähnt wird, ist der Ararat. Die Genesis (8:4) berichtet, daß die Arche am Ende der Sintflut auf dem Berg Ararat auflief. Die semitischen Sprachen haben eine dreibuchstabige Wurzel, von der sich beinahe alle Hauptwörter, Verben, Adjektive unter Einschiebung von Konsonanten oder Suffixen ableiten lassen. Ararat, in der Bibel *rrt*, sollte vermutlich als Urartu vokalisiert werden; der Name, unter dem die Region zur Eisenzeit bekannt war. Die Israeliten mögen von der legendären Höhe des Berges Urartu vor oder nach der babylonischen Besetzung gehört haben. Nachdem jedoch die Genesis als den Geburtsort der Arche recht ungenau 'das Gebirge' angibt, entstanden verschiedene Überlieferungen, über den Standort dieses Gebirges. Die Israeliten und Christen hielten es für den Berg Ararat im östlichen Anatolien, ein erloschener Vulkan mit zwei Gipfel, bekannt als Großer Ararat ('Büyük Ağrı', 5.165 m) und Kleiner Ararat ('Küçük Ağrı', 3.846 m). Sein majestätischer Anblick, der sich uneingeschränkt in einer weiten Eben erhebt und seine mystisch von Schnee und Wolken eingehüllten Gipfel machen diesen Berg zum geeignetsten Platz für die Wiedergeburt der Menschheit. Die Menschen, die in dieser Region lebten, benutzten nicht den Namen 'Ararat' für diesen Berg. Für die Perser war es der 'Berg des Noah'. Die Armenier nannten ihn 'Messis', was einfach 'Berg' bedeutet. Der Koran (11.44) besagt, ohne eine Region oder einen Berg zu nennen, daß die Arche, auf der 'Al Judi' oder 'der Anhöhe' strandete. Örtliche moslemische Überlieferungen, auch die Nestorianer, sahen 'den Berg' oder 'die Höhe' als den höchsten Punkt der Gegend, wo sie lebten, an, wie der Berg Cudi[1] (2114 m) im südöstlichen Anatolien. Der Berg Demavand im Iran und der Berg Nisir[2] im Irak sind die berühmten überlieferten 'Höhen', wo die Arche angeblich strandete.

Die Geschichte der Sintflut ist die meistverbreitete Volkssage, von der mehr als 500 Versionen bestehen. Die Flut-Legenden von Anatolien und Palästina — auch von Griechenland — sollen aus Mesopotamien stammen, wo mehrere Versionen existierten. Denn diese Länder mit ihrer trockenen Landschaft haben weder zuviel Regen noch einen Mangel an Entwässerungsanlagen und es wird nicht angenommen, daß sie Erfahrung mit Überschwemmungen haben. Das Eindringen der Sintflut-Geschichte in die hebräische Literatur wurde entweder von Abraham, der sie vermutlich bei seinem Aufenthalt im Ur der Chaldäer gehört und nach Palästina gebracht hatte, oder durch die Autoren der Bibel, die sie während ihrer babylonischen Gefangenschaft vernahmen und nach ihrer Rückkehr in das Gelobte Land aufzeichneten, verursacht. Die Hauptelemente der biblischen Sintflut-Geschichte sollen von einer Quelle in hurritischer Schrift stammen, die den Name des Helden *Nahmizuli* in den

(gegenüber) Die Arche Noah. Buchmalerei. Spätes sechzehntes Jh. *Zübdetü't Tevarih*, 'Die legendäre Chronik des Lebens der Propheten'. Museum für türkische und islamische Kunst. Istanbul.
Der Koran (11.38) spezifiziert nicht die Tiere, die auf der Arche mitgenommen wurden: 'ein Paar von jeder Art', und auch Noahs Stamm, 'dein Stamm (ausgenommen der bereits Verlorenen), und alle wahren Gläubigen'.

---

[1] Berg Nippur der Assyrer.

[2] Berg Nimush, wo die Arche in der babylonischen Sintflut-Geschichte landet.

ersten Buchstaben, *nhm*, das hebräische Wort für Noah, birgt. Obwohl einige Flut-Geschichten in der antiken ägyptischen Literatur existierten, war die jährliche Überschwemmung durch den Nil eher eine Quelle des Lebens als ein Desaster, und die Wahrscheinlichkeit, daß Moses während des Exodus eine ägyptische Legende nach Hause trug, ist äußerst gering.

In Anatolien war das Bestehen mehrer Flut-Geschichten seit der phrygischen Ära bekannt. Jene, die der römische Autor Ovid im ersten Jh. n. Chr. in seinen *Metamorphosen* schildert, soll auf einer dieser phrygischen oder frühanatolischen Versionen basieren. Sie mag auf direktem Weg von Mesopotamien nach Anatolien gekommen sein, denn sie gleicht in keiner Weise der Geschichte aus der Genesis, insofern hier nicht der Regen, sondern unterirdische Wasser die Flut verursachen. Die Arche fehlt und indem sie einen Hügel erklommen, retteten sich die Helden, Philemon und seine Frau Baucis vor dem Ertrinken, nachdem sie Jupiter (Zeus) und Merkur (Hermes) unterhalten hatten, die ihr Haus als verkleidete Sterbliche aufgesucht hatten. Am Ende der Geschichte wird die Erde wiederbevölkert, indem Prometheus und Athene im Auftrag des Zeus aus Lehm *Eikons* 'Abbilder' schaffen. Ikonion oder Iconium (Konya) soll nach diesen Abbildern benannt worden sein.[3] Die ebenso von Ovid erzählte Flut-Geschichte Deucalions mag wohl über Anatolien oder Phoenizien Griechenland erreicht haben. In dieser Erzählung strandet die Arche auf dem Gipfel des Berges Parnassus. Deucaliön und seine Frau Pyrrha werfen Steine über ihre Schultern, die menschliche Gestalt annehmen und indem sie zu Männern und Frauen werden, bevölkern sie die Welt. Das Konzept des Umwandelns von Steinen in Menschen soll einen hurritischen Ursprung haben und über Anatolien nach Griechenland gekommen sein (S. 33). Deucalions Enkelkinder Dorus, Xuthus und Aelus wurden zu den Vorfahren der wichtigsten griechischen Stämme — den Dorern, den Ioniern und den Äolern.

Im Laufe der Zeit wurde die phrygische Flut-Geschichte vermutlich der Geographie der Region angepasst, so daß in der Geschichte in Apamea (Dinar) sich ein mit Wasser gefüllter Abgrund in der Erde auftut und beginnt, die Menschen in ihren Häusern zu ertränken. Ein Orakel offenbart dem König, daß der Abgrund sich nur schließt, falls er seinen wertvollsten Besitz hineinwirft. Als dies nicht hilft, springt der Königssohn hinein und rettet die Welt. Die Geschichte könnte von der Natur des Lykos-Tal inspiriert gewesen sein, denn hier gab es häufig Erdbeben und das Auftreten von unterirdischen Flüssen und Seen war bekannt. Solch ein Naturphänomen hat wohl auch die Legende vom Wunder in der Kirche des Hl. Michael von Chonai nahe Kolossae beeinflußt (S. 161). Als die mesopotamischen Juden vom Seleukidenkönig Antiochus III. Ende des dritten Jh.s. v. Chr. im westlichen Anatolien angesiedelt worden waren, hörten sie sicherlich mehrere Flut-Geschichten, jede unterschiedlich von ihrer eigenen. Es ist nicht bekannt, ob die Existenz solcher Geschichten oder ihr Bemühen eine eigene Geschichte für ihre neue Heimat zu kreieren die jüdische Bevölkerung in Apamea dazu veranlaßte, trotz des Fehlens eines hohen Berges, es mit der Sintflut Noahs in Verbindung zu bringen, wie es auf einigen Münzen aus Apamea aus dem dritten Jh. n. Chr. dargestellt ist.

Der Standort, die Form und Größe der Arche schienen die Menschen schon zu früher Zeit interessiert zu haben. Das 'Zypressenholz' (Gen 6:14), aus dem die Arche gebaut wurde, wird an keiner anderen Stelle erwähnt und seine Konsistenz ist nicht bekannt. Die Tatsache, daß es von 'innen und außen mit Pech' abgedichtet wurde, führte einige Gelehrte der heutigen Zeit dazu, 'Zypressenholz' als mit Bitumen befestigtes Schilfrohr anzusehen, das wasserdicht gemacht wurde. Somit werden einige versteinerte Formationen auf dem Ararat als Überreste der Arche angesehen. Die bekannteste wird 'Felsen des Teufels' genannt ('Şeytan Kayası'). Einige Autoren der Antike, wie der jüdische Historiker Joseph aus dem ersten Jh. n. Chr., behaupten, daß die Menschen, die den Berg erklommen und die Überreste der Arche fanden, das Bitumen für die Erzeugung von Amuletten abgekratzt haben. Jakob von Nisibis soll auch

---

[3] Konya könnte das hethitische *Ikkuwaniye/Ikuna* gewesen sein.

den Ararat bestiegen haben, um die Arche zu suchen. Marco Polo, der wohl durch diese Gegend reiste, berichtete lediglich, daß jerer Berg, auf dem die Arche gelandet sein soll, 'stets verschneit ist und von niemandem bestiegen werden kann'. Einige der zeitgenössischen Besucher behaupteten sogar, auf die Arche geklettert zu sein.

Der Glauben an die Arche war von Zeit zu Zeit als eine Sache des Schicksals angenommen. Im vierten Jh. fragte John Chrysostomos seine Zuhörer: 'Laßt uns deshalb fragen, warum sie nicht glauben: Habt ihr von der Flut gehört — dieser allgemeinen Zerstörung? Kam sie nicht, um vorüberzugehen — wurde dieses mächtige Werk nicht vollendet? Und sind nicht die Überreste der Arche bis heute als Warnung für uns erhalten geblieben?'

Formation, die wie ein Schiff aussieht, in der Nähe vom Dorf Mahser, mehr als 20 km südöstlich des Ararats.

DIE VÖLKERTAFEL

Das ist die Geschlechterfolge nach den Söhnen Noahs, Sem, Ham und Jafet…Die Söhne Jafets sind Gomer, Magog, Madai, Jawan, Tubal, Meschech…Die Söhne Hams…Het…Hiwiter…Togarma…Auch Sem wurden Kinder geboren…Assur…Lud und Aram (Gen 10; 1 Chr 1).

Gott (Jahweh) entschied, alles Leben auf Erden durch eine Sintflut zu zerstören, um die Menschen für ihre Verderbtheit zu bestrafen. Doch Noah, aus der zehnten Generation nach Adam, hatte ein untadeliges Leben geführt. Er wurde von der Flut errettet, indem es ihm erlaubt war, in einem Schiff oder einer Arche, die er konstruiert hatte, auf ihrem Wasser zu segeln. Seine Frau und seine drei Söhne, Sem, Ham und Jafet begleiteten ihn mit ihren Frauen sowie jede Art von Lebewesen. Nachdem die Arche auf dem Berg Ararat (Urartu) gelandet war, gingen sie alle ans trockene Land und begannen, die Welt wiederzubevölkern.

Dieses Kapitel des Alten Testament, bekannt als Völkertafel oder 'die Nachkommen Noahs' (10 Gen; 1 Chr 1), zeigt eine Klassifizierung der verschiedenen Völker, die den alten Israeliten während der späteren Periode der Eisenzeit bekannt waren, mit den drei Söhnen des Noah als ihren namengebenden Vorfahren, jedoch ohne eine Standortdefinition anzugeben, außer in wenigen Fällen. Die Gelehrten glauben, daß diese Tafel gezeichnet wurde, als die durch Kyrus den Großen 538 v. Chr. befreiten babylonischen Gefangenen heimkehrten. Die Herausgeber brachten diesen Aspekt in ihre Aufzeichnungen ein, indem sie sie auf ihre Erinnerungen aus der Zeit vor dem Exil und ihre während der Gefangenschaft erworbenen Kenntnisse basierten. Grob gesehen, bevölkerten Jafets sieben Söhne, die Indo-Europäer, das Gebiet nördlich von Kanaan, westlich vom Taurus, Griechenland einschließend und im Norden bis hin zum Kaukasus. Die Kinder des Ham besetzten das Land, das sich vom Libanon und dem Mittelmeer zum Indischen Ozean, Ägypten und den Ländern dahinter ausdehnte. Diese Gruppe umschloß auch einige mesopotamische Städte, die mit der Nachkommenschaft Hams aufgrund ihrer Verbindung mit Nimrod, assoziiert wurden. Gelehrte fanden viele Fehler und Anachronismen in den Aufzählungen, speziell zwischen den tafelförmigen und erzählenden Genealogien.

Während einige der Standorte und Personen, die in der Liste erwähnt werden, besonders die der Nachkommenschaft von Jafets, wie Tubal oder Meschech, als Einheimische Anatoliens angenommen werden können, dürfen andere, wie Aram oder Assur, als mit der antiken Geschichte Anatoliens eng verbunden angesehen werden.

Die Völkertafel. Die Bilder von Noah und seinen Söhnen stammen von *Silsile-name* (Genealogie). 1682. aus einer tafelförmigen Genealogie (Stambaum). Stiftungsdirektoriats. Ankara. Noah wird sowohl mit seinen Nimbus als auch der Arche im Hintergrund dargestellt.

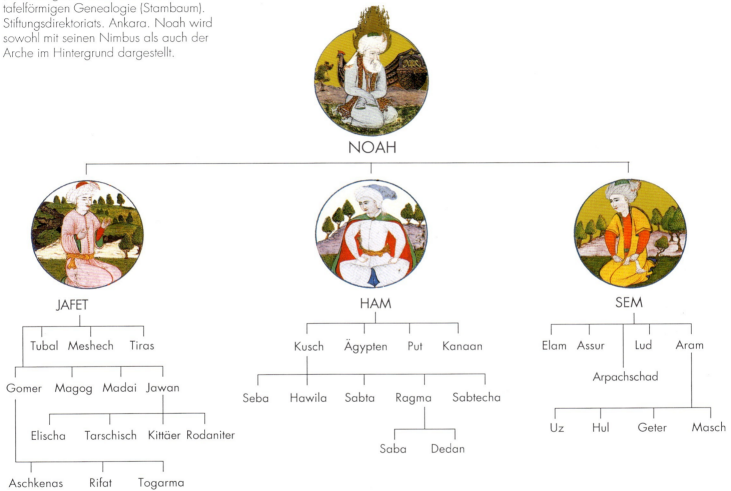

NOAH

JAFET

Tubal Meshech Tiras

Gomer Magog Madai Jawan

Elischa Tarschisch Kittäer Rodaniter

Aschkenas Rifat Togarma

HAM

Kusch Ägypten Put Kanaan

Seba Hawila Sabta Ragma Sabtecha

Saba Dedan

SEM

Elam Assur Lud Aram

Arpachschad

Uz Hul Geter Masch

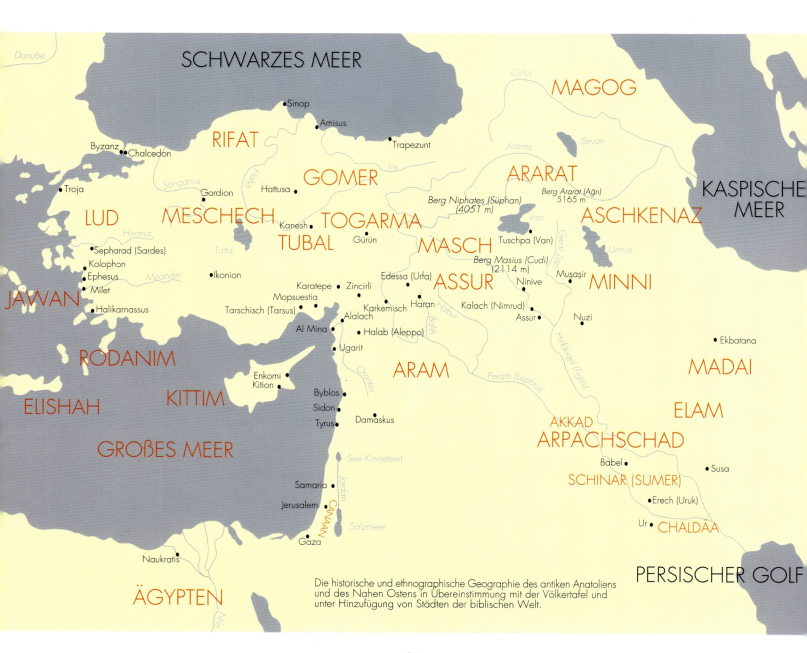

SCHWARZES MEER

Danube

MAGOG

Sinop

Amisus

Cyrus

Sevan

RIFAT

Byzanz
Chalcedon

Trapezunt

Araxes

ARARAT

KASPISCHE
MEER

Troja

Sangarius

Gordion

Hattusa

GOMER

Iris

Berg Niphates (Süphan)
(4051 m)

Berg Ararat (Ağrı)
5165 m

Halys

LUD

MESCHECH

Kanesh

TOGARMA

Hermus

TUBAL

Gürün

MASCH

Van

Tuschpa (Van)

ASCHKENAZ

Berg Masius (Cudi)
(2114 m)

Urmia

Sepharad (Sardes)

Tatta

Great Zab

Kolophon

Meander

Ikonion

Edessa (Urfa)

ASSUR

Ninive

Muşaşir

MINNI

Ephesus

Milet

JAWAN

Halikarnassus

Karatepe
Zincirli

Mopsuestia

Tarschisch (Tarsus)

Karkemisch

Haran

Alalach

Kalach (Nimrud)

Assur

Nuzi

Hidekel (Tigris)

Habur

Balih

Ekbatana

RODANIM

Al Mina

Ugarit

Halab (Aleppo)

ARAM

Perath (Euphrat)

MADAI

ELISHAH

Enkomi
Kition

KITTIM

Orontes

Byblos

Sidon

Tyrus

Damaskus

AKKAD
ARPACHSCHAD

ELAM

GROSSES MEER

See Kinneteret

Babel

Susa

SCHINAR (SUMER)

Samaria

Jerusalem

Jordan

CANAAN

Salzmeer

Erech (Uruk)

Ur
CHALDÄA

Gaza

Naukratis

PERSISCHER GOLF

Die historische und ethnographische Geographie des antiken Anatoliens
und des Nahen Ostens in Übereinstimmung mit der Völkertafel und
unter Hinzufügung von Städten der biblischen Welt.

ÄGYPTEN

Nile

HARAN

Terach nahm seinen Sohn Abram, seinen Enkel Lot, den Sohn Harans, und seine Schwiegertochter Sarai, die Frau seines Sohnes Abram, und sie wanderten miteinander aus Ur in Chaldäa aus, um in das Land Kanaan zu ziehen. Als sie aber nach Haran kamen, siedelten sie sich dort an (Gen 11:31).

Haran (Harran), in der Bibel *hm* geschrieben, wurde an einer Stelle gegründet, wo die West-Ost-Hauptverbindungsroute vom Mittelmeer über Alalach und Aleppo nach Mardin, Nisibis und das Tigris-Tal nach Mesopotamien die Nord-Süd-Route vom Inneren Anatoliens zu den Euphrat-Tälern am Fluß Balih (griechisch *Belikos*, assyrisch *Balikhu*), einem NebenFluß des Euphrats, kreuzte. Seine Bedeutung soll 'Kreuzung' (akkadisch *Harran*, 'Weg, Straße, Pfad') gewesen sein. Als Terach in Genesis (11:31) mit seiner Familie in Haran ankam, war es wohl eine der bestflorierendsten Siedlungen des fruchtbaren Halbmondes[1], eingerichtet an einer Stelle, wo sich das anatolische Hochland und das mesopotamische Tiefland trafen. Die Stadt wurde vermutlich von Amoritern und Hurritern bewohnt. Letztere waren zu dieser Zeit die ethnischste Gruppe in Nordmesopotamien und ihre Präsenz spielte eine große Rolle bei der Verbreitung der sumerischen Kultur im Nahen Osten, in Ägypten und Anatolien. Im Laufe der Zeit würde die Bevölkerung Harans durch aramäische Immigranten aus der syrischen Wüste verdrängt werden. Neben dem einheimischen Handwerk belieferten die Eselskarawanen, die hier eine Erholungspause einlegten, seine Basare mit Waren aus fernen Ländern. Es mag eine Bevölkerung von 10.000 gehabt haben und war im Umkreis von Meilen der einzige Ort, an dem die Seminomaden der ländlichen Umgebung ihre Erzeugnisse aus Wolle und Häuten, Käse oder Fleisch gegen Güter des seßhaften Lebens, Töpferwaren, Schmuck, gewobene Kleidung und ähnliche Waren tauschen konnten. In seiner Prophezeiung gegen die fremden Völker erwähnt Ezechiel, als er über Tyrus (Ez 27:23-24) spricht, Haran als eine der Städte mit der es im Handel stand: 'Prunkgewänder und Mäntel aus violettem Purpur, bunte Stoffe und mehrfarbige Tücher, feste gedrehte Seile'. Obwohl es sich beim erwähnten Handel wahrscheinlich um ein episches Klischee handelt, zeigt es Haran dennoch als blühendes Handelszentrum. Die Existenz eines bedeutenden Schreins des Mondgottes Sin, bekannt als *Ehulhul* ('Haus der großen Freude') zog Besucher aller Art, ob arm oder reich, besonders während der Feiern ihm zu Ehren an und Haran profitierte vom lukrativen Handel mit den Pilgern.

Um das Land Kanaan von Ur in Chaldäa aus zu erreichen, das am oberen Ende des Persischen Golfs lag, reisten Terach und seine Familie entlang dem Lauf des Euphrats, bis sie Haran erreichten. Wie die meisten Vieh hütenden Nomadenvölker, die eine geeignete bevölkerte Siedlung fanden, schlugen Terach und sein Stamm hier ihre Zelte auf. Nach dem

---

[1] Der Abschnitt kultivierbaren Landes, entlang der Bergkette, die Ägypten über die Mittelmeerküste mit dem südöstlichen Anatolien und Mesopotamien verbindet.

(gegenüber) Abrahams ältester Diener (Gen 15:2) trifft Rebekka, die zukünftige Braut von Isaak. Buchmalerei. Sechstes Jh. n. Chr. Wiener Genesis. Nationalbibliothek. Wien. Im oberen, rechten Abschnitt liegt die Stadt Nahors nahe Haran. Rebekka verläßt die Stadt und geht mit einem Gefäß auf ihrer Schulter entlang einer Kolonnadenstraße. Das Wasser, das aus dem Gefäß fließt, ist eine Quelle, personifiziert als nackte Nymphe, die ein Becken füllt. Hinter Abrahams Diener, der aus Rebekkas Gefäß trinkt, befinden sich die zehn Dromedare seines Herrn.

Tod seines Vaters in Haran 'nahm Abram seine Frau Sara mit, seinen Neffen Lot…und die Knechte und Mägde, die sie in Haran gewonnen hatten. Sie wanderten nach Kanaan aus.' Denn in Haran sprach Gott zu ihm — zum ersten Mal — und befahl ihm nach Kanaan zu gehen (Gen 1:5). Später, als Abraham entschieden hatte, Sara in Ägypten und Gerar zu ihrem Schutze als seine 'Schwester' auszugeben (Gen 12:13; 20:1-2), mag er die Sitte der Hurriter in Haran in Anspruch genommen haben, die ihre Frau als Schwester adoptieren konnten, um ihr einen höheren Status zu verleihen.

Als Abraham vermeiden wollte, daß sein Sohn Isaak eine Braut aus Kanaan wählen würde, sandte er seinen Diener nach Paddan-Aram[2], um bei seiner Verwandtschaft, die zurückgeblieben war, eine Frau für ihn zu finden. Dies wurde bei der Vermählung von Isaaks Sohn Jakob wiederholt. Von den mit biblischen Hochzeiten üblicherweise verbundenen Orten ist der berühmteste der Jakobsbrunnen[3] oder 'Bir Yakub', zu dem Rebekka ging, um für Abrahams Knechte und Kamele[4] (Gen 24) Wasser zu schöpfen. An derselben Quelle half Jakob Rachel den Stein von der Brunnenöffnung zu schieben, um das Vieh seines Onkel zu tränken (Gen 29). Spätere Überlieferungen assoziierten diese Quelle mit der, an der Moses die sieben Töchter des Priesters von Midan (Ex 15) traf, ein Ereignis, das sich wohl einige Jahrhunderte später zutrug als das in Haran. Das Wasser von Haran kam von den Brunnen, die von unterirdischen Flüssen gespeist wurden, die in den 'Ayn-al-Arus', der Quelle des Balih (Cülap)-Flusses mündeten. Der Name dieser Wasserquelle bedeutet 'Quelle der Verlobten' und wird üblicherweise mit den Geschichten über die Verlobten Rebekka und Rachel in Verbindung gebracht. Außer Benjamin wurden die anderen elf Söhne von Jakob in Haran geboren.

Der antike Ruhm von Haran stammte vom Tempel des mesopotamischen Mondgottes Nanna, der von den Semiten Sin genannt wird. Er wurde schon um 2000 v. Chr. angerufen, um politische Verhandlungen zu verfolgen und wurde von allen Herrschern, die zu verschiedenen Zeiten in dieser Region regierten, respektiert.[5] Hierzu zählte das Abkommen zwischen Suppiluliuma I. (1370-1330 v. Chr.) von

[2] 'Feld' oder 'Tafelland von Aram'. Dieser Begriff wurde bis ins Mittelalter für eine Gegend nahe Haran verwendet.

[3] Nicht zu verwechseln mit dem Jakobsbrunnen in Sychar (Shechem) in Samarien (Joh 4:5-6).

[4] Geschichtlich gesehen wurden Kamele bis zur persischen Ära nicht als Lasttiere verwendet.

[5] Sinai, der traditionelle Name des Berges, wo Jahwe sein Abkommen mit Moses einging, und der Abschnitt Wildnis, wo sich die Israeliten vierzig Tage aufhielten, mögen vom Gott Sin abgeleitet worden sein.

den Hethitern und König Sattiwaza, auf das hin letzterer wieder auf den mittanischen Thron gesetzt wurde. Ausgrabungen auf dem Grabhügel von Haran zeigen, daß die Spuren von Siedlungen aus der Bronzezeit bereits um 2000 v. Chr. enden. Andererseits hat die eingeschränkte Erforschung der Ruinen von Haran keine Spuren ans Licht gebracht, die weiter zurückgehen als bis in das dreizehnte Jh. v. Chr., als die Assyrer die Stadt hochschätzten und ihr gelegentlich, womöglich aufgrund des Tempels des Sin, Privilegien zusprachen. Folglich liegt, archäologisch gesehen, die Geschichte des biblischen Haran der späten Bronzezeit im Dunkeln. Später, als Haran an der hethitisch-assyrischen Grenze lag, wechselte die Herrschaft häufig und es wurde in das spätere Königreich aufgenommen. Als König Sanherib dem König Hiskija von Juda schrieb, um Jerusalem seiner Streitmacht auszuhändigen, wurde Haran als eine der Städte erwähnt, die in der Vergangenheit gegen Assyrien rebelliert und von Sanheribs Vorfahren Bestrafung erfahren hatten (2 Kön 19:11-12; Jes 37:12). Nachdem ihre Hauptstadt Ninive von den Medern 612 v. Chr.

Abraham. Wandmalerei. Mitte des elften Jh.s. n. Chr. Karanlık (dunkle) Kirche. Freilichtmuseum Göreme. Kappadokien.

Basaltstele des letzten babylonischen Königs Nabonid von Haran (555-539 v.Chr.). Şanlı Urfa Museum. Es zeigt den König seine Hände in Verehrung der Symbole des Mondes (ein Kreis mit einer Mondsichel darunter), der Sonne (eine Scheibe mit vier Punkten und dazwischenliegenden Strahlen) und der Ischtar (bein siebenstrabliger Stern in einem Kreis) erhebend. Darunter befindet sich eine lange Inschrift bezüglich der Renovierung des Tempels des Sin durch den König, in weicher der Mondgott dem König emptiehelt: 'Wiedererbaue rasch Ehulhul, den Tempel des Sin in Haran und ich werde dir alle Länder überreichen.'

besetzt worden war, flohen die Assyrer nach Haran und versuchten eine neue Front unter ihrem König Ashuruballit (611-610 v. Chr.) zu bilden. Dennoch sollen Haran und der Tempel des Sin zwei Jahre später von den Babyloniern und ihren Alliierten, den Medern, zerstört worden sein. Die Mutter des zukünftigen neo-babylonischen Königs Nabonid mag während dieses Ereignisses versklavt und in das südliche Mesopotamien gebracht worden sein. Sie stammte wohl aus einer prominenten Familie Harans und war sogar eine Priesterin des Tempels des Sin.

Texte, die aus Babel und Haran stammen, informieren uns über den Wiederaufbau des Tempels durch Nabonid (555-539 v. Chr.). Sein Werk war wahrscheinlich die letzte und umfassendste Bautätigkeit am Tempel des Sin. Laut der Eintragung aus Haran erschien Sin selbst dem König und fordert den Wiederaufbau des Tempels. Dieser Text erwähnt auch die Nordafrika-Expedition Nabonids und seinen zehnjährigen Aufenthalt (S. 58). Gegen Ende seiner Herrschaft brachte der König, zur Unzufriedenheit der anderen Tempel in Babylonien, Sin zum Haupt des babylonischen Pantheon, auf den Sitz des Marduk.

In seiner späteren Geschichte wird Haran, damals Carrhae, zum Zeugen der Vernichtung des römischen Generals Crassus durch die Parther (55 v. Chr.), als die römischen Legionen zum ersten Mal ihrem Ruf als die römischen 'Adler' nicht gerecht wurden. Der ältere Plinius, der etwa zu dieser Periode schrieb, erwähnt in *Naturalis Historia* Carrhae als die Marktstadt der Region, wo verschiedene Sorten von Duftmassen, besonders der 'Stobrusbaum' (lt. Plinius), zum Zwecke des Räucherns erhältlich waren.

Der byzantinische Herrscher Julius besuchte im Jahre 363 n. Chr. den Schrein einer Mondgottheit (Luna) in Haran. Mondkulte scheinen während der zweiten Hälfte des ersten Jahrtausends n. Chr. in den Pantheon der Sabäer aufgenommen worden zu sein. Antike Autoren und eingeschränkte archäologische Untersuchungen identifizierten mehrere Mondtempel[6] und einer könnte den Standort des ältesten Tempels des Sin anzeigen.[7] Die Sabäer betrieben in Haran bekanntlich einen Heidenkult, der die Existenz von spirituellen Wesen zwischen dem Menschen und einer höchsten Gottheit behauptete. Diese spirituellen Wesen bewohnten die Planeten und ihre Bewegungen kreierten die materielle Welt.

[6] Einen in 'Ayn-al-Arus', dem Sin geweiht. Einen zweiten in Aşağı Yarımca, ca. 8 km außerhalb, in Richtung Urfa, der Selene gewidmet. Und einen dritten im Inneren der Burg in Haran. Der Hügel im Zentrum der Stätte könnte das Innerste des frühesten Tempels des Sin beherbergt haben.

[7] Im sumerischen Pantheon war der Mond die wichtigste Astralgottheit, männlich und repräsentiert von einem Gott, Sin. Später wurde sein Sitz durch die Sonne ersetzt, die unter ihm stand und er wurde in der klassischen Mythologie weiblich und von einer Göttin repräsentiert.

HARAN

Die Saber verleugneten die Funktion eines Propheten und richteten ihre Gebete an die dazwischenliegenden spirituellen Wesen. Die Saber waren in Haran bis ins 11. Jh. n. Chr. präsent. Es gibt keine Informationen über die Einführung des Christentums in die Stadt. Obwohl die antike Literatur erwähnt, daß die 'Fremden des Landes Nisibis und Haran' der Predigt des legendären Thaddäus (syrisch Addai) zuhörten, der Edessa (S. 182) konvertiert haben soll, blieb Haran bis ins sechste Jh. n. Chr. heidnisch.

Unter den nordmesopotamischen Standorten, die in antiken Aufzeichnungen vorkommen und mit den Nachkommen Arpachschads, dem Sohn Sems, assoziiert werden, besteht Serug, assyrisch *Serugi*, (der Distrikt, wo Batnae — das klassische Anthemusia — im Süden Harans stand) heute noch als Suruç.

Ruinen der Ulu Cami (Große Moschee). Haran. Erstmals in der Umayyad-Periode (660-750) errichtet.

30

HORITER (DIE HURRITER)

und die Horiter in ihrem Gebirge Seïr (Gen 14:6).

Die Horiter des Alten Testaments waren vermutlich die Hurriter. Sie werden erwähnt als die Menschen, die vor den Edomitern im Hochland von Seïr (Petra) lebten und als 'die Horiter in ihrem Gebirge Seïr' (Gen 14:6). Die Horiter oder Hurriter sind das überzeugendste der prae-israelitischen Völker, da sie seit dem Beginn der proto-historischen Erzählung in dieser Region existiert hatten, insofern die ägyptischen Quellen aus der Mitte des fünften Jh. s. sich auf Nordkanaan und andere asiatische Länder, wie das Land von Hurru, beziehen. Dem allgemeinen Leser sind die Hurriter, obwohl sie im antiken Nahen Osten eine sehr wichtige Rolle spielten, nicht so gut bekannt wie die Babylonier oder Assyrer.

Die Hiwiter sind eine weitere ethnische Gruppe, die in der Völkertafel unter den Nachfahren von Ham bei Kanaan erwähnt wird (Gen 10:17; 1 Chr 1:15) und die in Palästina lebten, als die Israeliten begannen, in das Land einzudringen. Die Gelehrten nehmen an, daß die Autoren der Bibel den Begriff 'Hiwiter' wahllos verwendeten, um sich teils auf die Horiten (Hurriter) und teils auf andere nicht-semitische Völker in Palästina zu beziehen.

Die ursprüngliche Heimat der Hurriter sollen die Ausläufer des Zagros-Gebirges gewesen sein, wo ihre Existenz gegen Ende des dritten Jahrtausends in den Annalen des Sargon von Akkad erwähnt wurde. Ihre Sprache die weder semitisch noch indo-europäisch war, ist bis jetzt noch wenig erforscht. Jedenfalls wanderten sie aus und bis zur Mitte des zweiten Jahrtausends wurden sie zur größten ethnischen Gruppe auf dem fruchtbaren Halbmond. Die Forschung hat gezeigt, daß die Hurriter der Hauptfaktor der Verbreitung der sumerischen Kultur in dieser weiten Gegend waren, gemeinsam mit ihrem eigenen Pantheon. In Anatolien wird ihre Existenz schon bereits in der ersten Hälfte des zweiten Jahrtausends v. Chr. in Alalach (Tell Açana) in der

Eingang des Palastgebäudes des Königs Niqmepa, während dessen Herrschaft die Hurriter den Großteil der Bevölkerung der Stadt ausmachten. Fünfzehntes Jh. v. Chr. Tell Açana (Alalach). Der Torweg wurde von einem Paar einzelner hölzerner Säulen flankiert, die von polierten Basaltsockeln gestützt wurden. Niqmepas Vertag mit Ir-Teschup der Stadt Tunip bezüglich der Rückgabe von Flüchtigen widerruft 1 Könige 2:39, wo es Schimi erlaubt ist das Territorium der Philister zu betreten, um seine entflohenen Sklaven zu suchen und belegt weiters die Existenz ähnlicher Abkommen zwischen Salomo und seinen Nachbarstädten. Die Rückgabe der entflohenen Sklaven wird auch im Neuen Testament geschildert (Phlm; Kol 4:9).

HORITER (DIE HURRITER)

Nähe von Antakya aufgezeichnet. Die hethitische Zerstörung kleiner Städte in Syrien und Babylonien um 1600 v. Chr. gab den Hurritern eine Chance, ihre Macht in Richtung Kilikien auszudehnen, wo sie das Königreich von Kizzuwatna fanden und von wo ihr Einfluß Hattusa erreichte. Die Spuren ihres Eindringens in Palästina stammen aus Tell Taanach und Shechem (Nablus). Die meisten der Herrscher von kanaanäischen Stadtstaaten dieser Periode tragen hurritische Namen. Das häufige Vorkommen von indo-arischen Namen bei den hurritischen Herrschern läßt auf die Existenz einer Soldatenkaste namens *Maryannu* schließen.

Die Stadt Gasur (Nuzi), in der mittleren Tigris-Region, war im fünfzehnten und vierzehnten Jh. v. Chr. eine vorwiegend hurritische Siedlung. Die Keilschrifttafeln, die hier freigelegt wurden, bergen interessante folkloristische Informationen, die die Erzählungen des patriarchalischen Zeitalters wieder wachrufen. Ähnliches Wissen kam von den Keilschrifttexten, die in Alalach entdeckt wurden. Wir erfahren durch sie, daß die Herrscher in Alalach Dörfer austauschten, wie es Salomo und Hiram (I.) von Tyrus (1 Kön 9:11) taten, oder daß sie ihre Söhne gegenseitig als Erben einsetzten, um eine Rivalität zu vermeiden, wie es der gealterte David (1 Kön 1) machte. Ein Text aus dem späten dreizehnten Jh. v. Chr. — mehr als hundert Jahre nach König Idrimis Regentschaft — berichtet, daß Idrimi nach einem nicht weiter erklärten Ereignis in Halab (Aleppo), der Heimat seiner Vorfahren, gezwungen war, zu den Verwandten seiner Mutter in Emar zu fliehen. Dies erinnert an Davids Flucht nach Moab (1 Sam 22:3) oder an die des Abschaloms (2 Sam 13:37) zu seinem Großvater mütterlicherseits. Hier wurde Idrimi, mit der gewonnenen Unterstützung, göttlich geführt, in Erinnerung an Davis Geschichte (2 Sam 2 1-4; 5:1,3). Nach seinem siebenjährigen Exil, wie in der Geschichte des Joseph (Gen 11:1), kreuzte Idrimi mit einem Boot von Kanaan zum Fuße des Berges Hazzi, wo der Orontes in das Meer mündet, und übernahm, wie in der Geschichte Davids, wieder sein Königreich Mukisch, dessen Hauptstadt Alalach war. Später wurde Idrimi mit seinem Oberherrn Parrattarna, König von Mitanni, der bedeutendsten hurritische Stadt dieser Zeit, wieder versöhnt.

Mitanni, auch Hurri oder Hanigalbat genannt, wurde zwischen dem Euphrat und seinem Nebenfluß Balih errichtet. Seine Hauptstadt Wassukkanni wurde bis jetzt noch nicht lokalisiert, lag aber vermutlich im Westen Mardins. Mitanni forderte sowohl die Hethiter als auch die Ägypter zur Hegemonie über Syrien auf. Hattusili I. bemerkt: 'Der Feind von Hanigalbat erzwang sich den Weg in mein Reich und alle Länder gingen von mir. Allein die Stadt Hattusa blieb mir'. Im frühen sechzehnten Jh. überquerte der hethitische König Mursili I. den Taurus und griff Syrien an, indem er Alalach zerstörte. Nach der Vernichtung Halabs (Aleppo), der Hauptstadt des

Berg Hazzi; Berg Cassius oder 'Kel dağ' (1.760 m). Sicht vom antiken Hafen von Seleukia Pieria (Çevlik). Für die Phönizier war dies der Berg *Sapan* (semitisch *Zaphon*), Sitz des Gottes Baal. In Israel wird er mit *Zion* identifiziert, Wohnstätte des jüdischen Gottes.

Opfergabe im Tempel. Detail einer Ikone, neunzehntes Jh. Archäologisches Museum Antalya. Joseph ist dargestellt, einen Teller mit Geflügel 'ein Paar Turteltauben oder zwei junge Tauben' (Luk 2:22-24) haltend. Dies diente dem Zwecke der Reinigung. Die hurritischen Sitten und Religion haben noch andere Ähnlichkeiten mit Informationen, die aus der Bibel hervorgehen. Obwohl nicht bekannt ist, ob dies vor ihrer Ankunft in Palästina existierte, hatte das Reinigungsritual durch das Opfern von Vögeln, wie bei Levitikus (14, 15) beschrieben, Entsprechungen bei den Hurritern.

Königreichs Yamhad und stärkster hurritischer Vasall auf der Westseite des Euphrats, fielen 'alle Städte der Hurriter' an ihn. Der wichtigste Feldzug des Pharao Tuthmosis III. (1479-1425 v. Chr.) richtete sich gegen Mitanni. Nachdem seine Hauptstadt eingenommen und seine Länder um 1350 v. Chr. durch Suppiluliuma I. zerstört worden waren, überlebte es als Macht auf niederer Ebene und wurde unter Schalmaneser I. (1274-1245 v. Chr.) von Assyrien einverleibt.

Das hurritische Epos 'der Gesang des Ullikummi' schien die jüdischen, eschatologischen Legenden des Armillus, den Antimessias, inspiriert zu haben. Der Gegenstand dieses hurritischen Mythos ist der Versuch des (Wetter-) Sturmgottes Kumarbi seinen Sohn Teschup, der ihn vom Thron vertrieben hatte, zu entthronen. Kumarbi befruchtete einen 'hohen Berggipfel', der Ullikummi gebar, ein blindes und taubes aus Diorit bestehendes Monster. Teschup kletterte auf die Spitze seines Berges Hazzi an der Mündung des Orontes, dem heutigen Golf von İskenderun, um zu beobachten, wie das steinerne Monster dem Meer entstieg. Am Ende der Geschichte bekämpften die Götter das Monster und schienen es vernichtet zu haben. Die Vorstellung einer Geburt aus Stein mögen die Hurriter aus ihrer Heimat im nordöstlichen Mesopotamien überliefert haben. Dieses Thema war den westlichen Semiten, die beseelte Steine als symbolisierte Mütter der Menschheit verehrten, vertraut. So berichtet auch Jeremias, als er seine Heimatgenossen verurteilt, Fremden gefolgt zu sein, 'die zum Holz: "Du bist mein Vater", und zum Stein: "Du hast mich geboren" ' (Jer 2: 27) sagen. Dieses Konzept wird in der Bibel mehrmals erwähnt, so auch, als bei Jesaja (Jes 51:1-2) Sara und Abraham mit den Steinen verglichen werden, die das Volk Israel gebaren: 'Blickt auf den Felsen, aus dem ihr gehauen seid… Blickt auf Abraham, euren Vater und Sara, die euch gebar'.

Diese Symbolik kommt auch bei Matthäus (3:9) vor, als Johannes der Täufer spricht: 'Denn ich sage euch: Gott kann aus diesen Steinen (hebräisch *Abanim*) Kinder (hebräisch *Banim*) Abrahams machen'. Dies wird bei Lukas (3:8) wiederholt. Laut der Legende des Armillus

gab es in Rom einen Marmorstein, der die Form einen schönen Mädchens hatte. Sie wurde am sechsten Tage der Schöpfung kreiert. Und wertlose Menschen der Völker kamen und schliefen mit ihr, und sie wurde schwanger. Am Ende des neunten Monats platzte sie auf und ein männliches Kind, in der Form eines Mannes, dessen Höhe zwölf Ellen und dessen Weite zwei Ellen maß, kam zum Vorschein. Seine Augen waren rot und unehrlich und sein Kopfhaar gelb wie Gold. Seine Fußstapfen waren grün und er hatte zwei Schädel. Sie nannten in Armillus.

Das Konzept der Transformierung von Steinen in Menschen am Ende der anatolischen und griechischen Flut-Geschichte (S. 20) könnte von diesem hurritischen Gedanken stammen.

HET (DIE HETHITER)

Davon hörten alle Könige jenseits des Jordan, auf dem Gebirge, in der Schefela und an der ganzen Küste des grossen Meeres bis hin zum Libanon: die Hetiter, die Amoriten, Kanaaniten, die Perisiter, die Hiwiter und die Jebusiter. Sie taten sich zusammen, um gemeinsam gegen Josua und Israel den Kampf aufzunehmen (Jos 9:1).

Entsprechend der erzählenden Genealogie der Völkertafel (Gen 10:15; 1 Chr 1:13) ist *ht*, *Heth* (Hethiter) ausgesprochen, ein Sohn Kanaans und somit ein Enkel von Ham. Obwohl der Name im Alten Testament über zwanzig Mal vorkommt, kannten die Hethiter von Hattusa und die Hebräer einander nicht, da erstere Gruppe, einige Dekaden bevor die Israeliten in das Gelobte Land[1] einzogen, von der politischen Arena verschwand. Falls die biblischen *Het* auf die Hethiter von Hattusa hinweisen, waren diese wahrscheinlich bei den Söhnen des Jafet, der laut der Völkertafel der Ahne der meisten indo-europäischen Völker ist, berücksichtigt worden. Die klassischen Hethiter sollen in Anatolien in den letzten Jh. des dritten Jahrtausends eingezogen sein und kreierten, indem sie sich mit den Einheimischen vermischten, eines der stärksten Imperien der späten Bronzezeit von 1800 bis ca.1190 v. Chr. Es ist nicht bekannt, ob sie über die Straßen, das Schwarze Meer oder den Kaukasus kamen. Laut anderen Behauptungen könnten sie einen Teil der Eingeborenen von Anatolien ausgemacht haben. Ihre Sprache ist als älteste indo-europäische Sprache (wie Sanskrit, Griechisch, Latein oder Englisch) bekannt, von der geschriebene Aufzeichnungen bestehen. Sie nannten sich selbst 'Volk des Landes von Hatti', nach der Region, auf die sie sich konzentrierten. Für die Hethiter war Palästina ein Teil Ägyptens und außerhalb ihres politischen Wirkungskreises. Änigmatische Informationen über das tatsächliche Vordringen der Hethiter in ägyptisches Gebiet stammen aus dem Text des Kurustama-Vertrags, der in Hattusa gefunden wurde. Er belegt, daß einige Hethiter aus der Stadt Kurustama im Nordosten auszogen und sich in syrischem Gebiet, das Ägypten gehörte, ansiedelten. Die Gelehrten glauben, daß dieses einzelne Beispiel nicht als Zeichen für andere hethitische Auswanderungen aus Anatolien in die Domäne Ägyptens angesehen werden kann. Selbst wenn zur späten Bronzezeit in Kanaan hethitische Enklaven eingerichtet worden waren, wurden diese wohl im Laufe der Zeit von größeren ethnischen Gruppen, wie den Amoriten, absorbiert und die Art wie sie in der Bibel als einer der ursprünglichen, dort lebenden Stämme (Jos 9:1) eingeführt werden, ist geschichtlich nicht gesichert. Die Hethiter

---

[1] Die denkwürdigste dieser Erwähnungen ist der Erwerb der Höhle von Machpela, in der Gegend von Hebron, vom hethitischen Efron durch Abraham als Grabstätte für Sara (Gen 23:8-9).

Wiederverwendete Platte mit hethitischen Hieroglyphen und christlichen Kreuzen aus der Nähe von Kayseri (Caesarea). Archäologische Museen İstanbul. Der Stein war ursprünglich ein hethitisches Monument, das noch immer einige seiner hieroglyphischen Inschriften trägt. Er wurde in der christlichen Ära mit einem großen Kreuz auf dem eingekerbten Hügel von Golgatha, flankiert von zwei Paaren kleinerer Kreuze, geschmückt und als Grabstein benutzt. Das Paar Rosetten und der Zickzackrahmen könnten zu seiner ursprünglichen Dekoration gehört haben. Jede Seite ist zudem mit einem einzelnen Kreuz dekoriert.

Altarsockel mit einem Loch auf der Oberseite für enien *Huwasi* Stein (hebräischer *Masseba*) aus Hattusa. Kalkstein. Beginn des vierzehnten Jh. s. v. Chr. Archäologische Museen İstanbul. Er ist mit einer Frau verziert, die vor einem solchen Sockel mit einem vertikalen Altar aus Holz oder Schilfrohr betet. Vor dem Altar ist ein symbolischer Bogen im Grund befestigt. Die hethitische Hieroglyphen-inschrift wird folgend gedeutet: 'Diese Stele wurde vom Palasbeamten Tabramim errichtet.' Der Name der Frau konnte nicht entziffert werden.

zogen selten weiter südlich als bis zum heutigen Libanon und wenn sie es taten, dann lediglich, um die ägyptische Offensive gegen Syrien zu kontrollieren und nicht, um sich anzusiedeln. Das Kadesch-Abkommen (1280 v. Chr.) zwischen diesen beiden Großmächten brachte Frieden nach Palästina bis zur Ankunft der Seevölker um 1290 v. Chr., wegen denen sowohl die Hethiter als auch die kleinen Königreiche von Kanaan zerfielen.

Es wurde angenommen, daß die palästinschen Städte von den Hethitern den Bau von Hintertüren gelernt hätten, deren bestgearbeitetes Beispiel im heutigen Hattusa (Boğazkale) erhalten geblieben ist. Im Buch der Richter (1:25) zeigt ein Mann von Bet-El (früher Lus) den Israeliten eine 'Stelle, wo sie in die Stadt eindringen konnten', möglicherweise eine Hintertür, und sie somit einnehmen konnten. Ungeachtet des Mangels eines direkten Kontaktes zwischen den Hethitern von Hattusa und den Israeliten, wiesen die Gelehrten auf einige interessante Ähnlichkeiten in ihren Ritualen hin. Wenn auch die hethitische Kultur Palästina über Ugarit erreicht haben mag, so sind die religiösen Ähnlichkeiten nicht ausschließlich bei diesen Völkern zu finden, sondern werden bei anderen Kulturen des Nahen Ostens, mit Abweichungen in den Details, angetroffen. Sie wurden jedoch am besten in den hethitischen Texten überliefert.

Eine der augenscheinlichsten allgemeinen Praktiken war der Einsatz von Obelisken, in einer Höhe bis zu drei Metern, die auf gemeißelten Sockeln entweder in Tempeln oder ländlichen Schreinen inmitten von Bäumen aufgestellt wurden. Solche Steine, von denen einzelne Exemplare in Anatolien und Israel bei Ausgrabungen entdeckt wurden, sollen als Trankopfer in manchen Totenkulten oder Denkmal der Gegenwart einer Gottheit aufgestellt worden sein, wie in der Genesis (28:16-22) dargestellt. 'Joseph erwachte…nahm den Stein, den er unter seinen Kopf gelegt hatte, stellte ihn als Steinmal auf…Dann gab er dem Ort den Namen Bet-El (Gotteshaus)'. Andere Hinweise auf solche, in Hainen errichteten, geheiligten Pfeiler finden sich in Exodus (34:13), Deuteronomium (12:3) und 2 Könige (17:10). In hethitischen Aufzeichnungen wurden diese der *Huwasi* Stein genannt und im Hebräischen *Masseba*, das in der Bibel als 'Steinmal' oder 'Kultpfahl' übersetzt wurde, die auf 'Kulthöhen' oder 'Hügelschreinen' errichtet wurden. Im Laufe der Zeit wurden manche dieser Steine zu Abgöttern gemeißelt und später wurde ihre Verwendung verboten, wie in 2 Kön (18:4), als Hiskija, der König von Juda, 'die Kulthöhen abschuf, die Steinmale zerschlug und den Kultpfahl zerstörte'. Gleiches berichtet 2 Könige (23:14), wo steht: 'Joschija zerbrach die Steinmale'.

Bei den Hurritern, Hethitern, Israeliten und anderen Völkern des antiken Nahen Ostens bestand die Vorstellung, daß ein lebender Bote die Gemeinschaft vom

Teufel befreien könnte. Diesem Ritual liegt folgender Glaube zugrunde: Wenn es möglich ist, ein materielles Gewicht vom Rücken einer Person auf den Rücken einer anderen zu verlagern, kann man auch die psychologischen Lasten oder Sünden an andere abgeben, die sie an derer statt erleiden. Laut hethitischer Aufzeichnungen kann es sich hierbei um Tiere, wie eine Kuh, ein Schaf, eine Ziege, einen Esel und sogar eine Maus oder einen Vogel, oder natürlich um einen Menschen gehandelt haben. Dies wird als *Nakkassi* (vom hurritischen *Nakkuse*, 'der, der erlöst wurde') bezeichnet. Auf ähnliche Weise schildert es Levitikus (16:10): Am Versöhnungstag wird Aaron aufgefordert zwei Ziegenböcke zu nehmen und für sie Lose zu kennzeichnen. Eines der Tiere wird 'für den Herrn' und eines der Tiere 'für Asasel', ein vermeintlicher Wüstendämon, gelost. 'Aaron soll seine beiden Hände auf den Kopf des lebenden Bockes legen und alle Sünden der Israeliten, alle ihre Frevel und alle ihre Fehler bekennen..und ihn in die Wüste treiben lassen'. Asasel (von *Azazum*), das auch ein kathartisches Opfer benennt, ist ein vom Semitischen entlehntes Wort des Hurritischen. Es wird manchmal mit 'sündigem Bock' übersetzt, das zum heutigen Sündenbock führte.

Die Form der biblischen Bunde, wie der, der zwischen Gott und Abraham in der Genesis (17) geschlossen wurde, folgt der traditionellen mesopotamischen Struktur, die wiederum unter den hethitischen Keilschrifttexten bis heute am besten erhalten geblieben ist. Ein typischer hethitischer Vertrag dieser Art beginnt mit einer Vorstellung des Namens des hethitischen Königs und seinen Titeln sowie des Autors des Vertrages, gefolgt von den der anderen Partei erwiesenen Gefälligkeiten, der Festlegung der Obligationen letzterer (wie in Abrahams Fall die Beschneidung), bezeugenden Göttern und letztendlich dem Fluch, den eine Partei bei Vertragsbruch trifft.

Beide Völker praktizierten das Opfern von Tieren, um einen Vertragsabschluß zu heiligen, wie in Exodus (24:5-8), wo Moses, das Volk mit Blut besprengend spricht: 'Das ist das Blut des Bundes, den der Herr aufgrund all dieser Wort mit Euch geschlossen hat'. Die Praktik, die Eingeweide Gott zu opfern, während die Beteiligten den Rest des Fleisches verspeisen, ist eine weitere Eigenheit, die den Hethitern und den Israeliten gemein war.

Eine weitere religiöse Gemeinsamkeit der Hethiter und Israeliten ist ein bestimmtes Reinigungsritual. Nach einer Niederlage schritten die Soldaten durch die abgeschnittenen Teile eines Opfertieres, etwa einer Ziege, eines Welpen, eines Ferkels oder sogar eines Mannes. Als Mursilis II. 'Mund seitwärts hing', wurde ein Ersatzochse ausgewählt und mit den wichtigsten symboblischen Merkmalen versehen, wie z.B. den Kleidern, die der König trug, als er ihn der Schlag traf. Der Ochse wurde zum Tempel des Sturmgottes gebracht und zur Heilung des Königs verbrannt.

Diese Ritual wurde an einem Fluß vollzogen, wo die Teilnehmer sich selbst zur Reinigung mit Wasser besprengten. Jeremias (34:18) erwähnt die Existenz einer vergleichbaren Zeremonie bei den Hebräern: 'Ich mache die Männer, die mein Abkommen verletzt...dem Kalb gleich, das sie in zwei Hälften zerschnitten haben und zwischen dessen Stücken sie hindurchgegangen sind'. Der Gedanke war, ein ähnliches Schicksal wie das des zerschnittenen Tieres, auf die Abtrünnigen herabzubeschwören. Im Bund, der zwischen Gott und Abraham (Gen 15) geschlossen wurde, bringt Abraham, auf den Befehl Gottes, ein junge Kuh, eine weibliche Ziege und einen Widder herbei und spaltet sie in zwei Teile. Später erscheinen ein rauchender Ofen und eine lodernde Fackel (Gottes Gegenwart) und fahren zwischen den Fleischstücken hindurch. Obwohl im Text nicht erwähnt, wird angenommen, daß Abraham auch zwischen den Teilen von Kadavern hindurchging. Nachdem sie alle Frauen und Kinder der Midianiter abgeschlachtet hatten, reinigen in Numeri (31:22-23) die israelitischen Soldaten alle Metallgegenstände im Feuer und alles, was im Feuer verbrennen könnte, mit 'Reinigungswasser'.

Nach dem Untergang des hethitischen Imperiums erlangten zwischen dem elften und achten Jh. v. Chr. einige neo-hethitische Staaten in Südostanatolien und Nordsyrien die Macht. Azitiwataya

Neo-hethitische Grabstele aus Maraş. Basalt. Achtes Jh. v. Chr. Archäologisches Museum Hatay. Antakya.

37

(Karatepe), Samal (Zincirli), Karkemisch, Gurgum-Marqasi (Maraş) oder Milid (Malatya) waren die wichtigsten dieser Staaten. Um 1000 v. Chr. war Nordsyrien schon von aramäischen Nomaden besiedelt, die in manchen neo-hethitischen Königreichen politischen Einfluß gewannen. Diese aramäischen Siedler wurden von den Assyrern auch Hethiter genannt. Als die Israeliten Streitwagen ägyptischen Ursprungs exportierten, um sie an 'hetitische und aramäische Könige' zur Zeit des Salomo (1 Kön 10:29; 2 Chr 1:17) zu verkaufen, müssen die Käufer die Herrscher der neo-hethitischen Staaten gewesen sein. Die ethno-geographische Verwendung von 'Land von Hatti', das einst das reine Anatolien bezeichnete, für diese Königreiche, Syrien und sogar Palästina, dauerte im Nahen Osten bis ins siebte und sechste Jh. v. Chr. an und wird sogar in der seleukidischen Periode noch angetroffen. Folglich beziehen sich die Soldaten von Ben-Hadad (II.), dem König von Aram, als sie in der Bibel zitiert werden: 'Der König von Israel hat die Könige der Hethiter und die Könige von Ägypten gegen uns angeworben' (2 Kön 7:6), entweder auf neo-hethitische Fürstentümer oder andere Mächte im sogenannten 'Land von Hatti'.

Das Alte Testament erwähnt verschiedene Vermählungen zwischen den Israeliten und Hethitern. Es ist sehr wahrscheinlich, daß in der Bibel in solchen Fällen der Begriff 'Hethiter' als Ersatz für 'Einheimische' benutzt wurde. Auch tragen die anderen sogenannten Hethiter, ausgenommen Urija[2], die Wache des David, wie z.B. die Bräute, die von Esau oder Salomo geheiratet wurden, semitische Namen. Ein hethitischer Namen läßt nicht von vorneherein auf den ethnischen Ursprung schließen. Ein Ereignis, das in die Zeit der Herrschaft des Davids fällt, zeigt den Glauben der Hethiter an die magischen Eigenschaften der Blinden und Lahmen. Als David in Jerusalem einmarschierte, stellten die Jebusiten, die in der Stadt lebten, solche Menschen an die Wände und sprachen: 'die Blinden und Lahmen werden dich vertreiben' (2 Sam 5:6).

Zu der Zeit, als das Alte Testament aufgezeichnet wurde, wußten die Griechen viel weniger — oder nichts — als die israelitischen Schreiber über die Hethiter. Als Herodot das Hethiter-Relief in Karabel nahe İzmir sah, dachte er, es zeige den ägyptischen König Sesostris und hielt die hethitischen Hieroglyphen für die 'ägyptische, heilige Schrift'.

---

[2] David sah seine Frau Batseba im Bade und schickte Urija (Hurritisch für 'König', 'Edelmann') an die gefährlichste Stelle im Kampf, wo die tüchtigsten Krieger standen. Nachdem er getötet worden war, heiratete David Batseba und sie gebar ihm Salomo (2 Sam 11; 12:1-25).

DIE SEEVÖLKER

Der Einfall der Seevölker war das wichtigste Ereignis in der antiken Geschichte der ägäischen Welt, Anatoliens und des östlichen Mittelmeers und war eine Katastrophe. Das Desaster scheint in der zweiten Hälfte des dreizehnten Jh. s. v. Chr. begonnen zu haben und als es vor der Mitte des zwölften Jh. s. endete, waren die sozialen und politischen Strukturen Griechenlands, Anatoliens und der Levante unkenntlich geworden.

In den letzten Dekaden des dreizehnten Jh. s. v. Chr. veränderte sich die ruhige Welt des ägäischen und östlichen Mittelmeers. Eine Reihe von Unruhen begann, die sich nach Griechenland, auf die ägäischen Inseln, nach Anatolien und auf die Levante ausbreiteten. Sie reichten sogar bis nahe an die Ufer des Euphrats und trafen das Nildelta, wo sie abklangen. Obwohl die Gelehrten nicht in der Lage sind, eine einzelne, wichtige Ursache (Hunger, Epidemien, Erdbeben oder eine andere Naturkatastrophe) zu nennen oder zu entdecken, die diesen Aufruhr erzeugte, haben sie es aufgegeben, eine mysteriöse Gruppe von Eindringlingen aus Nordeuropa zu suchen, die plötzlich, wie Raubvögel, über diese Länder herfiel. Die Umwälzungen der damaligen Zeit waren nicht der Grund sondern das Resultat der Desintegration der großen Mächte, der Mykenern und der Hethiter. Ihre Strukturen waren fragiler, als es schien und trugen Merkmale der Desintegration von Anbeginn in sich.

Die Unruhe kann in jedem beliebigen Hafen der Ägäis begonnen haben. Die interne Fehde zwischen den Königshäusern, die die mykenische Aristokratie bildeten, mag andere Griechen ermuntert haben, in die südlichen Territorien zu ziehen. Obwohl sie sich unsicher gefühlt und daher ihre Festungen einige Dekaden zuvor verstärkt hatten,

Die Seevölker. Kopie des Reliefs von der Mauer des Totentempels des Ramses III. in Medinet Habu. Männer, Frauen und Kinder bewegen sich mit schweren Ochsenwagen, mit zwei starken Rädern und kräftigen oder schwächeren Seiten, fort. Beide Typen existieren in Anatolien, wo das übliche Gespann aus zwei Ochsen besteht. Das zusätzliche Paar auf der Zeichnung mag aufgrund der Proportionen hinzugefügt worden sein. Diese Szene erinnert an Richter (18:21). Nach dem Tod ihres Helden Simson zog sein Stamm, die Daniten, weiter. 'Die Kinder, das Vieh und die Habe führten sie an der Spitze des Zuges mit sich'.

wurden Städte wie Mykene, Tiryns und Korinth in den letzten Jahren des dreizehnten Jh.s. von einer gewaltigen Verwüstung erfasst. Das Wissen über die hethitische Geschichte zeigt, wie sehr sie unter der Existenz einer weitgestreuten königlichen Grenze, die ständig zu internen Machtkämpfen führte, litten. Der Zusammenbruch der zentralen Mächte muß verschiedene Kräfte, die sich der Zerstörung verschrieben hatten, freigesetzt haben und machten diese Verwüstung umfassender und komplexer. Kleinere und größere Truppen verschiedener oder verwandter Gruppen mit dem Vorteil von langen Schwertern, Helmen und Rüstungen, die sie, die Prototypen aus dem Balkan imitierend, wahrscheinlich vorort produzierten, wurden in Bewegung gesetzt. Es handelte sich hierbei nicht um eine organisierte Militärbewegung, sondern um die Einwanderung vieler, lose koordinierter, unsicherer Truppen, die sich mit den Ereignissen treiben ließen. Einige von ihnen suchten ein neue Heimat, andere wurden von der Kriegsbeute - meist Gold und Frauen - angelockt und zerstörten alles, was sich ihnen in den Weg stellte. Stämme aus dem westlichen, südwestlichen und südlichen Anatolien, einschließlich der kretischen Kolonisten, könnten den Kern der Bewegung gebildet haben. Hethitische Texte beweisen, wie unstabil zu dieser Zeit die politische Struktur in Westanatolien war. Einmal in Bewegung gekommen, steckte sie vermutlich andere Personen an und ihr schneller Erfolg ermutigte wohl halbzivilisierte Gemeinschaften, wie die Kaskas der pontischen Region, ihre früheren Herrscher, die Hethiter, anzugreifen. Die Wanderungen ägäischer oder anatolischer Horden und ihre Anstellung als Lohnsöldner waren zur Bronzezeit keine unbekannte Angelegenheit. Die Amarna-Briefe weisen darauf hin, daß einige Gruppen von Personen, genannt Lukka, bereits um 1370 v. Chr. die Küste von Alasia (Zypern) und Ägypten angriffen.

Die Schardana, die später unter den Seevölkern auftauchen würden, überfielen zuerst Ägypten zur Zeit Amenophis III. und dienten als Lohnsöldner in der Armee Ramses II. Als letzterer in Kadesch auf Muwatalli II. (1295-1272 v. Chr.) traf, kämpften einige Gruppen auf der Seite der Hethiter, manche davon vermutlich als Lohnsöldner. Dieselben Gruppen, die Masa, Karkisa, Lukka und Darden oder Dardaner(Dardanoi bei Homer), die die Trojer selbst waren, wurden später bei Homer im Trojanischen Krieg als Alliierte Tojas dargestellt.

Die frühesten Berichte über Unruhen wurden nicht in der ägäischen Welt gefunden, sondern stammten von der anderen Seite des Mittelmeers. Kurz vor den wichtigsten Umwälzungen schien eine unbedeutende Immigrationswelle Nordafrika auf dem Meerweg erreicht zu haben. Inschriften aus der Regierungszeit des Merneptah (1213-1204 v. Chr.) erwähnen die Existenz von Söldnertruppen, wie die Schardana, Schekelesch, Ekwesch, Lukka und Teresch, die zusammen mit den Libyern und ihren Nachbarn, den Meschwesch, kämpften.[1] Die Eindringlinge schafften es, das Nildelta zu betreten und siedelten sich dort an, um später von der Armee des Pharaos angeheuert zu werden.

---

[1] Herodot, der mehr als siebenhundert Jahre nach diesen Ereignissen wirkte, beschrieb in seiner Darstellung der libyschen Truppen die Maxyes (Meschwesch): 'Sie lassen an der rechten Kopfseite das Haar wachsen und scheren es an der linken ab. Die Körper bemalen sie mit Mennig. Sie wollen Auswanderer aus Troia sein.' Er spielte vermutlich auf die griechische Überlieferung an, die beinhaltet, daß aus der Generation vor dem trojanischen Krieg gewisse griechische Helden nach Nordafrika gingen.

Bald nach diesen vereinzelten Überfallen begann der Umbruch in der Ägäis und Anatolien. Die mächtigsten Städte des mykenischen Königreichs, wie Mykene, Tiryns, Pylos und Korinth, wurden nacheinander eingenommen. In Anatolien waren Troja[2], Sardes, Milet, Hattusa, Alacahöyük, Tarsus(Gözlükule) und Alalach (Tell Açana) einige der Siedlungen, die zerstört und niedergebrannt oder aufgegeben wurden. Es ist, wie auch immer, schwer Beweismaterial zu finden, das die Zerstörungen in Griechenland mit denen in Anatolien verbinden könnte. Einige dieser Städte erholten sich nie mehr und gerieten in Vergessenheit. Die Verwüstung breitete sich bis nach Enkomi und Kition (Larnaca) in Alasia (Zypern) sowie Kadesch, Aleppo und Emar (Meskeneh, Syrien) am Euphrat aus. Entlang der phönizischen Küste wurde Ugarit (Ras Schamra) zerstört. Die Keilschrifttafeln, die zwischen den Ruinen mancher dieser Städte gefunden wurden, waren alle plötzlich mit verzweifelten Hilferufen versehen, da der Feind nicht mehr zurückgehalten werden konnte. Byblos, Sidon und Tyrus retteten sich vermutlich selbst, indem sie entweder mit den Angreifern zusammenarbeiteten oder ihnen einen Tribut zahlten. Zu der Zeit, als die Katastrophe in der ägäischen Welt begann, erfreute sich Palästina eines relativ lange anhaltenden Friedens und Wohlstands, die das Kadesch-Abkommen der Region beschert hatte. Das Desaster zog durch Kanaan und traf Ägypten während der Regentschaft Ramses III. (1184-1155 v. Chr.). Der Pharao wußte von den Unruhen. Früher während seiner Herrschaft hatte er einige Seevölker angeheuert, die er als Alliierte der Libyer getroffen und ansiedelt hatte. Besonders die Schardana bevorzugte er für seine Garnisonen in Kanaan, denn er zog wohl einen Vorteil aus ihrer Kenntnis der Metallbearbeitung. Er wartete nicht darauf, daß die Angreifer seine Grenzen erreichen würden, sondern konfrontierte sie außerhalb ägyptischen Bodens. Die Schlacht, die in den südlichen Küstenebenen von Kanaan ausgefochten wurde, schien den Vormarsch der Plünderer aufzuhalten, konnte sie jedoch nicht vom Erreichen der ägyptischen Grenzen zurückhalten. Nachdem ihr zweiter, auf dem Seeweg gestarteter Versuch, in Ägypten einzudringen, fehlgeschlagen war, zerfielen die losen Koalitionen der Eindringlinge. Der Medinet Habu-Inschriften Ramses III. informieren uns darüber:

'Die fremden Länder (Seevölker) organisierten eine Verschwörung auf ihren Inseln. Plötzlich wurden die Länder abgeschafft und in Streitereien verwickelt. Kein Land konnte ihren Waffen standhalten, von Hatti, Kode (Kilikien), Karkemisch, Arzawa und Alasia (Zypern) an wurden sie (auf einmal) abgeschnitten. Ein Camp (wurde aufgestellt) an einem Platz in Amor (Amurru). Sie ließen die Menschen einsam zurück und ihr Land war, als wenn es niemals belebt gewesen wäre. Die Verbündeten waren die Peleset, Tjekker, Schekelesch, Danuna, und Weschesch.'

Der ägyptische Sieg war jedoch bei weitem nicht vollendet, da einige der Eindringlinge nicht daran gehindert werden konnten, sich in Kanaan niederzulassen. Der Pharao rekrutierte sie und stellte sie in seinen Garnisonen an. Ende des neunzehnten Jh. s. begannen die Gelehrten den Begriff 'Völker der See' zu verwenden, um auf diese Bewegung hinzuweisen, obwohl die meisten der Eindringlinge Land- und nicht Seevölker waren.

---

[2] In der griechischen Literatur wurde nur die Eroberung Trojas als eigene Episode behandelt.

Relief mit David und dem Philister-Helden Goliath aus der früheren Kirche des Heiligen Kreuzes auf der Ahtamar-Insel in der Nähe von Van. 915-921 Jh. 1 Sam (17:5-7) beschreibt Goliaths Rüstung, bestehend aus einem Helm aus Bronze, einem Schuppenpanzer aus Bronze, bronzenen Beinschienen, einem Sichelschwert aus Bronze und einem Speer mit einer Eisenspitze. Diese Beschreibung paßt auf die Ausrüstung der ägäischen Krieger der späten Bronzezeit, die später von Herodot detailliert beschrieben wurde. Die Inschriften in Armenisch bedeuten: 'Der Prophet David' und 'Goliath der Philister'.

Nach der letzten Schlacht verschwanden einige der ethnischen Gruppen, die in ägyptischen Quellen vorkamen. Sie mögen nach Zypern, Sardinien, Sizilien oder an andere Plätze gesegelt sein und sich dort niedergelassen und mit Einheimischen vermischt haben. Vielleicht benannten sie sogar diese Länder nach ihnen selbst. Die antike Literatur belegt, daß die drei Hauptgruppen, die sich entlang der palästinensischen Küste ansiedelten, die Tjekker, Schardana und Peleset waren, die später 'Philister' genannt wurden und dem Land seinen Namen 'Palästina' gaben. Die Völkertafel zeigt eine änigmatische Gruppe unter den Söhnen Ägyptens, die Kaftoriter, (Gen 10:14; 1 Chr 1:12) als die Nachkommen der Philister. Diese Tatsache könnte ihre Ankunft aus Ägypten nach der Niederlage gegen Ramses III. erklären. An anderen Stellen (Jer 47:4; Am 9:7)[3] werden die Philister, als von der Küste Kaftors kommend, das Kreta gewesen sein soll, dargestellt. Die Peleseten sollen auch von Kreta nach Anatolien gesegelt sein und im Zusammenschluß mit anderen Gruppen auf dem Landweg in die Levante gezogen sein. Die Danuna aus der Inschrift Ramses III. könnten sich auch in Palästina niedergelassen haben, um später zu den Daniten, 'dem Stamm des Dan', zu werden. Der Vermerk bezüglich der Seefahrt des Stammes des Dan (Ri 5:17), 'Warum verweilt Dan bei den Schiffen?' und kämpft nicht gegen die Philister, ist eigenartig für einen Stamm der Israeliten. In Genesis (49:16) prophezeit Jakob in bezug auf die zwölf Stämme Israels und spricht: 'Dan schafft Recht seinem Volk wie nur einer von Israels Stämmen'. Er mag damit andeuten, daß bis dahin Dan noch nicht 'wie' ein Stamm Israels angesehen wurde. Die Tatsache, daß die Angreifer auf dieser Route kamen und daß Danyen eventuell mit Danuna in Kilikien verbunden war, ließ die Gelehrten Kaftor als eine bergige Region Kilikiens ansehen. Die griechische Übersetzung des Alten Testaments (Septuaginta) verwendet Kappadokien anstatt 'Kaftor' (Cilicia Tracheia) und die südliche Grenze dieser Region soll in der Antike das zerklüftete Kilikien, bis hin zum Mittelmeer, eingeschlossen haben. Ägyptische Quellen zeigen Ansiedlungen der Tjekker um Dor, südlich des Berges Karmel. Diese Gruppe mag mit den Trojanern (Teucri) der Troas oder dem griechischen Helden Teucer, der Salamis auf Zypern gegründet haben soll, verbunden gewesen sein. Der Stamm des Ascher, der sich laut Josua (19:24) in der nördlichen Küstenregion niederließ, wird manchmal mit den Schardana verbunden. Kurz nach dem Tod Ramses III. fand die ägyptische Hegemonie über Kanaan ein Ende und die Siedlungen der Seevölker wurden von der fremden Vormundschaft befreit.

Die Philister scheinen im letzten Abschnitt des zwölften Jh. s. die anderen Gruppen, die sich in der Region angesiedelt hatten, absorbiert und ihr Territorium vergrößert zu haben.

Der Einzug in das Gelobte Land fällt in diese Periode. Das Vakuum, das durch das Verschwinden der ägyptischen Autorität entstand, ermöglichte nicht nur den Philistern, ihre Kräfte zu verstärken, sondern gab auch den semi-nomadischen israelitischen Stämmen, die den Küstenabschnitt vom Feind besetzt vorfanden (Gen 26; Ex 13:23), die Chance, in das öde Hügelland einzudringen und es einzunehmen. Es war sicherlich die Bedrohung durch die Philister, die die israelitischen Stämme zu einer Nation zusammenrückte. Davids ausländische Leibwächter (2 Sam 8:18; 20:23) kamen auch aus den Reihen

---

[3] Frühere biblische Hinweise auf die Philister, wie in Genesis (21) oder Exodus (13), sind Anachronismen.

der Kereter und Peleter. Peleter ist ein anderer Name der Philister. Die Gelehrten nehmen an, daß die Kereter, die einen Teil von Negeb (1 Sam 30:14), wahrscheinlich ein Stück Land in der Nähe von Gaza, besetzten, Kreter gewesen sein könnten.

Die Ankunft der Philister wird als das Ende der späten Bronzezeit und als Beginn der Eisenzeit in Kanaan angesehen. Das Monopol dieser neuen Siedler in der Metallbearbeitung (meist Bronze) wird in 1 Samuel (13:19-22) erwähnt: 'Alle Israeliten mußten zu den Philistern hinabgehen, wenn jemand sich eine Pflugschar, eine Hacke, eine Axt oder eine Sichel schmieden lassen wollte. Als es nun zum Krieg kam, fand sich im ganzen Volk, das bei Saul und Jonatan war, weder ein Schwert noch ein Speer'. Die Region scheint weiterhin das Hauptzentrum der Metallbearbeitung gewesen zu sein, denn als Salomo den Bronzeschmied Hiram von Tyrus kommen ließ, um die Arbeiten für den Tempel in Jerusalem durchzuführen, ließ der König, im zentralen Jordantal, 'in der Jordenau zwischen Sukkot und Zaretan... die Formen aus festem Lehm gießen' (1 Kön 7:46).

Das Eindringen der Seevölker mußte eine starke Wirkung auf das griechische Gedankengut gehabt haben, das über viele Generationen durch mündliche Überlieferung erhalten blieb. Griechische Legenden, die sechs- oder siebenhundert Jahre später niedergeschrieben wurden, personalisierten diese Einfälle als die Reisen von Helden, wie Odysseus, Menelaus, Nestor, Amphiloch, Teucer oder Mopsus u.a. In griechischen Legenden, die dem Trojanischen Krieg folgten, wanderten die Helden in der Ägäis und dem Mittelmeerraum umher, nahmen Städte ein, segelten mit reicher Kriegsbeute davon oder gründeten Städte. Die Gelehrten stellten die phonetische Ähnlichkeit zwischen Namen wie Priam und Piram (Jos 10:3), Anchises und Achisch (1 Sam 27:2) und Paris und Perez (Gen 38:29) fest. Einige dieser Unternehmen, wie die des Mopsus von Kolofon, der in den Jahren nach dem Trojanischen Krieg das Volk von der ionischen Küste über das Taurusgebirge nach Pamphylien und Kilikien weiter südlich geführt haben soll, könnten mehr als Geschichten gewesen sein. Laut Überlieferung ist er der Gründer der griechischen Kolonien wie Aspendos, Phaselis, Mopsuestia, Mopsucrene, Mallus in Kilikien und sogar Hierapolis in Phrygien, dessen Geschichte nicht weiter zurück als in die hellenistische Periode reicht.

Sein Name erscheint auch in Perge, Sillyum und in der biblischen Inschrift in Karatepe, wo der König der Stadt des späten achten Jh. s., Azitiwatas, auf sich selbst als aus dem Hause des Muksas ('Mopsus') stammend hinwies, dem König von Adaniya — unter diesem Namen war die Region den Hethitern (S. 90) bekannt.

Samson, den Tempel des Dagon zerstörend. Detail einer uchmalerei. Spätes sechzehntes Jh. *Zübdetü't Tevarih*, 'Die legendäre Chronik des Lebens der Propheten'. Museum für türkische und islamische Kunst. İstanbul.

Der Einmarsch der Seevölker brachte der ägäischen Welt, West- und Zentralanatolien sowie dem östlichen Mittelmeerraum radikale soziale, politische und ökonomische Änderungen. Der Zusammenbruch der Hauptmächte der späten Bronzezeit kreierte ein Vakuum, das bis zum neunten und achten Jh. v. Chr nicht gefüllt werden konnte. Diese lange Periode, über die keine illustrierten oder geschriebenen Zeugnisse gefunden wurden, wird das 'Dunkle Zeitalter' genannt. Existierten nicht archäologisches Material aus den neo-hethitischen Königreichen und denen des Nahen Ostens, so wäre unser Wissen bezüglich dieser Jahrhunderte in Anatolien nichtig. Während des Dunklen Zeitalters kehrten die Völker dieser Länder scheinbar zu einem nomadischen oder semi-nomadischen Leben zurück. Auf den Ruinen der Städte, die die Seevölker zerstört hatten, entstanden eilig errichtete Slum-Siedlungen. Die feine Töpfereikunst der vorigen Periode verschwand. Das Dunkle Zeitalter dauerte bis zur Geburt der Stadtzivilisationen wie Athen, Korinth, Samos, Milet, Ephesus, und Priene sowie dem Erscheinen von verschiedenen anatolischen Königreichen wie denen der Lyder, Phryger und Urartu. Nach einigen hundert Jahren, als sich die Nebel lichteten, traten neue Völker wie die Mysier, Karer, Lyker auf deren Namen an die Masa, Karkisa und Lukka der späten Bronzezeit erinnern. Wir sind jedoch nicht in der Lage zu wissen, ob diese Völker tatsächlich mit denen der vergangenen Jahrhunderte verbunden waren oder lediglich dieselben Länder in Anspruch nahmen[4]. Ein fernes Echo auf die Unruhen kam auch vom assyrischen König Tiglat-Pileser I. (1114-1076 v. Chr.). Assyrische Texte teilen uns mit, daß zu Beginn seiner Herrschaft '20.000 Muski mit ihren fünf Königen' auszogen und sich nordwestlich seiner Länder ansiedelten. Er mußte gegen sie kämpfen und sie in der oberen Tigris-Region abwehren. Es ist schwer zu spekulieren, ob dies die Vorfahren der späteren Phryger waren, die vom Westen kamen oder einer anderen Gruppe, die nach dem Fall von Hattusa, von nördlich des Kaukasus kommend, in Anatolien eindrang und sich später mit den Phrygern vereinen würde. Tiglat-Pileser I. behauptet auch, daß das Kaska-Volk, dessen Heimat bekannterweise die Pontus-Region war und das als der schrecklichste Feind der Hethiter berühmt war, bis an die nördlichen Grenzen seines Königreichs vordrang. Die Höhe der Tauruskette, der Euphrat und die starke assyrische Armee mögen den Vormarsch der Immigranten in Richtung Mesopotamien aufgehalten haben.

Relief vom heiligen Kreuz auf der insel Ahtamar in der Nähe von Van, das Samson einen Philister (Ri 15:15) tötend zeigt. 915-921 Jh. Er zerrt den anderen Mann an den Haaren und erhebt den Kieferknochen eines Esels in seiner rechten Hand. Die Büste im Medaillon verkörpert einen unbekannten Heiligen.

4 Ausgenommen der Lyker, die bekannterweise vom Volk der Lukka abstammen. Die luwische Sprache blieb in der Region bis in die hellenistische Periode erhalten.

ARAM (DIE ARAMÄER)

Der Herr hat nämlich das Rollen von Wagen, das Getrampel von Pferden und das Lärmen eines großen Heeres im Lager vernehmen lassen, so daß einer zum anderen sagte: Der König von Israel hat die Könige der Hetiter und die Könige von Ägypten gegen uns angeworben, um uns zu überfallen (2 Kön 7:6).

Laut der Völkertafel ist Aram, der Enkel von Noah durch Sem, der Vorfahre der Aramäer (Gen 10:22; 1 Chr 1:17). Obwohl die Genesis (22:21) Kemuël, den Sohn des Nahor, als Stammvater der Aramäer erwähnt, wird er nicht als namensgebender Ahne, sondern als 'Aramäer' (Gen 25:20; 28:5) betrachtet. Von den Söhnen Arams wird Masch (Gen 10:23; 1 Kön 1:17) versuchsweise mit dem antiken Berg Masius (Tur Abdin[1]) über Nisibis (Nusaybin) assoziiert.

Die Gegend, in der die Aramäer lebten, wird im Alten Testament (Dtn 23:5) als *Aram Naharaim* oder 'Syrien der Flüsse' bezeichnet. Dieser Begriff wird auch für die Beschreibung ganz Mesopotamiens verwendet. Die Aramäer waren Nomaden, die die zentralen Steppen Syriens in Besitz nahmen. Gegen Ende des zweiten Jahrtausends begannen sie von ihrer traditionellen Heimat in beinahe alle Teile der besiedelten Welt des Nahen Ostens zu ziehen. Ihre Wanderung kann durch die schlechter werdenden Klimabedingungen in der Wüste und den Mangel an Autorität aufgrund des Untergangs der mächtigen Königreiche um Syrien verursacht worden sein. Manche der Stämme führten ihr semi-nomadisches Leben in den neuen Territorien fort; andere mischten sich mit der einheimischen Bevölkerung und gründeten ab dem elften Jh. v. Chr. eine Anzahl aramäischer Stadt-Königreiche verschiedener Größe, konzentriert auf Städte wie Aleppo, Damaskus und Hamath.

Die biblische Erzählung ist die Hauptquelle der Informationen über die Beziehungen zwischen den aramäischen Königreichen, die an den Grenzen Palästinas und den Grenzen des israelischen Königreichs eingerichtet wurden. Der erste Hinweis auf die Aramäer außerhalb der Bibel findet sich mehrere Jh. nach Jakob und folglich handelt es sich bei der Darstellung seines Onkels Laban als 'Aramäer' (Gen 25:20) und aramäisch sprechend, um einen Anachronismus.

Das Alte Testament berichtet, daß Saul, David und Salomo gegen die aramäischen Königreiche kämpfen mußten, wie Aram-Zoba (1 Sam 14; 2 Sam 10), Aram-Bet-Rehob (1 Sam 14; 2 Sam 8), Aram-Maacha (1 Chr 19:6), Geschur (2 Sam 13; 15), Damaskus und Hamath von Zobah, die an oder jenseits ihrer Grenzen errichtet worden waren. Das wichtigste Reich war Damaskus, der gefährlichste Feind des

[1] Wörtlich 'Berg der Diener Gottes'; Tur leitet sich von 'Taurus' ab. Der Berg *Kasiyari* der Hethiter.

Säulenbasis mit Löwen aus der Zeit des Tiglat-Pileser III. (744-727 v. Chr.) (bibl. Pul) aus dem Tell Tainat am Fluß Orontes. Archäologisches Museum Hatay. Antakya.

ARAM (DIE ARAMÄER)

Vereinigten Königreichs, das sich später ständig in die Politik der geteilten Monarchien Israels und Judas einmischte. Die Beziehungen waren jedoch nicht immer unfreundlich. Im neunten Jh. (1 Kön 20:34) sprach Ben-Hadad (II.) von Damaskus zum König Ahab von Israel[2]: 'Die Städte, die mein Vater deinem Vater weggenommen hat, werde ich zurückgeben, und in Damaskus magst du dir Handelsniederlassungen errichten, wie mein Vater es in Samaria getan hat'.

Als Schalmaneser III. von Assyrien in Syrien einzog, nahmen Ahab und die phönizischen Städte - mit arabischen und ägyptischen Verstärkungen - ihren Platz in der aramäischen Koalition ein, die von Ben-Hadad (II.) von Damaskus in der Schlacht von Karkar (853 v. Chr.) am unteren Orontes geführt wurde. Obwohl der assyrische König behauptete, gesiegt zu haben, zwang der unentschiedene Kampf die Assyrer zur Heimkehr. Unmittelbar nach der Schlacht brachen Israel und Juda mit Damaskus und im darauffolgenden Krieg wurde König Ahab getötet. Die Fehde zwischen den Königreichen gab Hasaël von Damaskus die Chance, Jehu (842-814 v. Chr.) und seinen Nachfolger Joahas (814-798 v. Chr.) zu unterwerfen und somit wurde Israel zum Vasall von Damaskus.

In der ersten Hälfte des achten Jh. s. war Assyrien mit Urartu beschäftigt und somit war Palästina eine kurze Atempause gegönnt. Jerobeam II. (782-753 v. Chr.) von Israel nahm sogar Damaskus ein. Als die Könige von Damaskus und Samaria in 2 Könige (16:5) die benachbarten Königreiche in eine Allianz gegen Assyrien zwangen und Jerusalem belagerten, bat Ahas von Juda Tiglat-Pileser III. (bibl. Pul) um Hilfe. Dies endete mit der Eroberung von Damaskus durch die Assyrer (733 v. Chr.). Israel wurde ebenso niedergemacht und verwüstet und seine Bewohner wurden nach Assyrien deportiert. Ahas wurde genötigt, einen sehr hohen Tribut zu zahlen.

Zur Zeit ihrer Ansiedlung entlang der nördlichen und östlichen Grenzen von Palästina drangen die Aramäer auch in Nordsyrien und den Randgebieten des Taurus ein und wurden zur vorherrschenden Bevölkerung der bereits bestehenden Städte. Von den Königreichen, die sie am Rande des anatolischen Hochlands fanden, waren die stärksten Bit-Zamani[3] am Tigris nahe Diyarbakır und Bit-Adini, auch 'Söhne von Eden' (2 Kön 19:12; Jes 37:12), 'Bet-Eden' (Am 1:5) oder 'Eden' (Ez 27:23) genannt, zwischen dem Euphrat und seinem NebenFluß Balih. Seine Hauptstadt war Barsip (Tell Ahmar). Die Reliefe, die von den Ruinen des neo-hethitischen Königreichs Samal (Zincirli), das am Übergang von den Bergen nach Kilikien gegründet wurde, kamen, gelten als die bestgearbeitetsten der erhaltenen Exemplare der aramäischen Kultur.

[2] Leichter erinnerbar wegen seiner phönizischen Frau Isebel.

[3] Aramäische Königreiche wurden oft mit dem Wort *bit* (arabisch *Beit*, hebräisch *Beth*) oder 'Haushalt' oder 'Dynastie', gefolgt von dem Namen des Vorfahren, benannt.

Trotz des Einsatzes hethitischer Hieroglyphen für einige Inschriften herrschen in Bezug auf Sprache und Alphabet, Namen und Götter, Kleider und Ornamente und das Schnitzkunstwerk aramäische und assyrische Stilrichtungen vor.

Die Aramäer wanderten ostwärts Richtung Assyrien und Babylonien. Jeremia (35:11) informiert uns, daß sich in Nebukadnezars Armee Aramäer befanden, als er 586 in Juda eindrang und Jerusalem einnahm. Die Art des Tributes, den die aramäischen Staaten an Assyrien bezahlten, gibt uns eine Vorstellung vom Ursprung des Wohlstands der Aramäer. Neben Textilien und Eisen, das vermutlich aus Kilikien stammte, bezahlten sie mit Metallen wie Gold, Silber, Bronze und Zink, die auf intensive Handelsbeziehungen mit dem restlichen Anatolien hinweisen, und mit Weihrauch, das an die Kontrolle der Handelsrouten nach Saba (das biblische Scheba, Jemen) und Südarabien erinnert.

Die Aramäer sprachen eine semitische Sprache ähnlich dem Hebräischen oder Phönizischen. Obwohl sie nicht in der Lage waren, ein vereintes, mächtiges Königreich zu gründen, machte die Zerstreuung kleiner und großer aramäischer Siedlungen und ihr Interesse in den Handel Aramäisch zur bekanntesten gesprochenen Sprache und ersetzte die akkadische Keilschrift. Zu dieser Zeit hatten die Phönizier begonnen, eine stromlinienförmigere Schrift mit lediglich zweiundzwanzig Buchstaben zu verwenden, die auf verschiedenen Materialien wie Papyrus, Leder oder Holz einfach zu schreiben war. Die Aramäer kopierten das einfache phönizische Alphabet aus Formen, die konsonantische Laute repräsentierten, und vereinfachten es. Am Ende des neunten Jh. s. v. Chr. begann diese neue Schrift die akkadische Keilschrift zu ersetzen. Dieses neue Alphabet würde bald populär sein und von allen Staaten des Nahen Ostens, einschließlich der Assyrer und ihrer Nachfolger, der Medern und Perser, angenommen werden. Die Beliebtheit des Aramäischen im diplomatischen Austausch wird in der Bibel erwähnt. Während der Belagerung Jerusalems durch Sanherib 701 v. Chr. sagt Hiskija während einer Diskussion mit einem assyrischen Gesandten: 'Sprich vor den Ohren des Volkes, das auf der Mauer steht , nicht judäisch mit uns' (die Assyrer wollten, daß das einfache Volk seinen Aufruf zur Aufgabe verstünde), sondern Aramäisch, da wir es verstehen (2 Kön 18:26-27). Nehemia (13:24) berichtete im fünften Jh. v. Chr., daß die Hälfte der jüdischen Kinder in Jerusalem nicht hebräisch sprach, sondern lediglich die 'Sprache von Aschdod', ähnlich dem Aramäischen. Teile der Bücher Daniels und Ezras wurden im Aramäischen aufgezeichnet. Obwohl Griechisch verbreitet gesprochen wurde, besonders in den Städten, war Aramäisch zu Beginn des Christentums die gemeine Sprache Pelästinas und die Sprache, die Christus selbst sprach und wurde somit überwiegend verwendet.

Basaltrelief des aramäischen Königs Barrakab von Samal (Zincirli). Um 730 v. Chr. Archäologische Museen İstanbul. König Barrakab erhebt seine rechte Faust gegen die göttlichen Symbole der Gottheiten im Sinne der Verehrung. Er hält eine Lotusblüte in seiner linken Hand. Hinter ihm wartet ein Diener mit einem Fächer und einer Serviette. Der aramäische Text ist in einer phönizischen inschrift enthalten und berichtet, daß der König ein Vasall des Tiglat-Pileser III (744-727 v. Chr.) (bibl. Pul) ist und informiert den Leser über die Konstruktion eines Palastes.

ASSUR (DIE ASSYRER)

Ahas aber sandte Boten an Tiglat-Pileser, den König von Assur, und ließ ihm sagen: Ich bin dein Knecht und dein Sohn; zieh herauf, und rette mich aus der Hand des Königs von Aram und des Königs von Israel, die mich bedrohen (2 Kön 16:7).

Laut der Völkertafel gab Assur, ein Enkel des Noah durch Sem, seinen Namen den Assyrern (Gen 10:22; 1 Chr 1:17). Das Wort bezieht sich in der Bibel regelmäßig auf das akkadische Land, sein Volk oder seine Hauptstadt an der Mitte des Tigris. Der allgemeine Leser verbindet den Namen Assyrer mit einem skrupellosen Volk, das bei seinen Nachbarn Verwüstungen anrichtete und die 'zehn Stämme'[1], durch die Zerstörung Jerusalems, in Gefangenschaft nahm.

In der Genesis wird Nimrod, 'ein tüchtiger Jäger vor dem Herrn' (Gen 10:8), ein Großenkel des Noha durch Ham, als Gründer Assyriens identifiziert. Er war als Erbauer berühmt. Nachdem er Städte wie Babel, Erech und Akkad in Schinar (Sumer) errichtet hatte, zog Nimrod nach Assyrien und gründete Ninive.

(Gen 10:10-11). Diese Bemerkung deutet auf die Besiedlung von Assyrien durch Babylonien hin. 'Das Land Assur' in Micha (5:5) wird als 'Nimrods Land' bezeichnet. Christliche und moslemische Überlieferungen sehen Nimrod später auch als den King von Edessa (Urfa) an und assoziieren ihn mit Abraham. Nimrods Name war auf den Monumenten befestigt, deren Konstruktion als übermenschlich angesehen wurde. In antiken außerbiblischen Erzählungen wird er als Ninus, Sohn des Belus und namensgebender Gründer von Nineve, der späteren assyrischen Hauptstadt, identifiziert.

Das Wort Assur wurde für das Land, die Stadt und ihren Hauptgott verwendet und die Griechen leiteten daraus Assyrien ab. Die Assyrer spielten in der Geschichte von Anatolien und Palästina eine wichtige Rolle. Ihr erstes Vordringen nach Anatolien geschah über ein Jahrtausend vor dem nach Palästina. Ausgrabungen in Kanisch (Kültepe) nahe Kayseri und anderen Stätten zeigten, daß die Assyrer bereits um 1950 v. Chr. Handelskolonien in Anatolien eingerichtet hatten. Hier landeten die Karawanen von schwarzen Eseln nach einer Wegstrecke von etwa 1.000 km (eine ca. zweimonatige Reise), bezahlten dem einheimischen Herrscher, der in der Stadt lebte, eine Abgabe und zogen weiter zu den eigentlichen assyrischen Kolonien, den *Karum*, die außerhalb der Mauern lagen. Hier wurde das Haupthandelsgut Zinn, an dem es in Anatolien mangelte und das für die Produktion von Bronze und qualitativen Textilien unentbehrlich war, abgeladen, kontrolliert und gelagert, um es in der Zukunft gegen Silber, Gold und Kupfer einzutauschen. Letzteres mag auch gegen die beiden ersten Metalle eingetauscht worden sein, die mit nach Hause genommen wurden. Die Keilschrifttafeln, die in diesen Niederlassungen gefunden wurden, boten den Gelehrten unschätzbare Informationen über die Welt der mittleren Bronzezeit in dieser Region. Einige akkadische Geschichten, die von den Heldentaten des Sargon von Akkad und seinem Enkel Naram-Sin handelten und mit denen die Hethiter später ihre eigenen Großtaten verglichen, mögen Anatolien über diese Kolonien erreicht haben. Mit dem Verschwinden der politischen Stabilität, die diese langen Handelsrouten offenhielt, schienen die assyrischen Händler zu Beginn des achtzehnten Jh. s. nach Hause zurückgekehrt zu sein.

Nach einer Phase der Überlegenheit während der ersten Hälfte des zweiten Jahrtausends erlitt Assyrien einen Rückschlag und sie mußten bis zur Schwächung des Königreichs Mitanni 1350 v. Chr. durch die Hethiter auf ihren Wiederaufschwung warten. Zu Beginn der Geschichte der Israeliten, die die Mitanni ersetzten, trat Assyrien wieder als mächtiges Imperium jenseits des Euphrats in Erscheinung. Im folgenden Jahrhundert würde Tukulti-Ninurta I. (1244-1208 v. Chr.) Tudhaliya IV.

---

[1] Nördliche Stämme Israels, ausgenommen die von Juda und Benjamin, die in der südlichen Monarchie von Juda lebten.

(1239-1209 v. Chr.) in Surra (Savur) nördlich von Tur Abdin besiegen und vernichten, was von den kampfunfähigen Mitanni noch übrig war.

Assyrien wurde vom Unheil, das durch die Seevölker gebracht wurde, nicht berührt. Seine starke Armee und sein guter Standort jenseits des Euphrats, haben dazu wohl ihren Teil beigetragen. Dennoch schienen einige der Immigranten ins Landesinnere Richtung Mesopotamien marschiert zu sein, denn Tiglat-Pileser I. (1114-1076 v. Chr.) berichtet von seinem Sieg über 20.000 *Muski* , die eine seiner nördlichen Provinzen fünfzig Jahre lang in Beschlag genommen hatten und über die Kaska, deren Heimat am Schwarzen Meer lag, die aber zu seinen Grenzen vorgedrungen waren.

Die Politik im Nahen Osten wurde von der Mitte des neunten Jh.s. bis zur Eroberung ihrer Hauptstadt Nineve durch die Meder 612 v. Chr. von den Assyrern gestaltet. Die einzige Macht, die während einer langen Periode die Offensive der Assyrer herausforderte, war Urartu. Falls die Assyrer jemals Niederlagen einstecken mußten, so geschah dies in ihren Schlachten mit Urartu. Trotzdem wurde sogar Urartu während der späteren Phase seiner Geschichte zum Vasall der Assyrer und zahlte ihnen Tribut.

Ruinen von *Karum* (wörtlich 'Kai, Port, Handelsstation, Hafen'), wo die assyrischen Händler lebten. 1950-1800 v. Chr. Südwärts zum Hügel von Kanisch (Kültepe) blickend.

ASSUR (DIE ASSYRER)

Die neo-hethitischen Königreiche, die am südöstlichen Rand von Anatolien etabliert worden waren, zogen die besondere Aufmerksamkeit Assyriens auf sich, da sie an der Handelsroute von Mesopotamien zum Mittelmeer und nach Anatolien lagen, was für die Assyrer Sklaven, Pferde, Metall und Nutzholz bedeutete. Obwohl die assyrischen Könige isolierte Feldzüge gegen Anatolien oder Syrien und Palästina durchführten, schloß der klassische Zyklus eines assyrischen Feldzuges Nordsyrien ein, wo sie aramäische Staaten wie Bit-Adini (Bet-Eden in Amos 1:5) am Euphrat oder eines oder mehrere neo-hethitische Königreiche unterwarfen, wie Milid (Malatya), Karkemisch oder Samal (Zincirli), von wo aus sie Que (Coa oder kilikische Ebene) erreichten, das im neunten Jh. assyrische Provinz wurde. Die permanente Anwesenheit der Assyrer in dieser Region wird durch die Zahl der assyrischen Reliefe auf Felsoberflächen in der Nähe von Adana und Antakya gezeigt. Der Küstenlinie des Mittelmeers folgend, marschierten die Assyrer nach Phönizien (Byblos, Sidon und Tyrus), deren Wälder ihre Hauptquelle für Nutzholz waren. Der Reichtum von Tyrus wird in Ezechiel (27) erwähnt und die Verzierungen auf den bronzenen Toren des assyrischen Palastes in Balawat zeigen mit dem Tribut dieser phönizischen Stadt beladene Schiffe. Im Süden waren die philistischen Städte, die den schmalen Küstenabschnitt innehatten und die geteilten Monarchien von Israel und Juda und die aramäischen Staaten, von denen der stärkste Damaskus war, in ständigem Konflikt und trachteten einander nach der Freundschaft Assyriens. Falls sie jemals ihre örtlichen Probleme vergaßen und eine geeinte Front gegen Assyrien aufbauten, so geschah dies in Karkar am Fluß Orontes 853 v. Chr., wo Ben-Hadad (II.), der König von Damaskus (der biblische Hadad-Ezer), die Aramäer anführend, und Ahab von Israel zusammen kämpften und Schalmaneser III. (858-824 v. Chr.) daran hinderten, in ihr Land einzudringen. 841 kehrte Schalmaneser zurück und Damaskus und Israel wurden assyrische Vasallen.

Die Rivalität und Feindseligkeit der Königreiche in Syrien und Palästina gegeneinander gaben Assyrien eine Rechtfertigung für das regelmäßige Eindringen in ihr Territorium.

Einer der wichtigsten Feldzüge, der in der Bibel erwähnt wird, wurde von Tiglat-Pileser III. (744-727 v. Chr.) (dem biblischen Pul) durchgeführt, der nach der Einnahme von Damaskus nicht nur in Israel einmarschierte, wo er Hoschea auf den Thron setzte, sondern auch in Juda, das um seinen Schutz bat (2 Kön 16:7). Israel mußte einen hohen Tribut bezahlen und viele seiner Bewohner wurden ins Exil geschickt. Als Hoschea, der Marionettenkönig von Israel, nach Tiglat-Pilesers Tod rebellierte, marschierte Sargon II. (721-705 v. Chr.) in Israel ein, plünderte seine Hauptstadt Samaria (721 v. Chr.) und besetzte sie drei Jahre lang. Ihre Bewohner wurden nach Assyrien und in die Städte

Assyrisches Relief in Karabur in der Nähe von Antakya. Neuntes bis siebtes Jh. v. Chr. Zur Linken steht ein Gott, seine rechte Hand zum Segen erhoben. Seine andere Hand hält eine Lotusblume. Er trägt einen Helm mit drei Hörnern. Das Fehlen eines Bartes bei der Person ihm gegenüber mag auf sein Eunuchentum und seine Position als königlicher Beamter hinweisen.

Reliefblock aus der Wand des Palastes des Sanherib von Ninive. Achtes Jh. v. Chr. Archäologische Museen İstanbul. Die obere Reihe zeigt Lanzerwerfer und Dugenschützen. Die ınschrift bezieht sich auf den Bau des Palastes. In der unteren Reihe wird die Bautätigkeit dargestellt.

ASSUR (DIE ASSYRER)

Siloam-Inschrift des Königs Hiskija (715-687 v. Chr.). Archäologische Museen İstanbul. Aus dem Hebräischen: 'Das ist das Durchbohren. Das ist die Geschichte des Durchbohrens: Während die Bergarbeiter die Hacken, jeder nach seinem Gesellen, hoben und noch immer drei Ellen zu durchbohren waren, war die Stimme eines Mannes zu hören, der seinen Gesellen rief, da im Felsen rechterhand und linkerhand ein Sprung war. Und am Tag des Durchbohrens schlugen die Bergarbeiter, jeder in die Richtung seines Gesellen, Hacke gegen Hacke. Und das Wasser begann von der Quelle zum Teich zu fließen, zwölfhundert Ellen. Hundert Ellen war die Höhe des Felsens über den Köpfen der Bergarbeiter.'

der Meder (2 Kön 17:6) verbannt und die Kolonisten von verschiedenen Regionen in Mesopotamien wurden an ihren Platz gebracht. Die jüdische Literatur bezeichnet die Exilanten dieses Einmarschs als 'die zehn verlorenen Stämme'. Falls einem einzelnen Staat in dieser Region die Unabhängigkeit gewährt wurde, so war dies Juda unter König Hiskija (715-687 v. Chr.), dem die Bibel (2 Kön 20:20; 2 Chr 32:30) den Bau des Wasserleitung in Jerusalem von der Quelle von Gihon zum Teich von Siloam zuschrieb, um während der Besetzung sein Wasser nutzen zu können. Während der späteren Phase der Herrschaft Sargons II. bewegte sich die Kriegsfront Assyriens Richtung Norden gegen seine Feinde in Anatolien: Urartu, Tabal, und Mita in Muschki (Midas in Phrygien), die nacheinander geschlagen wurden. Das letzte Mal wird Sargon II. in einer assyrischen Quelle erwähnt, als er gegen die Kimmerier (bibl. Gomer) in Zentralanatolien kämpfte.

Hiskija trat, nach Sargons Tod, einer Koalition gegen Assyrien bei, wie in Jesaja (39) berichtet, und 701 wurde Juda von Sanherib angegriffen. Lachis wurde eingenommen und Jerusalem belagert, jedoch nicht erobert. Bevor die Stadt fiel, gaben die Assyrer die Besatzung auf und kehrten nach Hause zurück, wie es in Jesaja (37) und 2 Könige (19) beschrieben wird:

'In jener Nacht zog der Engel des Herrn aus und erschlug im Lager der Assyrer hundertfünfundachtzigtausend Mann. Als man am nächsten Morgen aufstand, fand man sie alle als Leichen. Da brach Sanherib, der König von Assur, auf und kehrte in sein Land zurück. Er blieb in Ninive'.

Wahrscheinlicher ist jedoch, daß die assyrischen Nachschubverbindungen von den Ägyptern bedroht wurden. Herodot erzählt im selben Zusammenhang von

Der Engel erschlägt die Assyrer vor Jerusalem (2 Kön 19; Jes 37). Fresko. 1315-1321. Kariye Museum (frühere Erlöserkirche des Klosters in Chora). İstanbul.

folgendem Ereignis: Tausende von 'Feldmäusen'(an die seuchetragenden Nagetiere erinnernd) überfielen während der Nacht Sanheribs Heer und 'zernagten ihre Köcher und Bogen, auch die Griffe ihrer Schilde, so daß sie am nächsten Morgen ohne Schilde die Flucht ergreifen mußten'. Die Bibel informiert uns, daß dieser König von seinen zwei Söhnen getötet wurde, die nach der Tat in das Land Ararat (Urartu) flohen(2 Kön 19; Tb 1; Jes 37).

Gegen Ende des achten Jh. s. erschienen verschiedene neue Mächte auf dem historischen Schauplatz im Norden Mesopotamiens. Es gab die Kimmerier (die biblischen Gomer), ihre Verwandten, die Skythen (die biblischen Aschkenaz), die Meder (die biblischen Medai) und im Süden das neo-babylonische Königreich. Laut assyrischen Aufzeichnungen schickte der Lyderkönig Gugu (Gyges), unter dem Druck der Kimmerier, Gesandte, um sich mit dem kimmerischen König Aschurbanipal (668-627 v. Chr.) zu verbünden. Als jedoch die kimmerische Bedrohung andauerte, zögerte Gyges nicht, Psammetich II. von Ägypten, der gegen die Assyrer rebelliert hatte (S. 77), Unterstützung zu gewähren.

612 griff eine Koalition der medischen, skythischen und babylonischen Kräfte die assyrische Hauptstadt Ninive an, nahm sie ein und vernichtete somit das assyrische Imperium. Obwohl Herodot uns am Anfang seines Buches berichtet, daß er den Fall der Stadt an einer anderen Stelle einbringen würde, hielt er sein Versprechen nicht.[2] Es wird angenommen, daß die Aussage des Propheten Nahum (1:8), 'Doch in reißender Flut macht er seinen Gegnern ein Ende, und Finsternis verfolgt seine Feinde', sich auf ein Ereignis bezieht, bei dem ein Nebenfluß des Tigris einen Teil der Verteidigungsanlagen Nineves wegschwemmte und seinen Untergang verursachte. Diese Anekdote wurde auch von den griechischen Historikern Diodorus und Xenophon erwähnt. Der assyrische Hof flüchtete sich nach Haran und Karkemisch (605 v. Chr.) und rüstete sich hier sich zum letzten Mal zum Kampf. Haran fiel 610 und die Schlacht von Karkemisch (605 v. Chr.) endete mit der Niederwerfung der Assyrer und ihrer Alliierten, den Ägyptern unter Nebukadnezar II (605-562 v. Chr.).

Eine spätere Überlieferungen behauptet, daß Aphrodisias in Anatolien gegründet und Ninoe, nach dem mythischen König von Assyrien Ninus genannt wurde. Die Assyrer von Ninive haben sich womöglich im siebten Jh. v. Chr. in Aphrodisias niedergelassen und den Kult der Göttin Ischtar etabliert. Die Tradition des Kultes des Zeus Nineudius, der als mit Ninive verbunden galt, wurde in Inschriften aus der römischen Periode der Stadt aufgezeichnet.

[1] Vermutlich verloren.

ARPACHSCHAD (BABEL)

Damals sandte Merodach-Baladan, der Sohn Baladans, der König von Babel, einen Brief und Geschenke an Hiskija, denn er hatte von seiner Krankheit gehört (2 Kön 20:12).

Arpachschad, laut der Völkertafel (Gen 10:22; 1 Chr 17) ein Sohn Sems, wird allgemein als Babel akzeptiert, das mit Erech (Uruk) und Akkad als eine der führenden Städte des Königreichs des Nimrod erwähnt wird. In der Bibel bezieht sich der Begriff auf die Stadt und das Königreich, das hier gegründet wurde. Von Arpachschads Abkömmlingen begegnet man Serug, Nahor und Terach als Ortsnamen in der Region von Haran. Dem allgemeinen Leser ruft Babel sofort das Exil ins Gedächtnis.

Nachfahren des Noah fanden laut der Genesis (11:2) 'eine Ebene im Land Schinar und siedelten sich dort an'. In Schinar brannten sie Lehmziegel zu Backsteinen und erbauten damit eine Stadt mit einem Turm (den Turm von Babel), dessen Spitze bis zum Himmel reichte. Genesis (10:10) identifiziert Schinar (Sumer) als das Land, wo sich Babel, Erech (Uruk) und Akkad befanden — das angeschwemmte Becken des unteren Tigris und Euphrat.

Relief eines Kalbes vom Ischtar Tor in Babel. Glasierte Kacheln. Regentschaft von König Nebukadnezar II. (605-562 v. Chr.). Archäologische Museen İstanbul. Im mesopotamischen Pantheon repräsentiert der Bulle den Wettergott, den akkadischen Adad.

Beschriftetes dioritrelief von Naram-Sin (2260-2223 v. Chr.) im Pir Hüseyin Dorf (Diyarbakır). Archäologische Museen İstanbul. Die fragmentarische inschrift in akkadischer Keilschrift bezieht sich auf die Überwältigung seiner Feinde durch den Gott Enki in den vier Vierteln der Welt.

Die Städte Babyloniens sind als Erschaffer der ersten Zivilisationen bekannt. Die von ihnen erfundene Schrift, bekannt als akkadische Keilschrift, wurde zur internationalen Sprache des Handels und der Diplomaten bis sie von der aramäischen Schrift und Sprache gegen Ende des neunten Jh. s. v. Chr. abgelöst wurde. Die Geschichte der Beziehungen zwischen Anatolien und dem unteren Mesopotamien geht auf diese Periode zurück. Es wird behauptet, daß König Sargon von Akkad (2340-2284 v. Chr.) die Grenzen des Reiches von jenseits des Persischen Golfs bis hin zum 'Zedernberg' (Amanus) und dem 'Silberberg' (Taurus) ausdehnte. Ein episches sumerisches Gedicht, bekannt als 'König der Schlacht', beschreibt Sargon, wie er in Kappadokien zu Feld zieht, um die unterdrückten Händler gegen den einheimischen König von Burushattum (hethitisch Purushanda, vermutlich Acemhöyük nahe Aksaray) zu unterstützen. Die Geschichte, falls nicht geschrieben, um Sargon zu preisen, mag die Existenz von akkadischen Handelskolonien vor denen der Assyrer in dieser Region anzeigen. Die Geschichte der Kindheit Sargons, als er in einen Korb aus Binsen gelegt und in den Euphrat geworfen wurde, ist die älteste der sich gleichenden Geschichten, die auf dem Motiv der ausgesetzten Kinder wie Moses (Ex 2:1-10), Krishna, Romulus und Remus und anderer Helden beruhen.

Eine beschriftetes Relief, das aus der Gegend von Diyarbakır stammt, benennt eine eroberte Stadt in Zentralanatolien und zeigt, daß sein Enkel, König Naram-Sin (2260-2223 v. Chr.) auch so weit in den Norden reiste. Eine andere ihn hervorhebende Geschichte, bringt ihn mit einem Feldzug, ähnlich dem des Sargon von Akkad nach Burushattum in Anatolien, in Verbindung,

Um 1600 v. Chr. zog der Hethiter-König Mursili I. nach Syrien und nachdem er Halab (Aleppo) erobert hatte, marschierte er etwa 8.000 km den Euphrat hinunter bis nach Babel und nahm die Stadt ein, was vermutlich zum Ende der ersten Dynastie führte, deren berühmtester König Hammurabi (1792-1750 v. Chr.) war.

Nach dieser Periode wurde Babel von einer neuen Dynastie, bekannt als Kassiten, die nicht in die Innenpolitik des Nahen Ostens verwickelt waren, regiert. Jedenfalls würde das Erscheinen von Babel in der biblischen Welt als neo-babylcnisches Reich (626-539 v. Chr.) — obgleich später — eine sehr wichtige Rolle bei der Entstehung der jüdischen Religion und Kultur spielen, wie heute bekannt ist. Das erste Mal wird das neo-babylonische Reich in der Bibel erwähnt, als sein König Merodach-Baladan König Hiskija für sich gewann (2 Kön 20; 2 Chr 32; Jes 39) und dieser gegen Assyrien rebellierte. Hiskijas Unternehmen endete mit dem Eindringen Sanheribs in Juda 701 v. Chr. Im Jahre 612 v. Chr., zur Zeit der Herrschaft des Nabopolassar, besetzten die Babylonier, als Verbündete der Meder, die assyrische Hauptstadt Nineve. Nabopolassars Sohn Nebukadnezar II. besiegte

ARPACHSCHAD (BABEL)

die Truppen des letzten assyrischen Königs Ashuruballit und seines Verbündeten Necho II. von Ägypten, in dessen Armee sich griechische Lohnsöldner befanden, 605 in der Schlacht von Karkemisch. Jedoch erinnert man sich eher an Nebukadnezar II. aufgrund der 'Hängenden Gärten', die er für seine medische Ehefrau, die die bewaldeten Berge ihrer Heimat vermisste, erbaut haben soll: Die Hängenden Gärten zählen heute zu den Sieben Weltwundern.

Nach dem Fall Nineves waren die Babylonier der natürliche Souverän Palästinas. Juda rebellierte unter Jojachin (609-598 v. Chr.), auf die Unterstützung Ägyptens hoffend, gegen die Babylonier. Dieses Ereignis führte Nebukadnezar II. letztendlich dazu, 597 in Jerusalem einzumarschieren und es nach einigen Monaten der Belagerung einzunehmen. Er ordnete die Exileierung des Königs, der königlichen Familie, der wichtigen militärischen und zivilen Bevölkerung und jener, die im Fall einer erneuten Revolte nützlich sein könnten, nach Babylonien an, wo sie an den Strömen Babels sitzen und weinen würden, 'wenn sie an Zion dachten' (Ps 37:1). Jojachins Onkel Mattanja wurde auf den Thron gesetzt und Zidkija genannt (2 Kön 24:15-17).

Ein zweiter Versuch, das neo-babylonische Joch abzuwerfen, endete ebenso mit einem Desaster. Nebukadnezar II. eroberte Jerusalem 586, nach zweijährigen Belagerung. Die Festungswerk der Stadt wurde niedergerissen, der Palast und der Tempel wurden geplündert und zerstört und ein großer Teil der übriggebliebenen Bevölkerung, einschließlich Zidkija, der geblendet wurde, wurde in die Verbannung nach Babel geschickt, die etwa fünfzig Jahre dauern sollte. Nabonid, der letzte babylonische König, war ein eifriger Anhänger des Mondgottes Sin von Haran und soll dort den Tempel des Gottes restauriert haben. Laut Herodot war Nabodinus (griechisch Labynetus) einer der zwei Diplomaten (der andere war Syennesis von Kilikien), die sich mit den Details des Friedensvertrages beschäftigten, der zwischen den Lydern und den Medern nach der Schlacht von 585 v. Chr. in Kappadokien unterschrieben wurde. Zu Beginn seiner Amtszeit unternahm der König einen so erfolgreichen Feldzug nach Kilikien, daß er in der Lage war, mehr als 3.000 Kriegsgefangene zu Tempeldienern zu machen. Im dritten Jahr seiner Regentschaft unternahm Nabodinus einen zehnjährigen Feldzug nach Nordarabien. Das Babel dieser Periode ist der Schauplatz des Buches Daniel, das bekannterweise gegen Ende des zweiten Jh. s. v. Chr. geschrieben wurde. Die Geschichte des siebenjährigen Wahnsinns des Königs Nebukadnezar in Daniel (4) soll von diesem langen Aufenthalt Nabodinus' inspiriert worden sein. Beltschazzar, sein Sohn und Regent von Babel während seiner Abwesenheit, wird in der Geschichte als tatsächlicher König dargestellt (Dan 5).

Kyrus der Große von Persien, der zu dieser Zeit die Dynastie der Meder abgelöst hatte, eroberte 539 v. Chr. Babel und befreite die Gefangenen von Juda, was ihm einen Platz in der hebräischen Literatur (S. 85) einbrachte. Ihren letzten wichtigen Auftritt in der Geschichte hatte die Stadt, als Alexander der Große 323 v. Chr. hier starb.

Zu Beginn der christlichen Ära war der Name Babel bereits zum Synonym der Verruchtheit geworden, wie der Apostel Johannes bemerkt: 'Auf ihrer Stirn stand ein Name, ein geheimnisvoller Name: Babylon, die Große, die Mutter der Huren und aller Abscheulichkeiten der Erde' (Off 17:5). Er beschreibt die Stadt vergleichend in einem verschlüsselten Strafgericht über die Schandtaten des römischen Kaisertums.

URARTU

Ruft Königreiche herbei gegen sie! Ararat, Minni, Aschkenas...die Könige von Medien.
(Jer 51: 27-28).

Man begegnet Urartu im Alten Testament als *rrt*, fälschlicherweise als Ararat vokalisiert. In der Bibel wird es als bergiger Landstrich erwähnt, wo die Arche landete. Es wird auch als das feindliche Königreich erwähnt, in das sich die zwei Söhne des assyrischen Königs Sanherib (704-681 v. Chr.) flüchteten, nachdem sie ihren Vater ermordet hatten (2 Kön 19:37; Tob 10:21; Jes 37:38). Was heute in der Bibel als Ararat bezeichnet wird, war früher allgemein als Urartu bekannt; auch bei den Erzfeinden, den Assyrern.

Die Stämme, die das Hochland von Südostanatolien in Anspruch nahmen, waren, ethnologisch gesehen, hurritisch und wurden in der Mitte des zweiten Jahrtausends in das Königreich Mitanni eingegliedert. Dieses Volk schien mit dem Verschwinden der Mitanni zu ihrem Nomaden-Status zurückgekehrt zu sein und als unabhängige Stämme überlebt zu haben[1]. Die Feldzüge des assyrischen Königs Schalmaneser III. (858-824 v. Chr.) nach Urartu zeigen, daß die Hurriter zu seiner Zeit ihre Kräfte um einen einzelnen Führer, Sarduri I. (844-832 v. Chr.), konsolidierten, vermutlich um dem wachsenden Druck durch die Assyrer standhalten zu können. In Folge wurde in der Mitte des neunten Jh. s. v. Chr. die vierhundertjährige Stammesgeschichte der Region durch die eines mächtigen Königreichs ersetzt. Die archäologische Befunde zeigen, daß Urartu nach dieser Periode für zweieinhalb Jh. das einzige Königreich aus der Nachbarschaft der Assyrer war, das ihnen standhielt und sie letztendlich überdauerte. Assyrische Aufzeichnungen belegen, daß das Bewässerungssystem, die technologischen Errungenschaften und die starken Garnisonen von Urartu sich sogar das Lob der Feinde verdienten.

Das Herz des Königreichs war das Becken von Van. Seine Hauptstadt war Tuschpa (die Zitadelle von Van), die auf einem leicht zu verteidigenden Felsmassiv am Ufer des Van-Sees lag. In der Vergangenheit waren seine Feinde die neo-hethitischen Staaten wie Milid (Malatya), Grugum-Marqasi (Maraş), und Kummuh (später griechisch-römisch Commagene; Adıyaman) im Westen, Qulha (griechisch Kolchis) in Richtung Schwarzes Meer und Städte, die an der großen Biegung des Euphrats lagen sowie das Reich von Man (bibl. Minni) im Südosten des Urmia-Sees. Indem sie alle diese

Votivplatte aus Bronze. Achtes bis siebtes Jh. v. Chr. Van Museum. Sie ist mit dem Gott Haldi, dem Haupt des Pantheon dekoriert, der auf einem Löwen stehend eine Standarte in seiner linken Hand hält. Seine andere Hand ist segnend erhoben. Er trägt gekreuzte, flügelähnliche Köcher. Gegenüber, unter den Hieroglyphen befindet sich seine Frau, die Göttin Aurabaini. Zwischen den beiden befindet sich eine Opferziege.

---

[1] Urartäisch ist keine spätere Weiterführung des Hurritischen, denn beide Sprachen sind unabhängige Zweige einer gemeinsamen 'Wurzel-Sprache', einem Proto-Hurritisch-Urartäisch, aus dem sich bereits seit dem dritten Jahrtausend Zweigsprachen bildeten.

isolierten, unabhängigen Mächte unterwarfen, versuchten die Könige von Urartu, eine gemeinsame Front gegen die assyrische Bedrohung zu schaffen.

In der Mitte des achten Jh. s. ermöglichten interne Problem Assyriens die Ausdehnung Urartus. Urartu kontrollierte somit die Handelsroute von Mesopotamien nach Anatolien und gewann einen temporären Zutritt zum Mittelmeer. Die Schwächung der assyrischen Macht dauerte bis zur Thronbesteigung Tiglat-Pilesers III. (744-727 v. Chr.) (bibl. Pul). Durch die Wiedereinrichtung der assyrischen Hegenomie über die neo-hethitischen Staaten und andere Alliierte Urartus sicherte dieser König sich die assyrischen Handelsrouten nach Anatolien und zum Mittelmeer. Die Feldzüge Tiglat-Pileser III. und seines Nachfolgers Sargon II. (721-705 v. Chr.) verwüsteten Urartu. Die Kriegsbeuten, die sie Assyrien einbrachten, enthielten sogar 'Zypressenbalken der Dächer' der Paläste. Während solch fürchterlicher Feldzüge der Assyrer zog sich Urartu häufig in entfernte Bergnischen zurück und erhielt seine Armee, indem es offene Schlachten vermied.

Ein wichtiger Vorfall während des Feldzuges von Sargon II. im Jahre 714 v. Chr. war seine Plünderung von Muşaşir. Die gesamte Stadt lag zwischen Urartu und Assyrien, beherbergte den wichtigsten Sitz des Gottes Haldi und wurde auch von allen Völkern geheiligt. Der Schrein kann mit dem Delphi der klassischen Ära verglichen werden und seine Zerstörung schockierte die antike Welt, eingeschlossen der Assyrer selbst. Die Beute vom Tempel des Haldi ist bekannt als die reichste ihrer Art im antiken Nahen Osten.

Bereits zu Beginn des achten Jh. s. v. Chr. wurde Urartu von den Kimmeriern bedroht, hielt jedoch den Feind in Schranken, bis es durch den letzten Angriff unter Sargon II. kampfunfähig gemacht wurde.

Urartu konnte sich vom kimmerischen Überfall nicht wieder erholen und in den letzten hundert Jahren seiner Geschichte wurde es zum assyrischen Vasallen. Bald wurde die Bedrohung durch die Kimmerier durch die Gefahr von den Skythen abgelöst. Gegen Ende des siebten Jh. s. begannen die Meder, die 612 v. Chr. Nineve einnahmen und dem assyrischen Königreich ein Ende setzten, die Politik der Region zu bestimmen. Der letzte biblische Hinweis auf Urartu datiert auf das vierte Jahr der Herrschaft des Königs Zidkija (594 v. Chr.), als Jeremia (51:27-28) prophezeit, daß Babel in die Hände anderer Völker fallen wird; gemeint sind Ararat (Urartäer), Minni (Bewohner des Reiches von Man), Aschkenas (Skythen) und die Meder. Zu dieser Zeit war jedoch das Glück der ersten drei genannten Völker im Abklingen und die Bühne war frei für die Meder. Das Ende Urartus mag entweder durch die Skythen oder durch den Meder-König Kyaxares, als er 585 v. Chr. gegen den Lyder-König Alyattes durch Ostanatolien marschierte, verursacht worden sein.

Warpalawas (738-710 v. Chr.),
König von Tabal, vor dem Gott
Tarkhunzas. Felsrelief in Ivriz nahe
Ereğli (Hibuschna). Konya. Der König
trägt ein besticktes Kleid und einen
schalähnlich gefransten Mantel, der
an seiner Brust mit einer halbrunden
Spange befestigt ist. Seine Hände
sind in der Geste des Gebets
erhoben. Er wird bewußt kleiner
dargestellt als der Gott ihm
gegenüber. Die verzierte Spange und
das Hakenkreuz-Muster auf seinem
Kleid sind phrygischer Art. Im Kontrast
dazu sind seine Haare, sein Bart und
sein Gesicht in aramäisch-assyrischem
Stil gearbeitet. Der Künstler, der dies
gemeißelt hat, mag einheimisch, doch
vom Osten beeinflußt, gewesen sein.
Warpalawas soll bekannterweise
friedliche Beziehungen mit Mita in
Muschki (Midas in Phrygien)
eingegangen sein. Tarkhunzas, der
Wetter- und Erntegott trägt einen
Kopfschmuck mit zwei Hörnern, ein
kurzärmeliges Hemd mit einem V-
Ausschnitt, einen kurzen Rock, der an
jedem Ende in eine Volute verläuft und
über dem Knie endet, sowie einen
breiten Gürtel. Mit seiner linken Hand
ergreift er Weizenähren, die aus dem
Boden wachsen und in seiner rechten
hält er ein Traubenbündel. An seinen
Füßen trägt er Pantoffeln, die an den
Zehen hochgebogen sind.

TUBAL (DIE TABAL)

Iawan, Tubal und Meschech waren deine Händler. Menschen und Kupfergeräte gaben sie für deine Handelswaren (Ez 27:13).

In der Völkertafel wird Tubal (akkadisch *Tabalu*) als Sohn des Jafet (Gen 10:2; 1 Chr 1:5) aufgeführt und wird in biblischen Erzählungen regelmäßig in Verbindung mit Meschech, einem weiteren Sohn Jafets, erwähnt (Ez 27; 32; 38; 39). Assyrische Aufzeichnungen weisen auf die beiden Gruppen zusammen als *Tabali Muski* hin, die die Region, die später als Kappadokien bekannt wurde, in Anspruch nahmen, und beschreiben diese Völker als Nachbarn der Que (kilikische Ebene). Die Gegend war den Hethitern als Unteres Land bekannt und korrespondiert mit dem heutigen Kayseri.

Der Andeutung in Ezechiel, daß Tabal (zusammen mit Meschech) Tyrus mit 'Menschen und Kupfergeräten' versorgte, mag von der sozialen und wirtschaftlichen Welt der Levante im zehnten bis neunten Jh. inspiriert worden sein. Zu dieser Zeit richtete sich das Interesse der phönizischen Stadt Tyrus auf Nordsyrien und Kilikien, Territorien, die Beziehungen mit Tabal jenseits des Taurus pflegten. Mit seinen Metallvorkommen und besonders dem Silber des Taurus, der bereits im dritten Jahrtausend v. Chr. als der 'Silberberg' bekannt war, war Tabal ein vitaler Teil der wirtschaftlichen Peripherie Assyriens. Die Liste der Kriegsbeuten, die Assyrien aus Muşaşir zurückbrachte, als sie es im Jahre 714 v. Chr. plünderten, enthält auch Silbergegenstände, die aus Tabal gekommen sein sollen. Der Name erscheint zum ersten Mal in einem Dokument, das sich auf einen Feldzug des assyrischen Königs Schalmaneser III. (858-824 v. Chr.) bezieht und uns berichtet, daß er gegen eine Streitmacht von mehr als vierundzwanzig Königen aus Tabal kämpfte. Diese Information zeigt, daß Tabal vermutlich von einer Anzahl kleiner Fürstentümer regiert wurde, die von Zeit zu Zeit ihre Kräfte unter einem einzelnen König, der sich selbst in hethitischen Hieroglyphen in den Reliefen auf bekannten Felsoberflächen in Zentralanatolien als 'Großer König' bezeichnete, konsolidierten. Im achten Jh. wurde die Region unter der Dynastie der Burutas, deren berühmtester König wohl Warpalawas (738-710 v. Chr.) war, vereint. Die Assyrer kannten ihn auch als Urbala von Thukana (Tuwana, später Tyana; Kemerhisar). Die Fürstentümer von Tabal überlebten unter der Hegemonie Assyriens und versuchten sein Joch durch Allianzen mit den Phrygern und Urartu abzuschütteln. Tabal wurden zu Beginn des siebten Jh. s. von den Kimmeriern aus dem Norden, die laut Herodot ihre Basis in der Sinop-Region errichtet hatten, überfallen.

MINNI (DAS REICH VON MAN)

Ruft Königreiche herbei gegen sie! Ararat, Minni und Aschkenas…die Könige von Medien (Jer 51:27-28).

Es wird angenommen, daß die Minni der Bibel die Bewohner des Reiches von Man waren, die in den nordöstlichen Hochländern Mesopotamiens südlich des Sees Urmia lebten. Jeremias Prophezeiung (51:27-28) stellt sie als einen Feind Babels dar. Ihr Name wird vom neunten bis zum siebten Jh. v. Chr. regelmäßig in urartischen und assyrischen Aufzeichnungen erwähnt. Diese Aufzeichnungen vermitteln generell den Eindruck, daß *Mana*, das Land von *Mannai*, zwischen einer Anzahl von unabhängigen Fürstentümern aufgeteilt wurde, die entweder untereinander kämpften oder sich mit einem oder mehreren stärkeren Königreichen verbündeten. Im achten bis siebten Jh. gerieten die Assyrer und Urarter in *Mana* in einen Konflikt und das Reich von Man litt zwischen seinen beiden mächtigen Nachbarn. Das Wort 'Armenien' oder 'Ar-Minni' soll das 'Hochland von Man' bedeutet haben.

Das Tumulus des Königes Midas. Gordion.

Das Osttor von Gordion. Blick aus dem Zentrum der Ruinen.

MESCHECH (DIE PHRYGER)

Dort liegen Meschech und Tubal und all ihr Gefolge. Rings um sie her sind Gräber von all den Unbeschnittenen, die man mit dem Schwert erschlug; und doch haben sie einst im Land der Lebenden Schrecken verbreitet (Ez 32:26).

In der Völkertafel wird Meschech als sechter Sohn des Jafet erwähnt (Gen 10:2; 1 Chr 1:5) und wird auch anderswo mit Tubal (Tabal) verbunden. Diese Verkuppelung ist auch in bezug auf ihren geographischen Standort und die Chronologie der beiden Königreiche sowie ihren Handel mit Kupfergefäßen passend. Meschech soll der Name der Phryger sein, die in der Mitte des achten Jh. s. v. Chr., mehr als vierhundert Jahre nach dem Fall der Hethiter, auf der anatolischen Bildfläche erschienen sind. Obwohl die phrygische Hegemonie nicht mit der ungeheuren Größe des hethitischen Imperiums zu vergleichen war, belegen die archäologischen Berichte, daß zu diesem Datum die früheren hethitischen Festen wie Hattusa, Alacahöyük, Alisar und Pazarli von den Phrygern besiedelt wurden. Homer meint, daß die Phryger schon zur Zeit des Trojanischen Krieges in Anatolien gewesen seien. Strabo und andere griechische Schriftsteller lassen sie zu einer späteren Zeit aus Europa kommend erscheinen. Ausgrabungen haben jedoch bisher keine überzeugenden Beweismittel bezüglich ihres Ursprungs ans Licht gebracht.

MESCHECH (DIE PHRYGER)

Sie könnten vor oder während des Umbruchs, der durch die Seevölker erzeugt wurde, nach Anatolien gekommen sein oder zu dieser Zeit bereits hier unter der hethitischen Hegemonie gelebt haben. er früheste Hinweise auf die Phryger stammt aus den Annalen des Tiglat-Pileser I. (1114-1076 v. Chr.), in denen sie als *Muski* erwähnt werden. Der König behauptet, daß er zu Beginn seiner Herrschaft 20.000 Muschki, unter fünf Königen, die Provinzen im Nordosten besetzten, bekämpfte und besiegte. Es scheint, daß eine Gruppe von Personen, während der Unruhen durch die Seevölker, sogar bis zur Biegung des oberen Tigris marschierte. Diese Gruppe könnte Anatolien über den Kaukasus erreicht haben, jedoch später in das Königreich von Midas aufgenommen worden sein. Ein assyrischer Text aus dem achten Jh. v. Chr. scheint einen Gordios zu erwähnen, der einen Lehenstaat so weit östlich wie Tegarama (biblisch Togarma) am oberen Euphrat einrichtete. Gordias könnte der König gewesen sein, der Gordion gründete und der einen Streitwagen weihte, indem er ihn mit einem gordischen Knoten an einem Pfosten festband, der später von Alexander dem Großen 334 gelöst worden sein soll.

In der zweiten Hälfte des achten Jh. s. erwähnen assyrische Texte regelmäßig ein Königreich von Muschki — auch wenn dieser Begriff andere ethnische Gruppen außer den Phrygern umfasst haben mag — und seinen ehrgeizigen Regenten Mita (Midas). Letzterer scheint versucht zu haben, seine Grenzen auszudehnen und er besetzte Städte in Kilikien, der assyrischen Provinz Que, Assyriens nordsyrische Grenzen bedrohend, und bildete mit Karkemisch eine Koalition gegen die Assyrer. Zu Beginn des siebten Jh. s. drangen die Kimmerier, nachdem sie durch Urartu marschiert waren, in Anatolien ein und setzten dem phrygischen Königreich ein Ende, indem sie Gordion (696 v. Chr.) plünderten. Der legendäre Midas verübte Selbstmord, indem er Ochsenblut[1] trank. In Exodus (24:8) segnet Moses sein Volk durch Besprengen mit dem Blut geweihter Ochsen.

Muschki und Tabal und ihre Verbundenheit war auch den Griechen bekannt, denn Herodot platziert ihre Überreste Seite an Seite, als er sagt, daß die pontischen Moschern und Tibarener Tribut an die Perser zahlten und ihre Armee mit Soldaten ausstatteten.

Die Geschichte des Midas von der goldenen Berührung: Ein legendärer Held, der vom geschichtlichen Midas inspiriert wurde, wirkte in einer Reihe von Geschichten, die in verschiedenen Ländern einschließlich Anatolien handeln. Nachdem er den törichten alten Satyren Silenus gefangen genommen und ihn Dionysus übergeben hatte, wurde er mit seinem tiefsten Wunsch belohnt — der goldenen Berührung. Als der hungerleidende Midas entdeckte, daß sogar sein Essen und Trinken sich bei Berührung in Gold verwandelten, bereute er seine Torheit vor Gott und wurde angewiesen, sich im Fluß Paktolus (Sart çayı) zu waschen.

Dieser Fluß, der eine Hauptquelle des Reichtums von Midas gewesen zu sein scheint, lieferte später die ökonomische Basis für das andere Symbol des Wohlstands, Krösus von Lydien. Die Verwendung von Daumen und Zeigefinger für den sogenannten phrygischen Segen in der Vergangenheit ist ebenso verbunden mit der legendären phrygischen Periode und die Geste könnte die lateinische Segnung inspiriert haben.

Was von den phrygischen Stätten ausgegraben wurde, zeigt, daß ihre Kultur mit bestimmten früheren Kulturen Anatoliens verbunden gewesen war. Die Hauptstadt Phrygiens war Gordion, das an dem Punkt lag, wo später die persische

---

[1] Der ältere Plinius berichtet, daß Ochsenblut sehr schnell gerinnt und daher — frisch getrunken — als giftig angesehen wird. Es handelt sich hierbei um eine Art von Selbstmord, die vermutlich auch vom athenischen Staatsmann Themistokles um 460 v. Chr. in Magnesia am Mäander (Menderes Manisası) gewählt wurde. Er trank wohl das Blut eines Ochsen, den er hier im Tempel der Artemis opferte.

'Kırık Aslantaş' ('Zerbrochener Löwenstein') aus dem phrygischen Tal nahe Afyon. 540-530 v. Chr. Ursprünglich war er ein Teil eines Paares, das den Eingang eines Felsengrabes flankierte.

Felsaltar in der Stadt Midas in der Nähe von Eskişehir. Siebtes bis frühes sechstes Jh. v. Chr. Eine sitzende Statue der Göttin Kybele wurde vermutlich während der Zeremonien darauf platziert. Zur Linken trägt er eine Inschrift auf Phrygisch, die von links nach rechts gelesen wird.

Königsstraße den Fluß Sangarius (Sakarya) kreuzte. Der Landweg von den Zivilisationen im Nahen Osten nach Griechenland verlief durch das phrygische Plateau und die Stadt muß ein wichtiges Handelszentrum gewesen sein, durch das einige Objekte und Kunstformen des Ostens nach Griechenland kamen. Die reichen Funde aus dem Großen Tumulus (Gordion) zeigen, daß der Reichtum Midas' nicht nur legendär, sondern zum Teil historisch ist.[2]

Die Phryger sind bekannt als eines der frühesten Völker, das eine alphabetische Schrift benutzte. Obwohl sie akzeptieren, daß diese Schrift beinahe identisch mit dem griechischen Alphabet ist, streiten sich die Gelehrten über ihren Ursprung. Einige denken, daß die Phryger sie von den neo-hethitischen Staaten in Südostanatolien ausgeliehen hatten, wo Phönizisch gesprochen wurde und hethitische Hieroglyphen-Schrift sowie aramäische Sprachen geschrieben wurden.

Einige Gelehrte weisen sogar darauf hin, daß zusätzlich zu seiner Verbreitung auf dem Seeweg das phönizische System den Griechen erstmals durch die Phryger bekannt gemacht wurde. Die Inschriften, von denen die meisten auf phrygischen Gefäßen, längere jedoch auf Monumenten, erhalten blieben, speziell jene in der Stadt Midas in der Nähe von Eskisehir, zeigen, daß die phrygische Sprache zur

[2] Nachforschungen haben ergeben, daß die Konstruktion dieses Grabes auf die Zeit vor dem Tod Midas' datiert und es vermutlich seinem Vater Gordias gehörte.

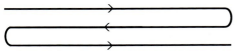

Boustrophedon-Schreibweise

Argos, eine phrygische Kappe tragend. Detail des Mosaiks des Roten Pflasters von Daphne. Zweites Jh. n. Chr. Archäologisches Museum Hatay. Antakya.

indo-europäischen Familie gehörte. Obwohl lesbar, kann sie nicht ganz entschlüsselt werden. Sie konnte sowohl von links nach rechts als auch in umgekehrte Richtung geschrieben werden oder in regelmäßig wechselnden Sequenzen, bekannt als *boustrophedon* oder 'Ochsenpflug'.

Die Information in Apg (2:10), daß die Phryger in Jerusalem überrascht waren, daß die Apostel ihre Sprache, neben vielen anderen, beherrschten und sagten: 'Wieso kann sie jeder von uns in seiner Muttersprache hören:…Bewohner von…Phrygien', ist vermutlich nicht mehr als eine Anspielung auf eine fremdartige Sprache. Es mag auch herausheben, daß die jüdischen Gemeinden in Phrygien ihre Verbindung mit dem Heiligen Land nicht verloren hatten und auf Pilgerschaften gingen. Außer einigen phrygischen Grabinschriften, die die Plünderungen der Ruhestätten vermeiden sollten, war ihre Sprache im ersten Jh. v. Chr. bereits in Vergessenheit geraten. Ein gewisser Philippus, 'seiner Herkunft nach ein Phrygier', wird auch unter den Befehlshabern erwähnt, die Antiochus IV. Epiphanes, nachdem er den Tempel und die Stadt geplündert hatte, in Jerusalem zurückließ (Makk 5:22; 6:11).

Laut Herodot wollte der ägyptische König Psammetich I. (663-609 v. Chr.) die Identität des ältesten Menschengeschlechts kennenlernen und unternahm ein linguistisches Experiment. Zwei neugeborene Kinder armer Eltern wurden einem Hirten anvertraut, der sie mit seiner Herde ohne menschliche Sprache aufziehen sollte. Der König tat dies, um die ersten Worte, die die Kinder hervorbringen würden, zu hören und um somit die ursprüngliche Sprache der Menschen in Erfahrung zu bringen. Die Kinder blieben zwei Jahre lang isoliert, bis der Hirte eines Tages nach Hause kam und die Kinder *Bekos* riefen, das laut Autor das phrygische Wort für Brot sein soll. Somit entdeckte der König, daß nicht die Ägypter, sondern die Phryger die älteste Rasse der Welt waren.

Die Geschichte der sogenannten phrygischen Kappe geht zurück auf die spitze Tiara, die der Kopfschmuck des hethitischen Wettergottes war, sich jedoch allmählich zu einer gebogenen, hornförmigen Kappe entwickelte, die tief in der Stirn getragen wurde und sich an der Spitze nach vorne ringelte. Sie wurde zur populärsten Art der Kopfbedeckung und wurde in der mediterranen Welt gleichermaßen von Menschen und Göttern getragen. Mehr als zweitausendfünfhundert Jahre später wurde sie als Freiheitsmütze oder *bonnet rouge* oder Jakobinermütze, die während der Französischen Revolution als Freiheitssymbol getragen wurde, wieder ins Leben gerufen. Die Griechen, die nichts über die Hethiter oder ihre Götter wußten, konnten sich diesen eigenartigen Kopfschmuck nicht erklären und erfanden die Geschichte der Eselsohren des Midas, die er mit dieser Kappe verdecken wollte. Der Begriff 'die Phryger' hatte für die Griechen einen schlechten Beigeschmack.

GOMER (DIE KIMMERIER)

Gomer und all seine Truppen (Ez 38:6).

In der Völkertafel wurde Gomer an die Spitze der sieben Söhne des Jafet gestellt (Gen 10:1; 1 Chr 1:5). Er ist der namensgebende Vorfahre der Kimmerier. In den Aufzeichnungen von Urartu und Assyrien werden sie *Gimirrai* genannt. Die ursprüngliche Heimat dieser semi-nomadischen, indo-europäischen Stämme soll angeblich Südostrussland gewesen sein, wo sie im vierten und frühen dritten Jahrtausend v. Chr. zusammen mit ihren Verwandten, den Skythen, lebten. Sie waren vermutlich das Volk, das das Pferd erstmals domestizierte. Später begannen sie in südliche und westliche Richtung auszuwandern. Die fortgeschrittene Metallurgie des Kaukasus und die von hier kommenden Waffen nutzend, überfielen sie die pontische Steppe östlich von Dnieper zur Wende des ersten Jahrtausends v. Chr. Vom letzten Viertel des achten Jh. s. an, wendeten sie ihre Aufmerksamkeit, die teils der Rivalität zwischen Urartu und Assyrien und teils der Bedrohung durch die Skythen

Antiker Pfad in Zentralanatolien. Die tiefen Furchen wurden durch Wagenräder gezogen.

68

Dreikantige bronzene Pfeilspitze aus Gordion. Siebtes Jh. v. Chr. Archäologische Museen İstanbul. Solche dreieckigen Modelle wurden meist von den Kimmeriern und Skythen benutzt, obgleich sie nicht typisch für sie waren. Die Reiter könnten dieses Modell im Kaukasus ausgewählt und im Nahen Osten und Anatolien eingeführt haben.

gehört hatte, dem Süden des Kaukasus zu. Ihr Eindringen von westlich der Kaukasuskette, ließ sie auch als Westskythen bekannt werden. In den letzten Jahren des achten Jh. s. v. Chr. brachen sie durch die Nordhöhen in das Innere des heutigen Irans vor und von hier wendeten sie sich nach Westen und setzten die Bewohner des Reiches von Man sowie die Urartu in Marsch, die versuchten, sich vom jüngsten Einfall des Tiglat-Pileser III. (744-727 v. Chr.) von Assyrien zu erholen.

Als ihnen der Rückweg von den Skythen abgeschnitten wurde, marschierten sie nordwärts entlang der Küste des Schwarzen Meers und errichteten eine Basis in der Nachbarschaft von Sinop, von wo sie südwärts Richtung Tabal zogen. Aufgrund dieses Einmarsches vergaß Mita von Muschki (Midas von Phrygien) seine Feindschaft mit Assyrien und versuchte, eine Allianz einzugehen. Dieser Pakt versagte und konnte den kimmerischen Vorstoß nach Zentralanatolien nicht aufhalten. Im Jahre 705 v. Chr. wurden die assyrischen Streitkräfte, womöglich gemeinsam mit den alliierten Phrygern und Tabal, in Zentralanatolien geschlagen und der assyrische König Sargon II. soll auf dem Schlachtfeld getötet worden sein. Zu diesem Zeitpunkt verschwindet auch Mita aus den geschichtlichen Aufzeichnungen. Er mag sich in seine Hauptstadt Gordion zurückgezogen haben, um sie auf den erwarteten kimmerischen Einfall vorzubereiten. Die Kimmerier überfielen die Ländereien von Tabal und Phrygien, plünderten Gordion 696 v. Chr. und trieben Midas in den Selbstmord. Ungefähr im Jahre 646 v. Chr. fegten sie unter ihrem König Dugdamme (griechisch Lygdamis) über Lydien hinweg, plünderten Sardes und töteten König Gyges. Ephesus und Magnesia am Mäander (Menderes Manisası) erlitten dasselbe Schicksal. Nach dieser Periode ging ihr Abstieg rasch vor sich. Als sie versuchten, über Kilikien in Syrien einzudringen, wurden sie an der kilikischen Pforte aufgehalten und vermutlich durch Aschurbanipal vernichtet. Zu Beginn des sechsten Jh. s. v. Chr. verließen sie den Schauplatz des Nahen Ostens und kehrten mit der von ihnen angehäuften Kriegsbeute nach Hause, jenseits des Kaukasus, zurück. Ihr Platz im Osten wurde von den Skythen eingenommen. Die Gelehrten zählen die Kimmerier zur Gruppe der Nomadenstämme wie die Skythen, Hunnen und Tartaren, die zur zivilisierten Welt nicht viel beitrugen. Ihr Name überlebte in Krimtartar, Krim und in den Abenteuern des bekannten Helden Conan, dem Kimmerier.

Einige der Kimmerier sollen an der Eroberung Ägyptens 661 v. Chr. durch Aschurbanipal mitgewirkt haben. Dennoch wurden sie vier Jahre später durch Psammetich I., zusammen mit den assyrischen Garnisonen, von hier vertrieben.

ASCHKENAS (DIE SKYTHEN)

Ruft Königreiche herbei herbei gegen sie! Ararat, Minni, Aschkenas…die Könige von Medien (Jer 51: 27-28).

In der Völkertafel bestätigt die Abstammung Aschkenas durch Gomer (Kimmerier) von Jafet (Gen 10:3; 1 Chr 1:6) die historische Tatsache der Nachfolge der Skythen auf die Kimmerier in der antiken Politik des Nahen Ostens. In den assyrischen Texten werden sie *Askuzai* genannt. Die Heimat der Skythen lag im Altai-Gebirge, von wo sie in die europäischen Steppen zogen. Sie waren mit den Kimmeriern verwandt. Beide Stämme waren indo-europäische Nomadenkrieger, die eine iranische Sprache benutzten. Der einzige Unterschied zwischen ihnen war vermutlich, daß die erste (kimmerische) Welle von der Westseite des Kaukasus in den Nahen Osten eindrang und hauptsächlich in Anatolien agierte, während die zweite (skythische) Welle den östlichen Abschnitt des Kaukasus querend ankam und ihre Aktivitäten bis nach Ägypten ausbreitete. Sie wurden erstmals zu Beginn des achten Jh. s. v. Chr. in den Annalen von Urartu erwähnt, als sie sich jenseits des Flusses Kyrus im Norden angesiedelt hatten. Die Existenz der Skythen jenseits der Donau war den Griechen bekannt.

In der *Ilias* bemerkt Homer, daß Zeus seine glänzenden Augen vom Schlachtfeld Trojas der skythischen Ebene jenseits der Donau zuwendete. Herodot schreibt, daß er niemals erfuhr, wer die Bevölkerung Skythiens wirklich war und, daß sie das unzivilisierteste Volk der Welt waren. Er fügt hinzu, daß die Skythen weder Städte noch Festigungen hatten, sondern ein nomadisches Leben in Wagen führten. Sie waren alle aufgestiegene Bogenschützen und lebten von der Viehzucht anstatt von der Landwirtschaft. Herodot schreibt den Skythen viele Eigenarten zu, z.B. daß ihre Krieger das Blut der Feinde tranken, Tassen aus den Schädeln, Umhänge aus den Skalpen und Tischdecken aus den Häuten erzeugten.

Die Skythen setzten die Kimmerier in Marsch, die Urartu erobert hatten und blieben in der Nähe des Sees Urmia, bis sie im frühen sechsten Jh. von den Medern vertrieben wurden. Sie waren so mächtig, daß König Asarhaddon von Assyrien 674 v. Chr. seine Tochter ihrem König Bartatua überließ, um die gemeinsame Allianz zu sichern. Von ihrem Stützpunkt aus bedrohten sie alle Nachbarn und dehnten ihre Überfälle bis an die Grenzen Ägyptens aus. Psammetich I. (663-609 v. Chr.) war in der Lage, die Skythen, die seine Landesgrenzen erreicht hatten, abzufinden und sie stimmten darauf hin zu, abzuziehen. Auf ihrem Rückzug plünderten

(gegenüber) Skythischer Sklave, der sein Messer schleift, um Marsyas zu häuten. Römische Periode. Archäologisches Museum Manisa. Das Abziehen der Haut bei lebendigem Leibe soll eine Spezialität der Skythen gewesen sein.
Am Boden liegt die Doppelflöte des Marsyas.

Ein Skyther, der seinen Bogen bespannt. Detail eines goldenen Gefässes aus dem Eremitage Museum in St. Petersburg. Zweite Halfte des Vierten Jh. s. v. Chr.

sie Ashqelon, wofür sie laut Herodot von der Göttin mit einer Plage, bekannt als 'Frauenkrankheit', gemeint war Homosexualität, bestraft wurden und ihre Nachkommen sollen heute noch darunter leiden. Diese Geschichte mag die Aussage in 1 Samuel (5:6) inspiriert haben, wonach die Philister in Aschdod von Gott für die Entweihung der Bundeslade mit Hämorrhoiden bestraft wurden. Als Alliierte der Meder, die diese *Saka* nannten, nahmen sie 612 v. Chr. an der Zerstörung der assyrischen Hauptstadt Nineve teil.

Obwohl Jeremias' Prophezeiung (51:27-28) sie als Feinde Babels darstellt, begleiteten die Skythen den neo-babylonischen Kronprinzen Nebukadnezar II. nach der Schlacht von Karkemisch nach Syrien und Palästina, nahmen im Jahre 604 v. Chr. Aschkelon ein und erreichten 601 v. Chr. Ägypten. Sie könnten während der Eroberung von Jerusalem in den Jahren 597 und 586 v. Chr. unter den babylonischen Streitkräften gewesen sein. Herodot meint, daß der medische König Kyaxares eine größere Anzahl von ihnen zu einem Bankett einlud, sie betrunken machte und ermordete. Die Überlebenden flüchteten, überquerten den Kaukasus, schlossen sich vermutlich anderen Skythen an und zogen in die pontische Steppe. Hier wurden sie irrtümlicherweise von den Thrakern als Unterstützung der Kimmeriern willkommen geheißen. Die Skythen überfielen weiterhin von der pontischen Steppe und von jenseits des Flusses Oxus über den Kaukasus persisches Land und Kyrus II. der Große gab sein Leben im Kampf gegen sie. Darius I. begann 519 v. Chr. einen Feldzug Richtung Norden und unterwarf die asiatischen Skythen. Im Jahre 513 beschloß der König, die Skythen 'jenseits des Meeres' anzugreifen und durchquerte Anatolien bis zum Norden der Donau. Der persische König erfuhr jedoch, daß die Skythen keine Siedlungen oder Landwirtschaften, sondern lediglich ihre Ahnengräber zu verteidigen hatten und somit kehrte Darius nach Hause zurück, denn er hatte nichts Zerstörenswertes finden können. Die Griechen kannten die Skythen als Barbaren, wie sie von Herodot und anderen griechischen Autoren beschrieben wurden. Der wichtigste Grund hierfür war die skythische Angewohntheit, Wein lieber pur anstatt mit Wasser vermischt zu trinken.[1] Die Skythen führten die Besetzung nördlich der Donau fort, indem sie Militärkontrollen in der Steppe unterhielten, die Wucherpreise für die Gewährung einer sicheren Reise zum Zwecke profitreichen Handels zwischen der Steppe und den griechischen Städten verlangten. Sie versorgten die Griechen auch mit Sklaven, 'Skythen', jedoch vermehrt 'Thraker' genannt. Um 495 v. Chr. soll ein skythischer Raubzug die Küste des Propontis (Marmarameeres) erreicht haben. Im Laufe der Zeit vermischten sich manche von ihnen vermutlich mit Thrakern und wurden zu seßhaften Landwirten. Ihr letzter König wurde 339 v. Chr. durch Philip II. von Makedonien in einer Schlacht getötet, woraufhin sie die Donau-Gegend räumten und weiter nördlich Richtung Krim zogen. Laut Aufzeichnungen kämpften sie in Asien neben den Persern gegen Alexander den Großen, als dieser versuchte, in Sogdien jenseits des Aralsees einzudringen.

Der Name der Skythen war mit Grausamkeit behaftet. Die armen Männer, die lediglich den Diebstahl der Goldgefäße aus dem Tempel meldeten, wurden in 2 Makkabäer (4:47) zu Antiochus IV. Epiphanes gebracht und 'die Unglücklichen, aber, die, selbst wenn sie vor Skythen gesprochen hätten, wegen erwiesener Unschuld freigesprochen worden wären, verurteilte er zum Tode.' Bet-Schean in 1 Makkabäer (5:52) wird an anderer Stelle (2 Makk 12:29; Jdt 3:10) als Skythopolis, ihr griechischer Name, erwähnt.

Paul bemerkt in seinem Brief an die Kolosser (3:11), daß die Anhänger des neuen Glaubens alle gleich sind: 'Wo das geschieht, gibt es nicht mehr Griechen oder Juden, Beschnittene oder Unbeschnittene, Fremde, Skythen, Sklaven oder Freie, sondern Christus ist alles und in allen'. Er verwendet das Wort im allgemeinen griechischen Sinn als Ausdruck für 'Barbaren'. Ihr Land wurde dem Hl. Andreas als Missionsland zugeteilt. Die christliche Überlieferung behauptet, daß Skythien jenseits der Donau von den Kappadokern zum Christentum bekehrt wurde. Die Kappadokier waren von den gotischen Horden, die Zentralanatolien um 250 und 260 überfallen hatten, als Gefangene dorthin gebracht worden. Der Name blieb in *Aschkenasim*, eine der beiden Hauptzweige des Judentums erhalten, der die Juden der Deutsch und Slawisch sprechenden Länder umfasst, die einst von Skythen bevölkert wurden. Der Name der Sephardim (spanisch und portugiesisch) leitete sich hingegen von dem rabbinischen Namen für das Land ab.

[1] Die übliche griechische Mischung bestand aus fünf Teilen Wasser und zwei Teilen Wein.

RIFAT

Laut der Völkertafel (Gen 10:3, 1 Chr 1:6) ist Rifat ein Nachfahre Jafets durch dessen Sohn Gomer. In der antiken Literatur wurde das Wort, außerhalb dieser Erwähnung, lediglich einmal, und zwar von Joseph für die Völker, die in Paphlagonia in Nordwestanatolien lebten, verwendet. Das Land, das die Historiker den Rifat zuteilten, stimmt mit dem eines Volkes, das mit den Gomer (Kimmeriern) und den Aschkenas (Skythen) verbunden war, überein. Es wird auch angedeutet, daß Rifat sich auf den Berg Niphates (Süphan dağı, 4051 m) im Norden des Van-Sees beziehen könnte. Es wird jedoch nicht erklärt, warum ein Berg in der Völkertafel erwähnt werden sollte.

TOGARMA

Gürün (Togarma?)

Die von Bet-Togarma gaben Zugpferde und Reitpferde und Maultiere für deine Waren (Ez 27:14).

Das *grm* des Alten Testaments wurde als Togarma vokalisiert. In der Völkertafel ist er ein Abkömmling Jafets und einer der Söhne Gomers (Gen 10:3, 1 Chr 1:6). Ezechiel (38:6) erwähnt Togarma in der Gog-Apokalypse Seite an Seite mit Gomer, als eine der Nationen, die vom Norden her auf Israel hereinströmen wird. Bet-Togarma (Haus des Togarma) wird auch in Ezechiels Prophezeiung (27:14) über Tyrus erwähnt, das es mit Pferden, Vollblutpferden und Maultieren versorgt.

Das hethitische *Tegarama* und einige andere ähnliche Namen, die in den Aufzeichnungen aus Assyrien und Urartu erscheinen, beziehen sich vermutlich auf denselben Ort, das heutige Gürün, das in der Elbistan-Ebene zwischen Sivas und Malatya an einem NebenFluß (Tohma çayı) des Euphrats liegt. Die Stadt lag in hethitischem Territorium, doch nahe der unruhigen südöstlichen Grenze. Seine Einwohner waren in Kappadokien später unter dem Namen *Gamir* nach den *Gimirrai* (Gomer oder Kimmerier) bekannt. Die Region ist heute noch wie einst für seine Pferde, Maultiere und Esel berühmt.

MAGOG

In der Völkertafel (Gen 10:2, 1 Chr 1:5) wird Magog, wie Tubal, Meschech und Gomer, als einer der Söhne Jafets aufgeführt. An anderen Stellen des Alten Testaments (Ez 38; 39) wird das Wort für dieselben Völkern und austauschbar mit Gog verwendet. Wenn Ezechiel schreibt: 'Richte dein Gesicht auf Gog im Land,

MAGOG

Magog, auf den Großfürsten von Meschech und Tubal', so hatte er vermutlich ein bestimmtes Volk in derselben Richtung wie Tubal und Meschech, nämlich Nordanatolien, im Sinn. Die kryptische Verwendung des Namens mag die Leser seiner Zeit nicht davon abgehalten haben, die wahre Nationalität von Magog zu erraten. Wie in Jeremias (1:14-19) bemerkt, 'Da sprach der Herr zu mir: Von Norden her ergießt sich das Unheil über alle Bewohner des Landes', ist der Norden die Richtung der unbekannten Viertel der Welt, von wo unerwartete Gefahren auftraten; d.h. die Kimmerier oder Skythen aus den südlichen Steppen Russlands jenseits des Kaukasus.

Gog von Magog, wird als der letzte einzelne Feind Gottes und Israels dargestellt. Es mag von 'Gugu', dem Namen des berühmten Lyderkönigs Gyges bei den Assyrern, inspiriert worden sein. Da Gyges von den Gomern (Kimmeriern) getötet wurde, kann seine Darstellung bei Ezechiel als 'Kronprinz' von Gomer nicht wahr sein und dies mag darauf hinweisen, daß Ezechiel lediglich eine mysteriöse mythologische Figur zum Zwecke der Personifizierung des eschatologischen Feindes und der Dunkelheit irgendwo im Norden wählte, die überhaupt keine tatsächliche Verbindung mit Palästina oder den Israeliten hatte.

In der Offenbarung (20:7-8) gehören Gog und Magog zum Heer des Satans vor seiner endgültigen Niederlage. In frühchristlichen Schriften wiesen Gog und Magog auf die Römer und ihren Kaiser hin, den Antimessias.

Yecüc Mecüc (Gog Magog). Manuskriptbild. *Ahval-i Kiyamet*, die 'Begebenheiten am Tag des Jüngsten Gerichts'. 1596. Berliner Staatsbibliothek. In der späteren christlichen Literatur baut Alexander der Große eine Mauer im Kaukasus, um Gog und Magog vom Eindringen in die Welt bis ans Ende der Zeit abzuhalten. Diese Geschichte wurde auch vom Koran (18) und anderer islamischer Literatur übernommen. Sie sollen nackt und einen Meter groß, mit zwei langen Ohren gewesen sein; wobei sie auf dem einen Ohr schliefen und sich mit dem anderen zudeckten. Sie würden am Tage des Jüngsten Gerichts erscheinen, alle Wasser des Euphrats und Tigris trinken und alle Bewohner der Erde hinrichten. In Bildern werden sie oft als Skythen, Tartaren oder Hunnen dargestellt. In diesem Bild sind diejenigen ohne Schnurrbart ihre Frauen.

KARKEMISCH

Basaltrelief der Büste einer gottheit aus Karkemisch. Neuntes Jh. v. Chr. Museum der anatolischen Zivilisationen. Ankara. Der gehörnte Kopfschmuck und der Granatapfel, den sie hält, identifizieren sie als die Göttin Kubaba.

Gegen das Heer des Pharao Necho, des Königs von Ägypten, das bei Karkemisch am Eufrat stand und das Nebukadnezar, der König von Babel, geschlagen hat. Es war im vierten Jahre Jojakims, des Sohnes Joschijas, des Königs von Juda (Jer 46:2).

Karkamis, 'der Kai von Kamisch', erhielt seinen Namen durch Kemosch, den Götzen der Moabiter, dem König Salomo eine Kulthöhe errichtete (1 Kön 11:7). Zwar beschreibt der Prophet Jeremias Karkemisch als am Euphrat liegend, doch dieser ist ca. 2.800 km lang und die Stadt wurde erst 1876 gefunden.

Karkemisch (Karkamış) wurde am Westufer einer wichtigen Kreuzung des Euphrats gegründet; da, wo er den Bergquellen entspringt, sich jedoch noch nicht über das syrische Tiefland verbreitet. Die Geschichte der Stadt geht bis auf den Beginn des zweiten Jahrtausends zurück und während dieser historischen Periode könnte es von einer amoritischen Dynastie regiert worden sein. Der hethitische König Suppiluliuma I. (1370-1330 v. Chr.) besiegte Karkemisch um 1354 v. Chr., als er einen Brief von der Pharaonenwitwe erhält, die im Text lediglich als *Dahamunzu* oder 'Gattin des Königs' vorgestellt wird, jedoch Ankhesenpaaten (Ankhesenamun), eine Tochter Akhenatens und Witwe des berühmten Tutanchamun gewesen sein soll. Sie teilt dem Hethiterkönig mit, daß sie einen seiner Söhne als Gatten und König fordert. Diese Nachricht überraschte Suppiluliuma sehr: 'So etwas ist mir in meinem ganzen Leben noch nicht passiert'. Wie ein ägyptischer Text informiert: 'töten sie ihn, als sie ihn nach Ägypten führten', erreichte sein Sohn Zananza unglücklicherweise niemals Ägypten. Karkemisch fiel nach einer achttägigen Belagerung an die Hethiter. Suppiluliuma drang in Syrien ein, eroberte Halab (Aleppo), unterwarf das Königreich Mitanni und gewann Syrien für die Hethiter.[1] Von diesem Tag an wurde Karkemisch von den Prinzen der königlichen Hethiterfamilie in Hattusa regiert. Es überlebte als der wichtigste Stützpunkt am Euphrat und beherbergte den religiösen Sitz der Göttin Kubaba (Cybebe/Kybele).

Die Städte in Südostanatolien mögen weniger von der Katastrophe, erzeugt durch die Seevölker, betroffen gewesen sein, und Karkemisch, obwohl die Schreiber der Medinet Habu Inschriften sie unter den zerstörten Städten erwähnten, war wohl eine derjenigen, die der Verwüstung entrinnen konnten. Nach dem Fall von Hattusa begannen die Könige von Karkemisch den Titel 'Großer König von Hatti' bis zur

---

[1] Die Gefangenen, die der König nach Hause führte, brachten eine Seuche mit sich, die zwanzig Jahre dauerte und ein Zehntel der Bevölkerung, wahrscheinlich auch den König, tötete.

Mitte des zehnten Jh. s. v. Chr. zu benutzen. Ein Tribut aus Zedernbalken bestehend, der vom König von Karkemisch durch Tiglat-Pileser I. (1114-1076 v. Chr.) gefordert wurde, zeigt, daß die Hegemonie der Stadt sich zu dieser Zeit bis zum Amanus-Gebirge ausdehnte, welches die wichtigste Nutzholz-Quelle war.[2] Durch seinen Standort dominierte es die nordsyrische Route von Mesopotamien nach Anatolien und zum Mittelmeer und dadurch hatte die Stadt für die Assyrer unschätzbaren Wert. Als Karkemisch eine anti-assyrischen Koalition beitrat, wurde es ernstlich bestraft. Die assyrische Unterstützung schützte es jedoch gegen die aramäischen Königreiche von Nordsyrien. Dies dauerte bis 720 v. Chr., als es zu assyrischem Boden wurde.

Jeremias Orakel über die Schlacht von Karkemisch geht auf die letzte Periode der Geschichte der Stadt zurück, als sie zum letzten Stützpunkt des gefallenen assyrischen Königreichs wurde. 608 v. Chr. marschierte Necho II. von Ägypten durch Palästina nach Karkemisch, um den Assyrern zu helfen und den Status Quo in Syrien zu schützen. Er eroberte Gaza und Aschkelon, beides Städte der Philister (Jer 47:5) und überfiel Juda auf seinem Weg nach Norden (2 Kön 23; 2 Chr 35). Im Buch Jeremias (46:2-12) wurden Details der wilden Schlacht von Karkemisch im Jahre 650 v. Chr. erwähnt. Die Babylonier wurden von Nebukadnezar kommandiert. Die ägyptischen Streitkräfte, die lydische Lohnsöldner ('Männer von Lud') in ihren Reihen vorwiesen, wurden zusammen mit ihren assyrischen Alliierten von der neo-babylonischen Armee schwer geschlagen. Die Stadt wurde niedergebrannt. Auf den Fersen Nechos II. rückte der siegreiche Nebukadnezar II. in Palästina ein. Juda unterwarf sich und unter den Gefangengenommenen befanden sich Ezechiel und der Romanheld David.

Wie viele andere Stadtstaaten dieser Periode, lag Karkemisch an dem Punkt, wo die hethitische und aramäische und später die assyrische und phönizische Kultur aufeinander trafen. Seine Bevölkerung mag Nachfahren jener umfasst haben, die schon jahrhundertlang hier gelebt hatten, einige hethitische Stämme, die vom Zentralplateau vertrieben worden waren, und die Aramäer, ursprünglich Nomaden aus der syrischen Steppe. Diese hybride Gesellschaft wird am besten durch die Reliefe reflektiert, die einst die Wände von einigen öffentlichen Gebäuden schmückten, angeordnet von aufeinanderfolgenden Königen.

[2] Obwohl die kilikische Taurus- und Amanuskette weitere Quellen für Nutzholz (Zedern, Zypressen, Wacholder oder Pinie) für die Zivilisationen des Nahen Osten darstellen, erwähnt die Bibel nur die Zedern des Libanon. Die waldigen Höhen des Berges 'Amana', der im Hohelied von Löwen und Panthern heimgesucht wird, könnten sich auf den Amanus beziehen (Hld 4:8).

Silberne Duftstofflampe aus dem İkiztepe-Grab in der Nähe von Uşak. Um 500 v. Chr. Lydisch-persisch. Archäologisches Museum Uşak. Die Inschrift auf seinem Fuß benennt den Besitzer, lydisch *Artimas*.

LUD (DIE LYDER)

Bäumt euch, ihr Rosse, stürmt los, ihr Wagen! Rückt aus, ihr Helden: Kusch und Put, ihr Schildbewehrten, ihr von Lud, ihr Bogenschützen (Jer 46:9).

Lud (akkadisch *Luddu*), der in der Völkertafel als einer der Söhne des Sem erwähnt wird (Gen 10:22; 2 Chr 1:17), bezieht sich auf die Lyder. Sie waren jedoch keine Semiten, sondern Indo-Europäer und hätten folglich unter den Nachfahren des Jafet besser dargestellt werden sollen. Die lydische Hauptstadt Sardes (aramäisch Sepharad, Sefarad) wird in Obadja (1:20) erwähnt. 'Lud' in Ezechiel (27:10) und (30:5) sowie in Judit (2:23) bezieht sich nicht auf ein bestimmtes Land oder eine Nation, sondern wird als Freiheitssignal benutzt.

Das lydische Königreich, das von Gyges (680-652 v. Chr.) in Sardes gegründet wurde, herrschte über Westanatolien und das Zentralplateau. Ezechiel könnte 'Gog' von 'Gugu', dem Namen eines fabelhaften Königs, abgeleitet und es als episches Klischee, ohne eine bestimmte Person zu meinen, verwendet haben (Ez 38; 39).

Gyges starb im Kampf gegen die Kimmerier (biblische Gomer), die, nachdem sie Urartu erobert und das phrygische Königreich von Midas zerstört hatten, in sein Territorium vorgerückt waren. Assyrische Aufzeichnungen berichten, daß plötzlich ein Abgesandter am königlichen Hof in Nineve erschien und Aschurbanipal (668-627 v. Chr.) von einem Traum seines Königs Gugu erzählte. Gugus Land wurde von den Kimmeriern überfallen. In diesem Traum sagt der Gott Assur zu Gugu, dass er, falls er sich Aschurbanipal ergeben würde, den Feind besiegen könnte. In Folge sandte Gugu ihm einen Gesandten mit teuren Geschenken und zwei kimmerischen Gefangenen. Aschurbanipal berichtet, daß Gugu später, vermutlich als die kimmerische Bedrohung abflaute, sein Versprechen gegenüber dem Gott Assur vergaß und seine Truppen zu Psammetich I. von Ägypten sandte, der gegen Assyrien rebelliert hatte. Aschurbanipal verfluchte Gyges und folglich verlor letzterer den Krieg und wurde von den Kimmeriern getötet. Obwohl die antike Literatur eines der großen Tumuli der Bintepe-Nekropole in Sardes als das des Gyges identifiziert, glauben Gelehrte, daß dieses Grab auf eine spätere Zeit datiert und daß die Zeichen, die an seiner Wand erhalten blieben, nicht, wie ursprünglich angenommen, *Gugu* bedeuten, sondern lediglich Markierungen der Maurer sind.

(gegenüber) Kopf aus dem Aktepe-Tumulus. Wandmalerei. Um 500 v. Chr. Archäologisches Museum Uşak. Der Kopf gehört zu einer stehenden Frauenfigur. Ihr Haar, auf dem ein rotes Diadem mit einem eingravierten Muster sitzt, ist blau gefärbt. Ihr Ohr ist in dunklem Rot und Lippen und Haut in Rosatönen dargestellt. Die Augen und Wimpern sind schwarz.

Gyges ist bekannt als der erste König, der griechische Lohnsöldner nach Ägypten sandte — da die Lyder keine Seemänner waren, handelte es sich bei diesen um ionische und karische Soldaten. Herodot weist darauf hin, daß ein Orakel voraussagte, daß der Erbe Nechos I., der auf dem ägyptischen Thron saß, von bronzenen Männern, die übers Meer kämen, Hilfe erhalten würde. Und als er eines Tages in seinem Exil an der Mittelmeerküste spazieren ging, fand er ein gestrandetes Boot mit ionischen Hopliten, die vom Kurs abgekommen waren. Mit ihrer Hilfe bestieg Psammetich I. den Thron. In den 630ern errichtete er für die griechischen Siedler im Inneren seines Landes eine besondere Stadt am Nil namens Naukratis (Herrin der Schiffe).

Die Lyder herrschten über Ionien und Zentralanatolien, mit dem Fluß Halys als Grenze zum medischen Imperium, das Assyrien im Nahen Osten ersetzt hatte. Herodot berichtet, daß König Alyattes (610-560 v. Chr.) von Lydien sich mit den Skythen, die sich in den Ländereien von Urartu angesiedelt hatten, gegen die aufsteigende Macht der Meder verbündete. Der Krieg, der in Folge zwischen den beiden Ländern entstand, dauerte fünf Jahre lang. Während der letzten Schlacht 'wurde der Tag plötzlich zur Nacht'. Es handelte sich hierbei um die Eklipse, die von Thales von Milet schon vorausgesagt worden war. Die Soldaten brachen den Kampf ab und ein Friedensabkommen wurde geschlossen. Es wurde durch die Vermählung einer Tochter des Alyattes mit einem Sohn von Kyaxares besiegelt. Die Habgier des letzten Lyderkönigs Krösus (560-546 v. Chr.) auf die Länder jenseits des Halys brachte ihn gegen König Kyrus II. den Großen (559-530 v. Chr.) auf. Zu dieser Zeit war die medische Herrschaft von der der Perser abgelöst worden. Krösus verlor die Schlacht von Kappadokien und anschließend wurde seine Hauptstadt Sardes von Kyrus 546 v. Chr. eingenommen.

Der Begriff Luditer, der sich in der erzählenden Genealogie der Genesis (Gen 10:13; 1 Chr 1:11) auf einen Sohn des Ägypten (Mizrajim) bezieht, soll vermutlich auf die anatolischen Lohnsöldner, deren Existenz in der Armee Psammetich II. (595-589 v. Chr.) von Ägypten bekannt ist, hinweisen. Ungeachtet dessen kann jedoch nicht erklärt werden, warum eine Gruppe von Soldaten in einer Weltkarte erwähnt

Eine der Graffitis von den Beinen der kolossalen Statuen, die von Ramses II. (1291-1224 v. Chr.) in Abu Simbel in Ägypten aufgestellt wurden. 591 v. Chr. Diese Inschriften gehören zu den griechischen Lohnsöldnern, — Ioniern, Karern und anderen — die in der ägyptischen Armee dienten.

werden sollte, und es mag sich hierbei um einen späteren Zusatz handeln. Womöglich assoziiert Ezechiel den Namen deshalb mit Kusch und Put, zwei von Hams Söhnen. Sie werden in bezug auf die Schlacht von Karkemisch (605 v. Chr.), als in der Armee von Necho II. von Ägypten auf der assyrischen Seite gegen die Babylonier kämpfend, erwähnt. Die biblischen Hinweise, auch Herodot, stellen sie als wilde Kämpfer dar.

Die antike Literatur belegt, daß das Hundeopfer ein übliches Ritual im antiken Nahen Osten sowie in der griechisch-römischen Welt war. Es war den Israeliten vermutlich bekannt, als sie sich unter persischer Herrschaft befanden, denn Jesaja (66:3) benutzt den treffendsten Ausdruck für dieses Ritual: 'erwürgt Hunde'. Ausgrabungen auf dem lydischen Markt in Sardes brachten Beweismittel dafür ans Licht, daß dem Hermes, der lokal als 'Hunde-Würger' bekannt war, Welpen geopfert wurden.

'Lydien' wird in 1 Makk (8:8) als eine der Regionen erwähnt, die vom Seleukidenkönig Antiochus III., nach seiner Niederlage gegen die Römer in der Schlacht von Magnesia (190 v. Chr.) dem König Eumenes von Pergamon übergeben wurden.

Gebrannte Tongefäße, Skelettreste eines unentwickelten Kaniden und ein Eisenmesser, zu den Ritualmahlzeiten gehörend, aus den lydischen Schichten des antiken Sardes. Sechstes Jh. v. Chr. Archäologisches Museum Manisa.

MADAI (DIE MEDER)

So spricht der König Kyrus von Persien: Der Herr, der Gott des Himmels, hat mir alle Reiche der Erde verliehen. Er selbst hat mir aufgetragen, ihm in Jerusalem in Juda ein Haus zu bauen. Jeder unter euch, der zu seinem Volk gehört — sein Gott sei mit ihm —, der soll nach Jerusalem in Juda hinaufziehen und das Haus des Herrn, des Gottes Israels aufbauen; denn er ist der Gott, der in Jerusalem wohnt. Und jeden, der irgendwo übriggeblieben ist, sollen die Leute des Ortes, in dem er ansässig war, unterstützen mit Silber und Gold, mit beweglicher Habe und Vieh, neben den freiwilligen Gaben für das Haus Gottes in Jerusalem (Esra 1:2-5).

In der Völkertafel wird Jafets dritter Sohn, Madai, mit den Medern assoziiert (Gen 10:2; 1 Chr 10:5). Letztere sind das zweite von vier aufeinanderfolgenden Imperien der apokalyptischen Perspektive des Buches Daniel (2:36-45): das babylonische (Gold), das medische (Silber), das persische (Bronze) und das hellenistische (Eisen). In der Bibel wird das Wort mehrmals auch in Bezug auf die Perser verwendet; dies ist auch der Fall bei den klassischen Autoren wie Herodot und Thukydides. In den biblischen Ausdrücken wie 'ein Widder...hatte zwei Hörner;... doch das eine war noch höher als das andere und das höhere wuchs ihm zuletzt' (Dan 8:3), zeigen die beiden Hörner die Koexistenz der Meder und Perser und der Satzschluß die Machtübernahme durch die Perser an.

Die ursprüngliche Heimat der medischen Stämme war das nördliche Hochland des heutigen Irans; eine Region, die für ihre Pferde berühmt ist. Gegen Ende des achten Jh. s. v. Chr. begannen die nomadischen Völker, die hier lebten, Richtung Süden zu ziehen. Unter ihnen befanden sich die Meder, die von Kyaxares (625-585 v. Chr.) vereint wurden und indem er Ekbatana (Hamedan) zu ihrer Hauptstadt machte, breitete er ihre Hegemonie über die anderen Stämme aus. Im Jahre 612 v. Chr. nahmen sie zusammen mit ihren Alliierten, den Babyloniern und den Skythen, die assyrische Hauptstadt Ninive ein. Dieses Ereignis machte die Meder zum natürlichen Erben der restlichen assyrischen Territorien. Anatolien und Palästina wurden in Folge zuerst zu Teilen des medischen Reiches und später auch ihre Verwandten, die achämenidischen Perser, bis zur Ankunft Alexanders des Großen um 330 v. Chr.

Obwohl Westanatolien weiter entfernt lag als Syrien und Palästina, zwang der Vorstoß Lydiens in den Osten des Flusses Halys (Kızılırmak) und ihre Allianz mit den Skythen die Meder in diese Richtung. Der Marsch des Königs Kyaxares durch Ostanatolien gegen Lydien bedeutete wahrscheinlich zugleich das Ende von Urartu. Der Krieg zwischen den Medern und dem lydischen König Alyattes dauerte fünf Jahre lang und endete mit einem Waffenstillstand. Herodot berichtet, daß die letzte Schlacht im Jahre 585 v. Chr. durch eine Sonnenfinsternis unterbrochen wurde, die von beiden Seiten als göttlicher Eingriff angesehen wurde und sie besiegelten den Frieden mit einer diplomatischen Hochzeit. Der Fluß Halys wurde als natürliche Grenze zwischen den beiden Königreichen akzeptiert.

MADAI (DIE MEDER)

Als die Hegemonie der Meder durch die der Perser abgelöst wurde, war der letzte König der Lyder, Krösus, damit beschäftigt, sein Land östlich des Flusses Halys auszudehnen. Der persische König Kyrus II. der Große, der sich selbst als natürlichen Besitzer des Territorium der Meder erachtete, marschierte in Anatolien ein und schlug Krösus in einer Schlacht in Kappadokien. Ohne sich hier aufzuhalten, zog Kyrus weiter nach Lydien und nahm Sardis (546 v. Chr.), das sie auf altpersisch 'Sparda' (bibl. Safarad) nannten, ein. Indem die Bibel sagt, daß Gott Kyrus 'verborgene Schätze und Reichtümer, die im Dunkel versteckt sind' (Jes 45:3), geben wird, handelt es sich vermutlich um eine Anspielung auf den sagenhaften Schatz des Krösus, der an den persischen König fiel. Weil Kyrus' Gedanken jedoch schon bei Babel, seinem südlichen Nachbarn, waren, verweilte er nicht lange in Sardis, sondern kehrte nach Hause zurück. Aufgrund seiner Bodenschätze und seiner Nähe zu Griechenland, das zum ständigen Feind Persiens werden würde, erlebte Anatolien, insbesondere seine westliche Region, eine Konzentration persischer Verwaltung. Nachdem sie den Rest des Landes erobert hatten, teilten sie die Halbinsel, ihrem eigenen Verwaltungssystem folgend, in mehrere Satrapien (Provinzen) ein, die jeweils von einem Satrapen (Statthalter) regiert wurden. Die Satrapen waren häufig Verwandte des persischen Königs und in manchen Fällen eine Persönlichkeit aus dem Adel des einheimischen Herrscherhauses. In den ionischen Städten setzten sie einheimische Tyrannen ein, die in Übereinstimmung mit ihrem System regierten. Solange die Satrapen Steuern eintrieben und der Hauptstadt Susa Soldaten lieferten, unterschieden sie sich nicht sehr von unabhängigen Vasallen-Königreichen. Die Lyder hatten Münzen erfunden, die sie auch benutzten und die westlichen Satrapien der persischen Verwaltung zählten zu den wenigen, die ihre Steuern nicht in Naturalien, sondern Münzen bezahlten. Diese milde Regelung spiegelte sich in der Selbstverwaltung der Satrapien wieder. Die ethnischen oder religiösen Gruppen, die ihre Bevölkerung ausmachten, durften ihre Identität bewahren. Obwohl sie durch einige ernsthafte Kriege unterbrochen wurde, führte die persische Herrschaft, laut literarischen Materialien und archäologischen Funden, zu einer langen, blühenden Phase in der Geschichte Anatoliens. Die Königsstraße, die Sardes mit der persischen Hauptstadt Susa verband, war eine der wichtigsten Annehmlichkeiten der persischen Herrschaft. Sowohl die Verehrung von Ahura Mazda als auch die persische und aramäische Schrift und Sprache, denen man in Kappadokien begegnete, sollen von persischen Siedlern dieser Periode in die Region eingeführt worden sein.

Im Jahre 539 v. Chr. besiegte Kyrus, unmittelbar nachdem er nach Hause gekommen war, den letzten neo-babylonischen König Nabonid sowie seinen Sohn und Mitregenten Belsazar und eroberte Babel. In Folge übernahm er ohne weiteres Juda und Israel. Palästina, einschließlich *Yehud* oder Judäa, wurde zusammen mit Syrien zur persischen Satrapie, im Aramäischen *Abarnahara, 'jenseits des Flusses* (Euphrat)' genannt.

Während dieser langen Periode trugen die anatolischen Satrapien die Bürde der persischen Expeditionen in den Westen. Die erste richtete sich gegen die Skythen, die zu dieser Zeit in den pontischen Steppen lebten. Darius I. wendete sich, einige Jahre nach seinem erfolgreichen Feldzug gegen die asiatischen Skythen jenseits des Flusses Oxus gegen die europäischen Skythen und marschierte in Anatolien ein. Indem er den Bosporus 512 v. Chr. mit Hilfe einer, aus Schiffen bestehenden, schwimmenden Brücke überquerte, fiel er in skythisches Territorium jenseits der Donau ein. Die Expedition war jedoch erfolglos, da die skythischen Horden ihre aus Holz gebauten Städte verlassen hatten und Richtung Nordsteppe verschwunden waren.

Ein weiteres Ereignis unter der Herrschaft Darius I. war der Ionische Aufstand (499-494 v. Chr.). Er begann mit einer Revolte von Milet und breitete sich auf die anderen Städte bis nach Byzanz, die ägäischen Inseln und Zypern aus. Der Aufstand wurde durch den Sieg der Perser über die alliierte Flotte vor der Insel Lades[1] abseits von Milet und die Einnahme der Stadt niedergeschlagen. Falls die ionischen Städte etwas damit erreicht hatten, so war es der Austausch der Tyrannen mit besseren und die Senkung der Steuern, die sie an die persischen Satrapen bezahlten.

Der Aufstand war von den Athenern unterstützt worden und Darius' Nachfolger Xerxes I. wollte die Griechen hierfür bestrafen. Im Jahre 481 überwinterte er, von Susa kommend, in Sardes. Im Frühling zog er weiter nach Troja, wo seine durstigen Soldaten den Fluß Skamander (Karamenderes) ausgetrocknet haben sollen. Er baute zwei aus Schiffen bestehende Brücken, um die Dardanellen überqueren zu können und marschierte in Griechenland ein. Er erlitt jedoch eine Niederlage in Salamis

[1] Heute ein Hügel in einer verschlammten Ebene.

Marmorrelief der drei jungen Hebräer im glühenden Feuerofen (Dan 3). Achtes-neuntes Jh. n. Chr. Archäologische Museen İstanbul. Die jungen Männer werden von vorne, beide Arme seitwärts erhoben, mit offenen Händen, in 'betender' Haltung dargestellt. Sie sind mit orientalischen Gewändern bekleidet. Der Feuerofen wird von sechs hohen, flackernden Flammen repräsentiert.

MADAI (DIE MEDER)

(480 v. Chr.) und da es ihm nicht gelungen war, Griechenland zu erobern, kehrte er über Sardes nach Hause zurück.

Für die Perser war Palästina eines der unwichtigsten Länder in ihrem großen Imperium. Manchmal diente es als Zwischenstation für die nach Ägypten marschierenden Soldaten. Aufgrund der üblichen medischen oder persischen Einstellung gegenüber Minderheiten, die unter ihrer Herrschaft lebten, erlaubte Kyrus einer Gruppe Exilanten im Jahre 538 v. Chr. nach Juda zurückzukehren und er ordnete den Wiederaufbau des Tempels (Esra 1;4) an. Ein gewisser Scheschbazzar identifiziert mit Schenazzar, dem Sohn Jojachins (1 Chr 3:17), wurde zum Oberen

Relief von Daniel in der Löwengrube (Dan 6) aus der früheren Kirche des heiligen Kreuzes auf der insel Ahtamar in der Nähe von Van. 915-921 Jh. In der Ecke befindet sich der Prophet Habakuk, den ein Engel 'mit der Gewalt seines Geistes' (Dan 14:36) nach Babel versetzt und der daniel das Essen von Judäa bringt. Die Büste im Medaillon wird durch die inschrift als der Prophet 'Amos' identifiziert.

von Juda ernannt (Esra 1:8). Es handelte sich bei den Exilanten um Gefangene, die von Nebukadnezar, nach seinen Siegen in Jerusalem um 597 und 586, nach Babel deportiert worden waren. In Folge war Kyrus der erste biblische Charakter, dem der Titel Messias — 'der Gesalbte' (Jes 45:1) — verliehen wurde und der als Diener Gottes und der Gerechtigkeit (Jes 41:2) gefeiert wurde.

Der große König könnte auch bereits sein nächstes Projekt, die Eroberung von Ägypten, im Sinne gehabt haben, als er die Völker seiner neuen Westprovinzen so nachsichtig behandelte.

Die Gefangenen, die von Kyrus freigelassen wurden, waren einst die Oberschicht der jüdischen Bevölkerung in Palästina gewesen und ungleich den 'zehn verlorenen Stämmen', die von den Ägyptern schon früher deportiert worden waren, hatten sie nicht die Götter der Einheimischen angenommen. Indem sie fortfuhren ihre Gebote zu lehren, wurden sie zum Mittelpunkt der jüdischen Diaspora. Der Wiederaufbau des Tempels mußte jedoch gestoppt werden, da die Juden angeschuldigt wurden, die Mauern Jerusalems erhöht zu haben. Im Jahre 522 erlaubte Darius I. einer weiteren Gruppe von Deportierten nach Juda zurückzukehren, angeführt vom legendären Zerubbabel, einem Abkömmling des Hauses David.

Die zurückgekehrten Exilanten fanden ein verändertes Palästina vor. Ihre Ländereien und Häuser waren entweder von Menschen aus benachbarten Ländern oder von Juden, die zurückgeblieben waren, besiedelt worden. Letztere hatten begonnen, sich nicht-jüdische Frauen zu nehmen und ihre Kinder sprachen Aramäisch anstatt Hebräisch. Jerusalem und das Umland litten an Knappheit von Nahrung, Wasser und mangelnder Sicherheit. Kanaanäische Kulte hatten sich in das Leben derer eingeschlichen, die geblieben waren, und diese wurden gemeinsam mit der Verehrung von Jahwe betrieben. Wir wissen nicht viel darüber, wie es Palästina während der späteren Phase der persischen Herrschaft erging. Die Palästinenser lebten unter religiösen und zivilen Anführern, die von den Persern ernannt wurden. Artaxerxes I. (465-423 v. Chr.) sandte Esra mit einer neuen Gruppe Juden nach Juda und beauftragte ihn mit der Wiederherstellung der jüdischen Gesellschaft gemäß den Lehren Jahwes. Neben der Konstruktion des Tempels von Jerusalem, die im Jahre 451 v. Chr. beendet wurde, und kleineren Reparaturen, scheint die persische Herrschaft keine materiellen Verbesserungen nach Palästina gebracht zu haben. Esras Bemühungen, speziell sein Appell an die mit Fremden verheirateten Juden, sich scheiden zu lassen, stießen auf Widerstand. 445 ernannte Artaxerxes I seinen jüdischen Hofbeamten Nehemias zum Statthalter von Juda. Aus politischer Sicht war Nehemia ein Tyrann, wie jene, die die Perser anderen griechischen Städten vorgesetzt hatten, und hatte die Unterstützung des Throns. Nehemias Erfolg ermöglichte es dem Judentum, seine Identität im kommenden Zeitalter zu bewahren. Die einzigen Berichte von Überfällen während der späten persischen Herrschaft stammen von ca. 351 v. Chr., als einige Juden sich Sidon, der gegen Artaxerxes III. rebelliert hatte, anschlossen und sie zur Strafe deportiert wurden. Die persische Herrschaft dauerte bis 332 v. Chr. bis zum Sieg von Alexander dem Großen.

Die Bücher von Esra, Nehemia, Ester und Daniel, die bekannterweise im späten zweiten oder frühen ersten Jh. v. Chr. geschrieben worden waren, handeln in der persischen Welt des sechsten und fünften Jh. s. v. Chr. und geben uns einen Einblick in die Begebenheiten während der langen persischen Herrschaft, obwohl die wahren Ereignisse natürlich häufig mit fiktiven und eschatologischen Geschichten vermischt wurden.

JAWAN (DIE GRIECHEN)

Ich stelle bei ihnen ein Zeichen auf und schicke von ihnen einige, die entronnen sind, zu den übrigen Völkern: Tarschisch, Pul und Lud, Meschesch und Rosch, Tubal und Jawan und zu den fernen Inseln, die noch nichts von mir gehört und meine Herrlichkeit noch nicht gesehen haben. Sie sollen meine Herrlichkeit unter den Völkern verkünden (Jes 66:12).

Die Völkertafel (Gen 10:4, 1 Chr 1:5) zeigt Jawan als Enkel Noahs durch Jafet. Das Wort bedeutete im allgemeinen 'Griechen' und wurde von allen östlichen Kulturen verwendet. In der Liste sind Jawans Söhne treffenderweise Elischa (Kreta), Tarschisch (Tarsus), die Kittäer (Zypern) und die Rodaniter (Rhodos). Falls Jawan für 'Ionier' benutzt worden wäre, hätte man eine Stadt wie Ephesus oder Milet unter seinen Söhnen erwartet. Für Jesaja (66:19) zählt Jawan zu den Küstenländern, die 'noch nichts gehört' hatten von Gottes Herrlichkeit.

Der Kontakt zwischen den frühen Griechen, wie den Minoern von Kreta und anschließend den Mykenern, und Anatolien oder der Levante hatte bereits in der Mitte des zweiten Jahrtausends v. Chr. begonnen. Einige Gelehrte glauben, daß die Immigranten, die die minoische Kultur Kretas gründeten, von Anatolien auf die Insel gezogen seien. Die Archäologie belegt die Existenz von minoischen und mykenischen Siedlern entlang der mediterranen und ägäischen Küste in der Mitte des zweiten Jahrtausends v. Chr. Obwohl die Beziehungen zwischen den Hethitern und der griechischen Welt bis jetzt noch nicht bekannt sind, bezieht sich der 'große König von Ahhiyawa', der in hethitischen Keilschrifttafeln erwähnt wird, wahrscheinlich auf das mykenische Königreich.

Das Interesse des letzteren an Westanatolien wird durch die Existenz von Sklaven aus Küstenstädten, die in den Palästen der mykenischen Herrscher dienten, bestätigt. Der Stützpunkt mykenischer Aktivitäten in Anatolien war Milet (hethitisch *Milawata/ Millawanda*), das die Hethiter erst gegen Ende ihrer Geschichte, in der zweiten Hälfte des dreizehnten Jh. s. v. Chr., unterwerfen konnten. Es ist nicht definitiv bekannt, ob das Königreich von *Wilusa*, ein Alliierter der Hethiter, das im Troas lag, und sein König *Alaksandus*, beide in hethitischen Aufzeichnungen erwähnt, '(W)illios' (Ilion) und Alexandros (Paris) des homerischen Epos waren. *Taruisa*, der hethitische Name der Hauptstadt dieses Königreichs könnte später zu Troja (Troi) geworden sein.

Kurz nach den Katastrophe durch die Seevölker in den 1190ern begann eine Serie von Einwanderungen von Griechenland und den Inseln in das Küstenland Anatoliens. Am Ende des achten Jh. s. v. Chr. waren der ägäische Küstenstreifen und einige Talkessel des Mittelmeerraums besiedelt. Im Laufe der Zeit machte die feudale Ideologie der Erbfolge dieser Siedlungen, wie Ephesus, Milet, Priene oder Phocaia, einer primitiven Art der Demokratie selbstverwaltender Bürgergemeinschaften Platz und jede von diesen wurde zu einer *polis*.

Die Kultur dieser Städte schloß verschiedene anatolische und östliche Elemente ein und wird von den Gelehrten als 'ionisch' oder ostgriechisch' bezeichnet. Neben den Annehmlichkeiten der materiellen Kultur berücksichtigte die ionische Kreativität auch Philosophie, Astronomie, Mathematik und Geschichte;

Betätigungsfelder, die sich von ihren Prototypen auf dem griechischen Festland durch eine rationale und naturalistische Einstellung unterschieden. Thales, Anaximander, Hippodamus von Milet, Pythagoras von Samos, Heraklit und der 'Vater der Geschichtsschreibung', Herodot von Halikarnassus, sind einige der bekannten Namen dieser reichen Kultur.[1] Als die ionischen Städte groß genug geworden waren, um andere Städte zu besiedeln, war das Vakuum in Inneren Anatoliens durch die Lyder und Phryger gefüllt worden und sie waren gezwungen an die jungfräulichen Küsten der Propontis (Marmarameer), Euxine Pontus (Schwarzes Meer) und des westlichen Mittelmeers zu segeln. Obwohl einige unwesentliche Kontakte, wie die Hochzeit des Midas mit einer Tochter des Königs von Kyme oder Geschenke von Midas oder Gyges an den Tempel des Apollon in Delphi in der antiken Literatur erwähnt werden, blieb das Herz der anatolischen Halbinsel von der griechischen Kultur, abgesehen des von den Phrygern verwendeten Alpnabets, beinahe unberührt. Der erste Vorstoß Griechenlands nach Anatolien in dieser Form geschah am Ende des fünften Jahrhunderts v. Chr. Im Jahre 401 v. Chr. marschierte Kyrus der Jüngere, der Sohn des persischen Königs Darius II., von Sardes aus gegen seinen älteren Bruder Artaxerxes II., der den Thron nach ihres Vaters Tod bestiegen hatte. Das Rückgrat ihrer Armee waren die griechischen Lohnsöldner, die später in der Literatur als 'die Zehtausend' bekannt werden sollten. Er folgte dem Fluß Mäander bis nach Kolossae und Kelaenae (Apamea, Dinar). Er zog in nördliche Richtung über Ipsus, Ikonion, Laranda, Tyana, die kilikische Pforte, Tarsus, Mopsuestia, Issus und die syrische Pforte (Belen Paß) nach Syrien. Kyrus verlor den Krieg in Cunaxa in Zentralmesopotamien und wurde getötet. Die Zehtausend, die den Anschluß an die persischen Truppen verweigerten, marschierten nordwärts und nach einer abenteuerlichen Reise durch das Hochland von Ostanatolien erreichten sie Trapezunt (Trabzon). Sie gingen weiter bis nach Kerasus (Giresun), und in Cotyora (Ordu) nahmen sie Schiffe nach Herakleia Pontica (Ereğli) und weiter in den Westen.

Attisches Gefäßfragment aus gebranntem Ton aus Phocaea (Foça). Beginn des sechsten Jh. s. v. Chr. Archäologisches Museum İzmir. Das Randstück ist mit einer Symposiumsszene dekoriert. Jede Liege (*kline*) trägt zwei halbnackte, sich ergötzende Männer (eine jüngere und eine ältere bärtige Figur). Die konvexen Fragmente zeigen einen Kampf von mit Schwertern, Lanzen und Schildern bewaffneten Fußsoldaten. Sie tragen Brustharnische, Beinschienen und Helme.

[1] Einige dieser Männer lebten, als sich Anatolien unter persischer Herrschaft befand.

87

JAWAN (DIE GRIECHEN)

Dieser rasche Marsch durch Anatolien, auf den sich Xenophon in *Anabasis* bezieht, hinterließ keinerlei Spuren griechischer Kultur und ihre Einführung mußte auf die Eroberung durch Alexander den Großen warten.

Der früheste bekannte Kontakt zwischen Griechen und Juden fand zwischen den philistischen Städten, die von den Seevölkern eingerichtet worden waren, und dem Vereinigten Königreich statt. Obwohl sie eine Mischung aus Völkern der ägäischen Welt und dem anatolischen Küstenland gewesen sein mögen, sind sich die Gelehrten über den griechischen Kulturhintergrund dieser Stämme einig. In der Bibel werden die Philister als barbarische Eindringlinge aus einem fernen Land beschrieben, ein schurkisches und sündiges Volk, das einen Gott namens Dagon verehrte, den sie von den Kanaanäer übernommen hatten. Sie wahren brutale Soldaten, die das Heiligtum in Schilo zerstörten und die Bundeslade (1 Sam 4,5) als Kriegsbeute mitnahmen. Im Laufe der Zeit wurden sie aus ethnischer und kultureller Sicht von den Kanaanäern absorbiert und manche von ihnen, wie die Stämme des Dan und Ascher (S. 43), wurden vermutlich von den Israeliten akzeptiert. In Davids Armee befanden sich wahrscheinlich kretische Lohnsöldner (Cherethiten). Die karischen Kapitäne und Wachen partizipierten, indem sie um 840 v. Chr. den sieben Jahre alten Joasch auf den Thron Judas setzten (2 Kön 11:4,19). Obwohl dies zwar nicht zu einem kulturellen Austausch führte, so wußten die griechischen und jüdischen Lohnsöldner oder Sklaven der ägyptischen, assyrischen oder persischen Armee wohl doch von ihrer gegenseitigen Existenz. Deuteronomium (17:16) warnt den zukünftigen König der Israeliten davor, jüdische Personen 'nach Ägypten zurückzubringen, um mehr Pferde zu bekommen'. Joël (4:6) sagt, daß die Menschen aus Juda und Jerusalem in der Gegend von Philista an die Griechen verkauft wurden. Während die israelitischen Sklaven in verschiedenen Teilen Mesopotamiens schon seit dem achten Jh. v. Chr. bekannt waren, wurde die erste Gruppe von Griechen erst dorthin gebracht und angesiedelt, nachdem Lydien von Kyrus dem Großen 546 v. Chr. eingenommen worden war.

In der Levante war das Handelsmonopol zwischen der westlichen Welt und dem Osten, bis zur Eroberung durch Alexander den Großen, in phönizischer Hand. Die griechischen Kolonisten lebten von der Mitte des neunten bis zum sechsten Jh., bis zur Ankunft der Perser, zusammen mit den Phöniziern in Al Mina an der Mündung des Flusses Orontes (Asi). Der Hafen wurde zu wichtigsten Eingangspforte für die materielle Kultur des Nahen Ostens zum Westen, durch die bronzenen Kessel, Spangen, Vasen und andere seltene Produkte über Zypern, Rhodos und die ägäischen Inseln transportiert wurden. Ezechiel (27) sagt in seiner Prophezeiung gegen die fremden Völker, daß Jawan mit Tyrus Waren aus Schmiedeeisen, Zimt und Gewürzrohr gegen seine Güter handelte.

Reiterfigur aus Troja, aus gebranntem Ton. Hellenistische Periode. Archäologisches Museum Çanakkale. Er trägt einen *Petasos* oder 'breitkrempigen Hut'. Antike persische Quellen bezeichneten die Griechen des Festlands als *Yuana takabara* oder auf ihren Köpfen 'Schilder Tragende' oder als 'Sonnenbehutete'.

Eines der wichtigsten Ergebnisse des Kontaktes zwischen Griechen und Phöniziern war vermutlich die Einführung des semitischen Alphabets in den Westen. Einige Zeit vor Alexanders Einzug würde dieses Alphabet, zur Überraschung der Phönizier, mit Zeichen auch versehen, zurückkehren. Diverse Hinweise in der Bibel vermitteln den Eindruck, daß die Griechen für die Israeliten Händler und eines der bedeutungslosesten Völker der Welt waren. Für die griechischen Philosophen der klassischen Periode waren die Juden, wie die Ägypter und Hindus, eines der weisen, doch fremden Völker des Osten. Die Griechen und Juden hatten auch keine gemeinsame Sprache. Herodot, der durch die Levante nach Ägypten reiste, erwähnt, bis auf den kurzen Vermerk, daß 'die Syrier Palästinas selbst zugeben, daß sie die Sitte der Beschneidung von Ägypten übernahmen', weder die Juden noch Jerusalem. Die Gelehrten glauben, daß einige der Ähnlichkeiten der griechischen und östlichen Kulturen voneinander unabhängig entwickelt worden sind. Zu dieser Gruppe könnte das beliebte Motiv der Bronzezeit gehören, in der eine Frau aus den Händen der Feinde befreit wird. Agamemnon entriß Helena den Trojern. Abraham muß Sara zweimal aus den Händen ihrer Erbeuter von fremden Orten erretten. Die Geschichte von Samson und Delila erinnert an Nissus, den König von Megara, dessen Geheimnis seiner Kraft ebenfalls eine abgeschnittene Haarlocke seiner Tochter Scylla war. Samsons Vorliebe für Rätsel mag mit der des griechischen Heldenb Mopsus assoziiert werden. Josefs Aufstieg im Haus des Potiphar und sein Mißerfolg aufgrund der Intrigen der Frau seines Herrn wiederholt sich in der Geschichte des Bellerophon in der *Ilias*. Dies zeigt, daß es sich um ein übliches Motiv der Epik des östlichen Mittelmeerraums handelt. Einige Mythen oder Motive, wie die Sintflut, das Verschwinden eines Gottes, das zu einem Desaster führt oder die Nachfolge eines Sohnes auf einen Gott, wie in *Theogonie* von Hesiod, dem griechischen Poeten, der um 700 v. Chr. lebte, kamen vermutlich vom Osten in den Westen. In *Theogonie* wurde Kronos zum Herrscher über die Götter, nachdem er seinen Vater Uranus, den Gott des Himmels, kastriert hatte und konnte nur von Zeus des Thrones beraubt werden. Im hurritischen Mythos Anu wird der Gott des Himmels von seinem Sohn Kumarbi kastriert, um jedoch wiederum vom Wettergott Teschup entthront zu werden.

Attisches Tongefäß mit roten Figuren aus Palästina. Fünftes Jh. v. Chr. Archäologische Museen İstanbul. Ein Mann bezahlt den Preis einer *hetaera* (Hure). Ein zweiter Mann feilscht um den Preis.

TARSCHISCH (TARSUS) — KILIKIEN

Man bezog die Pferde für Salomo aus Ägypten[1] und Koë. Die Händler des Königs kauften sie in Koë (Kilikien). Einen Wagen brachten sie aus Ägypten für sechshundert und ein Pferd für hundertfünfzig Silberschekel. Ebenso trieb man Handel mit allen hethitischen und aramäischen Königen (2 Chr 16-17).

Der Name Kilikien leitet sich vom Aramäischen *hlk* (hilakku) ab und bezog sich in der Vergangenheit auf die nördlichen Bergmassive und die Stämme, die hier lebten. Die kilikische Ebene wurde von den Flüssen Pyramus (Ceyhan) und Sarus (Seyhan) bewässert und war den Hethitern als Adaniya bekannt. In der Mitte des zweiten Jahrtausends v. Chr. wurde sie zur Heimat des hurritischen Königreichs von Kizzuwatna, vermutlich mit dem Tepebag-Tumulus in Adana als seiner Hauptstadt. Ein sehr großer Anteil des Einflusses der Hurriter auf die hethitische Religion drang von hier nach Hattusa vor, besonders als Puduhepa von Kizzuwatna, eine Priesterin der Göttin Hepat, den König Hattusili II. (1264-1239) heiratet. Das früheste geschichtliche Ereignis, das sowohl Kilikien als auch Palästina betrifft, geht zeitlich auf mehr als zweihundert Jahre vor den Geschäftstransaktionen des Salomo zurück, die im Alten Testament erwähnt werden. Ausgrabungen auf dem Gözlükule-Hügel, auf dem das antike Tarsus (Tarsa) lag, zeigen, daß es um 1190 v. Chr. von den Seevölkern, die ihre Verwüstungen bekannterweise bis Syrien und Palästina weiterführten, zerstört wurde.

Mopsucrene[2] und Mopsuestia[3], die in der Ebene liegen, wurden nach Mopsus von Kolophon, einem der traditionellen Helden der antiken griechischen Sagen, benannt. In Mopsuestia beherbergt ein Gebäude, das entweder eine Martyriumskirche oder Synagoge gewesen sein muß, Mosaike von interessanter kirchlicher Natur. Der Boden des Hauptschiffs des Gebäudes war mit einem Mosaik der Arche Noah (S. 17) dekoriert. Die Fragmente, die im nördlichen Seitenschiff geborgen wurden, zeigen, daß diese Sektion mit dem Samson-Zyklus geschmückt gewesen war. Es ist jedoch unmöglich zu erraten, ob die Person, die die Auswahl der Mosaikmotive traf, die antike Assoziation zwischen Samson und Mopsus, dem legendären griechischen Helden, der der Stadt ihren Namen gab, kannte.

Die sorgfältig ausgearbeiteten Inschriften stammen aus der griechischen Übersetzung der Bibel (der Septuaginta). Neben einigen Zeilen der Inschriften sind

[1] Hier soll Ägypten (Mizraim) fälschlicherweise anstatt Musri, der weniger bekannten Region der Pferdezucht im Norden des dem Taurus benachbarten Kilikien, verwendet worden sein.

[2] 'Brunnen von Mopsus'.

[3] 'Kamin (oder 'Heim') des Mopsus' (Misis nahe Adana).

(gegenüber) Personifizierung von Kilikien. Mosaik aus Seleukia Pieria (Çevlik). Erste Hälfte des zweiten Jh. s. v. Chr. Naturgeschichtliches Museum Oklahoma. Staatüsuniversität in Norman. Oklahoma.

die Fragmente erhalten geblieben, dich sich auf die Situation beziehen, als der blinde Held zu dem Jungen, der ihn an der Hand führte, sagt: 'Laß mich los, ich will die Säulen betasten, von denen das Haus getragen wird, und mich daranlehnen' (Ri 16:26).

Gelehrte spekulieren bezüglich der Ähnlichkeiten, die Samson und Mopsus einander näher brachten. König Azitiwatas von Karatepe (Ende des achten Jh.s. v. Chr.), der in den zweisprachigen Inschriften fehlt, identifiziert sich selbst als König von Danuniyim (eine phönizische Version von Danuna) und als vom Hause Muksas ('Mopsus') kommend. In den Amarnabriefen ist, laut eines Briefes von Abi-Milki von Tyrus, das 'Land von Danuna'[4] ein Platz im Norden Ugarits und des Flusses Orontes und könnte die Gegend von Antakya oder Adana gewesen sein. Texte aus der Zeit des Tudhaliya IV. (1239-1209 v. Chr.) erwähnen einen Muksas, die hethitische Form von Mopsus, der ein Alliierter der Ahhiyawa (Mykenern) war.

Die antike Literatur berichtet uns, daß Mopsus von Kolophon (nahe İzmir) sich einer Gruppe Griechen anschloß, die von Troja zurückkehrte und nach Pamphylien und Kilikien reiste. In der griechischen Mythologie ist letzterer der Sohn von Apollon und Manto, der Tochter Teiresias. Er schlägt den berühmten Seher Kalchas und läßt diesen an Verdruß sterben. Später reist er nach Kilikien und stirbt dort.

Eine Votivinschrift aus Misis (Mopsuestia) aus dem zweiten Jh. v. Chr., die sich heute im Museum von Adana befindet, ruft Mopsus zusammen mit Apollon als Heilgott an. Nachdem sie mit den Philistern in Kanaan eingezogen waren, verschwinden die Danuna auf mysteriöse Weise aus den Aufzeichnungen. Die Heldentaten Samsons aus dem Stamm der Daniten erinnern an die griechischen Helden, die mehr auf körperlicher Tüchtigkeit und erotischem Wagemut als auf anderen Kriterien basieren und er liebte es, wie auch Mopsus, Rätsel aufzugeben. In einer späteren Version zieht er weiter nach Kanaan und beim Überfall auf die philistische Stadt Gaza zerstört er den Tempel ihres Gottes Dagon. Im fünften Jh. v. Chr. berichtet der Geschichtsschreiber Xanthus von Lydien, daß Mopsus, nachdem er nach Kanaan gereist war, die einheimische Göttin und ihren Sohn in den Teich der philistischen Stadt Aschkelon warf und somit ihren Kult zerstörte. Sein Tod in Kanaan erinnert an die Ansiedlung der Seevölker nach ihrer Niederlage und Rückkehr aus Ägypten. In seiner späteren Geschichte wurde Mopsuestia als Bischofssitz des Theodor (350-428) berühmt. Er war der Führer der theologischen Schule Antiochias und seine Schriften wurden als Vorboten des Nestorius (S. 196) anschließend zum Objekt einer wilden Kontroverse.

[4] In ägyptischen Texten wird das Wort für das griechische Festland, vermutlich den Pelepones, verwendet.

Fragment des Samson-Mosaik. Ende des vierten bis Anfang des fünften Jh. s. n. Chr. Mosaik Museum Misis (nahe Adana). Aus Richter (15:4): 'Simson ging weg und fing dreihundert Füchse. Da nahm er Fackeln, band je zwei Füchse an den Schwänzen zusammen und befestigte eine Fackel in der Mitte zwischen zwei Schwänzen'.

TARSCHISCH (TARSUS) - KILIKIEN

Sein Standort, zwischen dem Mittelmeer und dem Inneren Anatoliens, mit dem es durch die kilikische Pforte (Gülek Paß) und einem zweiten Paß, auf dem Weg nach Karatepe, verbunden war, ermöglichte es Kilikien, sich schnell von der Verwüstung durch die Seevölker zu erholen.

Das Königreich von Que, das in den assyrischen Annalen erwähnt wird, zeigt, ungleich den anderen östlicheren Königreichen, keinen hethitischen Einfluß und wurde vermutlich ursprünglich von den Seevölkern eingerichtet.

Die biblischen Vermerke (2 Chr 1:16-17; 1 Kön 10:28) spielen auf die ökonomische Welt Kilikiens und Palästinas im zehnten und neunten Jh. v. Chr. an, als die Phönizier wahrscheinlich als Verbindungsglied zwischen den kilikischen Städten und dem Vereinigten Königreich agierten. Tyrus' Netzwerk von Handelsposten am Golf von Alexandretta sowie Myriandrus südlich Iskenderuns sicherte Tyrus das Monopol im Metall- und Sklavenhandel in Kilikien, im Taurusgebirge und am oberen Euphrat und übte zur selben Zeit die Kontrolle über die Seewege nach Zypern und Kreta aus. Unter den Gegenden oder Städten, die zum Wohlstand Phöniziens beitrugen, befand sich Tarschisch. Die Verwendung dieses Begriffes im Alten Testament deckt eine Zeitspanne von vierhundert Jahren und seine Bedeutung variiert gemäß der Periode, dem Autor oder der Übersetzung.

Ein Abschnitt der römischen Straße zwischen Tarsus und der kilikischen Pforte. Zweites Jh. n . Chr. Links befindet sich ein Meilenstein.

Am meisten wird er als 'in den Ozean fahrendes Schiff' verwendet. Wenn er als Ortsname im Mittelmeerraum (Gen 10:4) benutzt wird, dann als Sohn des Jawan, im allgemeinen griechisch und meist mit Rhodos, Kreta und Zypern verbunden. Laut Bibel besaß Tarschisch ein Monopol im Metallhandel — Silber, Eisen, Zinn und Blei —, doch die Region selbst blieb unspezifiziert. Aus diesem mediterranen Tarschisch kam Silber, Eisen, Zinn und Blei nach Tyrus.

Der Begriff wird im Alten Testament nach dem sechsten und fünften Jh. verwendet, um einen Ort zu bezeichnen. Sacharjas (9:2-3) 'häufte Silber auf wie Staub', könnte sich auf den Taurus, der in mesopotamischen Tafeln vom Ende des dritten Jahrtausends der 'Silberberg' auf dem Weg nach Kilikien genannt wurde oder auf Tartessos im Süden Spaniens beziehen.

Die Bibel gibt detaillierte Auskunft über die ökonomischen Beziehungen zwischen Hiram (I.) dem Großen (970-936 v. Chr.), dem König von Tyrus, und David und Salomo. Hiram soll sogar Zedern- und Fichtenholz sowie Arbeiter für den Bau des Tempels von Jerusalem geschickt haben. Beziehungen zwischen Phönizien und Israel wurden bekannterweise während des nächsten Jahrhunderts durch die Vermählung von Isebel, der Tochter des Königs von Tyrus, mit Ahab aus der nördlichen Monarchie (Israel) (874-851 v. Chr.). Die Anwesenheit der Phönizier in Kilikien wird am besten durch die Ruinen von Azitiwataya (Karatepe) belegt. Die Stadt lag am Apex des kilikischen Dreiecks und kontrollierte, als zweite nach der kilikischen Pforte — von Kilikien gegen Norden in Richtung dem Inneren Anatoliens — eine wichtige Handelsroute.

Hier dekorierte König Azitiawatas die Wände seines Palastes mit Reliefen, ausgeschmückt mit Bes-Figuren, Palmenmustern und Lotusketten, die alle aus dem phönizischen Dekorationsrepertoire stammten.

Der wichtigste Fund waren jedoch die zweisprachigen Inschriften, in hethitischen Hieroglyphen und in phönizischer Sprache, welche die Entzifferung der hethitischen Hieroglyphenschrift in den 1950ern ermöglichten. Die Fülle an Städten aus der Eisenzeit in den Berghöhen, im Gegensatz zu den Marschebenen, könnten auf die, schon zu dieser frühen Zeit, ungesunden Bedingungen letzterer hinweisen.

Die häufige Verwendung der phönizischen Schrift weist auf die politische und kulturelle Hegemonie der Phönizier in dieser Region hin, bis sich am Ende des neunten Jh. s. v. Chr. die aramäische Sprache durchsetzte. Die Überlegenheit des Aramäischen wurde vom wachsenden Einfluß der aramäischen und assyrischen Kunststile begleitet. Es ist noch nicht bekannt, ob die Phryger, die die andere Seite des Taurusgebirges in Anspruch nahmen, die phönizische Schrift von Kilikien übernahmen.

Kilikien war von politischem Interesse für die Assyrer und wurde unter der Herrschaft von Schalmaneser III. (858-824 v. Chr.) zur assyrischen Provinz. In assyrischen Aufzeichnungen wurde es 'Que' oder 'Huwe' genannt. Dieser Begriff bezog sich ausschließlich auf die kilikische Ebene, die von ihrer einheimischen Dynastie regiert werden durfte und 'Tarzi' zur Hauptstadt hatte. Auf eine Revolte gegen Assyrien hin zerstörte König Sanherib Tarzi und gründete 696 v. Chr an ihrem heutigen Standort eine neue Stadt. Die Stadt und Region wurde bis zu ihrem Untergang 612 v. Chr. von den Assyrern regiert. Von dieser Zeit bis zu den Seleukiden regierte eine einheimische Dynastie aus Syene ein halbautonomes kilikisches Königreich.

Im Buch der Judit marschierte der assyrische General Holofernes durch das obere Kilikien nach Juda, eroberte Kilikien (Zilizien) (Jdt 2:21-25) und 'machte alle nieder, die ihm Widerstand leisteten'. Obwohl die Region nicht

Relief aus der früheren Kirche des heiligen Kreuzes auf der Insel Ahtamar in der Nähe von Van. 915-921 Jh. Es bezieht sich auf die Abenteuer des Jonas. Linkerhand wird Jonas von drei Seemännern ins Meer geworfen und vom großen Fisch verschlungen. Daneben befindet sich der Fisch, der Jonas bereits ausgespieen hat, und ein kleinerer Fisch. Darüber warnt Jonas den König von Nineve, der sitzend und mit vor Schreck erhobenen Händen dargestellt ist, seine Untertanen aus dem Bann des Satans zu befreien. Letzterer ist durch vier Büsten in Ringen dargestellt. In der unteren rechten Ecke sieht man 'einen Rizinusstrauch über Jona emporwachsen, der seinem Kopf Schatten geben und seinen Ärger vertreiben sollte' (Jona 4:6). Der Rizinusstrauch wird von dem Früchte tragenden Granatapfelbaum repräsentiert.

an der Route von Assyrien und Palästina liegt, schloß die historische Route der assyrischen Feldzüge regelmäßig Kilikien vor Kanaan mit ein.

Als der Gott Israels Jona befahl, nach Nineve zu gehen und ihr das Strafgericht anzudrohen, wollte der ungehorsame Prophet unterwegs der Aufgabe entfliehen und nahm ein Schiff, 'das nach Tarschisch fuhr' (Jona 1:39). Weil das kilikische Tarschisch (Tarsus) nicht weit genug von Palästina entfernt liegt, um einem Flüchtigen Schutz zu gewähren, wird allgemein angenommen, daß sich dieser Bibelvermerk auf Tarschisch (Tartessos), die phönizische Kolonie in Südwestspanien, bezog.

Eine einheimische Überlieferung muß jedoch die Flucht des Jonas mit Tarschisch in Kilikien verbunden haben, denn ein Turm der Kreuzfahrer im heutigen Sariseki — ein Punkt, wo der Amanus dem Mittelmeer am nächsten ist, irgendwo zwischen Issus und Iskenderun — wurde später als 'Pfeiler des Jonas' bekannt: An dieser Stelle soll der Herr dem Fisch befohlen haben: 'Jona ans Land zu speien' (Jona 2:11).

Als die Truppen des jüngeren Kyrus und Alexanders des Großen auf ihrem Weg nach Osten in Tarsus Halt machten, wurde die Stadt noch immer von der halbautonomen Syennesis Dynastie regiert. Die Seleukiden nannten Tarsus 'Antiochia am Kydnus'. 2 Makkabäer berichtet, daß Antiochus Epiphanes (175-164 v. Chr.) es seiner Nebenfrau Antiochis schenkte. Im Jahre 50 v. Chr. diente Cicero als erster römischer Statthalter dieser Gegend und hatte sein Hauptquartier in Tarsus. Hier traf im Jahre 41 v. Chr. Mark Anton Kleopatra. Während der römischen Ära blühte Tarsus noch weiter auf und wurde als Heimat des Paulus berühmt. Der Apostel drückte seinen Stolz hierauf folgendermaßen aus: 'Ich bin ein Jude aus Tarsus in Zilizien (Kilikien), Bürger einer nicht unbedeutenden Stadt' (Apg 21:39; 22:3).

(gegenüber) Ostkirche (Sechstes Jh. n. Chr.) des Klosters von Alahan (Apadnas) im wilden Kilikien (Kilikia Tracheia). Fünftes Jh. n. Chr.

ALEXANDER DER GROßE

Dann bemerkte ich einen Ziegenbock; er überquerte von Westen her die ganze Erde…der Bock hatte ein auffallendes Horn zwischen den Augen. Er lief zu dem Widder mit den zwei Hörnern…und rannte mit grimmiger Kraft auf ihn los. Er stieß gegen den Widder und brach ihm beide Hörner ab…und zertrat ihn; und niemand war da, um den Widder aus seiner Gewalt zu retten (Dan 8:5-7).

Im Frühling des Jahres 334 v. Chr. überquerte Alexander der Große, der 'Ziegenbock' aus der Vision Daniels, den Hellespont und errang seinen ersten Sieg gegen die Perser, 'den Widder', in der Schlacht am Fluß Granikus (Kocabaş çayı). Nach ihrer Niederlage hier würde es, entlang dem Golf von Alexandretta (İskenderun) bis hin nach Issus, keine weiteren Störungen durch die Perser mehr geben. Als Alexander seinen Feldzug begann, war der Wohlstand des Persischen Reiches bereits im Abklingen. Darius III. war ein schwacher Herrscher und die persischen Satrapien, die weit entfernt von der Hauptstadt lagen, wurden von Satrapen verwaltet, die unabhängig von der zentralen Autorität handelten.

Alexanders Marsch durch Westanatolien folgte der Küstenlinie und die persischen Garnisonen in den Städten, mit Ausnahme von Milet und Halikarnassus, hielten ihm

Detail des marmornen Alexander-Sarkophags von Sidon. 325-311 v. Chr. Archäologische Museen İstanbul. Die Szene repräsentiert vermutlich die Schlacht von Issus (333 v. Chr.), die von Alexanders Sieg über Phönizien gefolgt wurde und es Abdalonymus, dem Besitzer des Sarkophags, schließlich ermöglichte, König von Sidon zu werden. Alexander ist links auf der Tafel abgebildet, gekennzeichnet durch seinen Kopfschmuck, das Fell des Löwenkopfes des Nemean, Symbol des Herakles, von dem er abzustammen behauptete. Seine erhobene Hand hielt ursprünglich eine metallene Lanze. Der Sarkophag war im Original mit Rot-, Blau- und Lilatönen geschmückt gewesen.

nicht stand. Als er in Karien, Lykien und Pisidien — Gegenden mit geringen griechischen Merkmalen und bekannt für ihren Freiheitsdrang — auf Widerstand stieß, hielt er sich nicht lange mit ihrer Eroberung auf, sondern überließ sie seinen zurückbleibenden Offizieren.

Von Lykien zog Alexander nach Zentralanatolien, wo er den Gordischen Knoten des mythischen phrygischen Königs Gordias löste und somit die Legende bestätigte, daß derjenige, der ihn öffnen könnte, Asien regieren würde.[1] Seine Armee verbrachte den Winter hier. Im Frühling überquerte er die Tauruskette durch die kilikische Pforte, die die Kreuzfahrer später das 'Judastor' nannten und erreichte Tarsus. Eine der Episoden seines Aufenthalts dort war seine Erkrankung an Pneumonia, als er im Fluß Kydnus badete (Tarsus suyu); dies kostete ihn beinahe sein Leben.

Die Schlacht von Issus, die er mit Darius III. 333 v. Chr. austrug, war entscheidend für das Ergebnis seiner Expedition. Sie endete mit dem Sieg Alexanders und Darius floh, sein Hab und Gut sowie seine Familie zurücklassend, vom Schlachtfeld. Dieser Sieg machte Alexander zum Erben eines der größten Imperien seiner Zeit. Nur Tyrus in Phönizien und Gaza in Palästina, die ihre Tore nicht öffneten, mußten durch Belagerung erobert werden. Nachdem er den Winter in Ägypten, wo er Alexandria gründete, verbracht hatte, kehrte Alexander auf derselben Strecke zurück und näherte sich Persien, wobei er Jerusalem passierte.

Alexanders Eroberung von Anatolien und *Yehud*, von den Griechen heute Judäa genannt, säte den Samen für wichtigen sozialen und kulturellen Veränderungen, die sich verstärkt im folgenden Jahrhundert zeigen würden. Neben dem vermutlich fiktiven Hinweis auf die Begegnung zwischen Aristoteles und einem jüdischen Philosophen in Assos (S. 152) ist die einzige Information über die Existenz von Juden in Anatolien, vor dem Sieg Alexanders, eine Stelle in Obadja (20). Sein Buch soll im fünften Jh. v. Chr. aufgezeichnet worden sein und er berichtet von den Verbannten, die sich in Sefarad (Sardes) aufhielten, einer Stadt, die sich Alexander ohne jeden Widerstand unterwarf. Solange sie dieselben Steuern auf das Land, die Herden und Personen an ihren neuen Herrn bezahlen mußten, wie sie vom persischen König erhoben worden waren, brachte der Austausch ihres alten Herrschers durch einen makedonischen keinerlei Änderungen in das Leben der Juden, falls es welche außerhalb von Sardes gab, oder anderer ethnische Gruppen in Anatolien. In Palästina herrschten dieselben Bedingungen. Die Juden fuhren fort, nach ihren angestammten Gesetzen, jedoch gemäß dem liberalen System, das von den Persern eingeführt worden war, zu leben. In ihrer Bemühung, die Juden den veränderten Bedingungen anzupassen, läßt die spätere hebräische Überlieferung Alexander Jerusalem und seinen Tempel besuchen,

---

[1] Ein komplizierter Knoten, der vom legendären phrygischen König gemacht wurde, als er seinen Wagen an einen Pfosten band, um ihn dem Zeus zu weihen. Manche behaupten, daß Alexander lediglich den Pfosten löste.

den Hohen Priester treffen und Gott ein Opfer bringen, obwohl er niemals dort gewesen war.

Sie sollen ihm sogar das Buch Daniel gezeigt haben, das seinen Sieg über die Meder und Perser (Dan 8:20) voraussagte — obwohl das erst ungefähr ein Jahrhundert und zur Hälfte nach Alexanders Tod geschrieben worden sein soll. Spätere jüdische Überlieferungen behaupten auch, daß ihnen ihre angestammten Rechte erstmals von Alexander zugesichert wurden und daß Alexander die ersten Juden nach Alexandria brachte, die Stadt, die er erst noch gründen sollte. Er soll auch jüdische Soldaten in seiner Armee gehabt haben, als er gegen Persien zog. Eine Überlieferung behauptet sogar, daß er Jeremijas Knochen in seine neue Stadt getragen habe, um Schlangen und Krokodile fernzuhalten.

Alexanders Entscheidung, einige seiner Makedonier in Samarien anzusiedeln, kreierte das größte Schisma in der jüdischen Geschichte. Die Stadt war von den Kolonisten aus Mesopotamien, nach ihrer Eroberung 721 v. Chr., unter Sargon II. von Assyrien wiederbesiedelt worden. Die neuen Siedler, die ihre eigenen Gottheiten mit sich gebracht hatten, gaben diese im Laufe der Zeit auf und wendeten sich dem Tempel Jerusalems zu, um zum Gott der Juden als einziger Gottheit zu beten. Ihre Abstammung machte sie jedoch in den Augen Jerusalems zu Juden zweiter Klasse. Als Judäas Exilisten, die von Kyrus 538 freigelassen wurden, begannen, den Tempel wiederaufzubauen, verschmähten sie die Hilfe durch das 'Volk des Landes' (Esra 4:1-4) oder die Samariter. Doch auf einmal wurde Samarien durch die Götter des griechischen Pantheons, die die Makedonier mit sich brachten, verunreinigt. Die samaritischen Juden zogen sich in das nahegelegene Shechem zurück und bauten, vermutlich mit Alexanders Erlaubnis, ihren eigenen Tempel auf dem Berg Garizim. Letzterer hatte, chronologisch gesehen, größeren Anspruch auf Verehrung als heiliger Berg als der Berg Zion. Dies zeigt sich in Deuteronomium (11:29; 27:12) und Jos (8:33). Diese Entwicklung erzeugte bittere Feindschaft auf der Seite Jerusalems und ging nach der Zerstörung des Tempels der Samariter im Jahre 128 v. Chr. durch den makkabäischen Hohen Priester und König Johannes Hyrkan I. und der Belagerung Samariens mehr als zwanzig Jahre später weiter.[2] Einige Samariter halten noch immer zu ihrer Sekte in Nablus (Shechem).

Nach seinem Tod 323 v. Chr. in Babylon teilten Alexanders Generäle sein Reich untereinander auf. Unter den zahlreichen hellenistischen Königreichen, die in den folgenden Dekaden in die Geschichte Palästinas und Anatoliens verwickelt sein würden, befanden sich Ptolemäer aus Ägypten und die Seleukiden aus Syrien. Der Einfluß der griechischen Kultur auf die Juden und Judäa und auch auf die anderen ethnischen Gruppen und Länder begann nicht mit Alexander selbst, sondern mit den ihm nachfolgenden Monarchen.

[2] In einer Parabel (Lk 10:25-37) wählt Jesus, um seinen Standpunkt klarer zu machen, einen (guten) Samariter aus, ein Mitglied der Gruppe, die den Juden gegenüber gastfreundlich war.

DIE SELEUKIDEN

Als Antiochus, der Großkönig von Asien, mit hundertzwanzig Elefanten, mit Reiterei, Streitwagen und einem gewaltigen Heer gegen sie zum Kampf auszog, wurde er von ihnen vernichtend geschlagen...Sie nahmen ihm die Provinzen Indien, Medien, und Lydien ab, einige der besten Länder, die er besaß, und schenkten sie dem König Eumenes (1 Makk 8:6-8).

In den 290ern v. Chr. waren die wichtigsten Schlachten zwischen Alexanders Generälen ausgefochten und einige mächtige hellenistische Monarchien gegründet worden. Anatolien, Syrien und Alexanders östliche Territorien bis nach Indien fielen an das seleukidische Königreich, mit seiner Hauptstadt in Antiochia am Orontes, das von Seleukos I. Nikator (321-280 v. Chr.) gegründet worden war. Ägypten, Palästina, Zypern, die meisten ägäischen Inseln und einige Talkessel an der mediterranen Küste Anatoliens fielen unter die Herrschaft des ptolemäischen Königreichs, das von Ptolemaios I. Soter (304-285 v. Chr.) mit Alexandria als Hauptstadt gegründet worden war.

Die Seleukiden richteten neue Städte und Feste ein, um die weiten Länder, die sie geerbt hatten, regieren zu können. Die griechischen und makedonischen Veteranen[1] und fremden Hilfstruppen wurden zu den ersten Bewohnern einer Reihe von Städten, wie Seleukia, Antiochia oder Apamea oder kleineren Siedlungen, wie Thyatira oder Philadelphia. Im Laufe der Zeit wurden die wenigen griechischen Elemente dieser Siedlungen bis zu einem gewissen Ausmaß durch neue Ankünfte aus Griechenland ergänzt. Diese Städte wurden zum Integrationspunkt verschiedener Kulturen aus dem Orient und der griechischen Welt. Im Laufe der Zeit wurden einige Gottheiten, die Ähnlichkeiten aufwiesen, synkretisiert. Am Ende des dritten Jh. s. v. Chr. nahm der Kult des gottbegnadeten, seleukidischen Herrschers selbst und seiner Familienmitglieder seinen Platz unter ihnen ein.

Die Seleukiden wurden als Herrscher angesehen und um sich beim Volk beliebter als ihre Vorgänger die Perser zu machen, bemühten sie sich, die Bräuche und Religionen der ihnen untergebenen Menschen zu respektieren. In den hellenistischen Städten hatte jede ethnische Gruppe ein eigenes Viertel mit ihrer eigenen Verwaltung. Der hellenistische *Strategos* oder 'militärische Statthalter', der den persischen Satrapen ablöste, war, wie die meisten Eroberer, nicht interessiert am religiösen Leben oder den Bräuchen der ethnischen Gruppen, die unter seiner Flagge lebten. Solange

Münze Seleukos I. Nikator, Gründer des seleukidischen Königreichs. 321-280 v. Chr. Archäologische Museen İstanbul. (Vorderseite) Portrait Seleukos I.; (Rückseite) Zeus, der einen Adler und ein Zepter hält. Inschrift: *Seleukos Basileos* (König).

---

[1] Ungeachtet der Energie mit der sie die hellenistische Kultur aufnahmen, wurden die Makedonier von den Griechen als halbzivilisierte Barbaren angesehen, die auch Geschwisterehen eingingen.

DIE SELEUKIDEN

die Steuern regelmäßig bezahlt wurden und Probleme mit den anderen ethnischen Gruppen vermieden wurden, konnten die Menschen nach der von ihnen gewünschten Art leben. Die Seleukiden spielten die wichtigste Rolle bei der Verbreitung der griechischen Kultur in den Ländern östlich von Griechenland bis hin nach Indien. In den seleukidischen Städten war die offizielle Sprache des kulturellen Lebens und der Verwaltung, obwohl sie vielleicht nicht von allen Einwohnern gesprochen wurde, Griechisch.

Es handelte sich hierbei um mundartliches Griechisch *Koine*, 'den üblichen Dialekt', ein vereinfachtes Griechisch, das sich aus der klassischen Sprache entwickelt hatte. Es wurde in den Küstensiedlungen schon verbreitet gesprochen und in geringerem Maß in Lydien, Phrygien und Kappadokien, wo die alten, einheimischen Sprachen bis in die christliche Ära verstärkt erhalten blieben (Apg 2:8-10): Lydisch, Mysisch, Karisch, Lykisch, pontische Dialekte, Persisch und Aramäisch. In den östlichen Provinzen wurde Syrisch, eine Form des Aramäischen gesprochen. Zu Beginn des Christentums hatten Griechisch und zu einem geringen Maße Latein den Platz des Aramäischen und Hebräischen, sogar im städtischen Palästina, eingenommen. Im Laufe der Zeit wurde Griechisch zur geläufigen Sprache und auch in abgelegenen Siedlungen gab es Menschen, die ein bißchen Griechisch verstanden.

In Anatolien gibt es bisher keine archäologischen Beweismittel bezüglich der Existenz der Juden zur prae-hellenistischen oder hellenistischen Zeit. Neben den Juden von Sardes, die in Obadja (20) erwähnt werden, sind die ersten Juden, die in der antiken Literatur vorkommen, diejenigen von Antiochia am Orontes. Sie waren Palästinenser und Soldaten, die unmittelbar nach der Gründung der Stadt durch Seleukos I. Nikator angesiedelt wurden. Ungeachtet ihrer religiösen Vorschriften, wie dem Sabbat und koscheren Mahlzeiten, die sich schwer mit dem Militärdienst vereinbaren ließen, behaupteten die Juden, daß sie beliebte Soldaten der persischen, seleukidischen und ptolemäischen Armee waren. 2 Makkabäer (8:20) erwähnt, daß in Babylonien achttausend Juden gemeinsam mit viertausend Makedoniern gegen die Galater kämpften und fügt hinzu: 'als die Mazedonier in eine verzweifelte Lage gerieten, schlugen sie…mit sechstausend Mann hundertzwanzigtausend vernichtend'. Die Gallier wurden zuerst von König Nikomedes I. von Bithynien um 279 v. Chr. als Lohnsöldner nach Anatolien gebracht, um sie gegen seinen Vater Zipoetos und den seleukidischen König Antiochus I., der letzteren unterstützte, einzusetzen. Sie machten das Zentralplateau zu ihrer Heimat und lebten hauptsächlich vom Tribut, den sie von den Nachbarländern einforderten. Für die Seleukiden war es unbedingt notwendig, starke Garnisonen nördlich der Tauruskette zu haben, um die blühenden westlichen Ansiedlungen vor den Überfällen der Galater und vor

Römische Kopie einer hellenistischen Statue der Tyche von Antiochia am Orontes, der Hauptstadt des Seleukidenreichs. Vatikanische Museen. Rom. Das Original war aus Bronze und von Eutychides von Sicyon (296-293 v. Chr. aktiv), einem Schüler von Lysippos, angefertigt worden. Tyche (Fortuna) trägt eine türmchenförmige Krone, die Antiochia repräsentiert, hält Weizenähren in ihrer Hand und stützt ihren Fuß auf die schwimmende Figur des Gottes des Flusses Orontes.

Marmorplatte, beschrieben mit dem Wort
Hebräer auf Hebräisch, die aus Sardes
stammt. Römische Periode.
Archäologisches Museum Manisa.

den Revolten der Einheimischen zu schützen und die Verbindungsrouten offen zu halten. Diese Garnisonen bedurften verlässlicher Personen, die den Einheimischen und den Galatern Widerstand leisten konnten. Ein Brief des Seleukidenkönigs Antiochus III. , der von Josef zitiert wurde, informiert uns über eine wichtige Siedlung der Juden in Westanatolien:

'König Antiochus aus Zeuxis…Aufgrund der Nachricht, daß Menschen in Lydien und Phrygien in Revolte sind…Ich entschied, zweitausend Judenhaushalte von Mesopotamien und Babylonien zusammen mit ihren Besitztümern in die Feste und an die strategischsten Plätze zu schicken'.

Das Dekret des Königs enthielt weiterhin, daß den Siedlern Land gegeben würde, um ein Haus zu bauen, Landwirtschaft und Weinbau zu treiben und sie sollten für zehn Jahre von allen Steuern befreit sein. Ebenso sollten sie nach ihren eigenen Bräuchen, ohne Beeinträchtigung durch andere, leben dürfen.

Ihre lange Gefangenschaft in Mesopotamien[2] hatte sie gelehrt, daß die beste Form des Überlebens das Arrangieren mit ihrem Herrscher war. Die mesopotamischen Juden rühmten sich einer Tradition der Treue zu den Seleukiden und wurden den palästinensischen Juden vorgezogen, die erst 200 v. Chr. Teil des Imperiums wurden. Während einige Siedlungen wohl durch veterane jüdische Söldner ergänzt wurden, mag auch das jüdische Verbot, ungewünschte Kinder auszusetzen, den Bevölkerungszuwachs gefördert haben. Das Predigen des Judaismus war den Juden keine Verpflichtung und die Zahl der Abtrünnigen unter ihnen war vermutlich höher als die der Konvertiten. Dies resultierte aus der Angst vor der Beschneidung, die zu der damaligen Zeit eine gefährliche Operation war. Die Existenz und Verbreitung der jüdischen Gemeinschaft in Anatolien war sehr wichtig, denn mehr als zwei Jh. später, während dem apostolischen Zeitalter, würde das Christentum seine ersten Konvertiten unter den — meist hellenisierten — Juden oder Heiden finden, die vom jüdischen Glauben angezogen wurden und 'Gottesanbeter' genannt wurden. Archäologisches Material von Orten wie Sardes, Smyrna, Thyatira, Milet und den Städten des Lykos-Tales, wenngleich aus mehreren Jahrhunderten nach dieser Periode stammend, vermittelt uns einen Eindruck über das Ausmaß der seleukidischen jüdischen Diaspora und seiner späteren Ausbreitung.

Es gibt keine Informationen darüber, wie diese jüdischen Gemeinschaften von den Seleukiden verwaltet wurden. Es ist nicht bekannt, ob ihre Organisation ähnlich der der Juden von Antiochia oder Alexandria war, über die es bezüglich dieser

[2] Deportationen von zehn Stämmen nach Nordmesopotamien und Medien unter Sargon II. und von Judäern nach Assyrien unter Sanherib, von Gefangenen aus Jerusalem unter Nebuchadnezzar II. nach Babylonien und schließlich 350 v. Chr. unter Artaxerxes III. nach Nordpersien.

DIE SELEUKIDEN

Periode Hinweise gibt. Wir wissen nicht, ob sie Besuch aus dem Tempel Jerusalems empfingen oder wie oft sie auf Pilgerschaft gingen. Die Informationen aus der römischen Periode zeigen jedoch, daß sie den Kontakt mit Jerusalem nicht verloren. Diese Gruppen, weit entfernt vom Heiligen Land, müssen den Druck der zentralen Autorität weniger gespürt haben als jene in Antiochia oder Jerusalem oder jene, die im ptolemäischen Alexandria lebten und besaßen deshalb eine schwächere Organisation. Der Mangel einer festen Organisation und die lose Verbindung mit Jerusalem mögen zu den Gründen gezählt haben, warum die anatolischen Juden später nicht an den jüdischen Aufständen gegen Rom teilnahmen.

Obwohl dies von einem Ort zum anderen variiert haben mag, erlaubte der seleukidische Statthalter den Juden, ihren angestammten Gesetzen zu folgen. Einige Plätze der anatolischen Diaspora hatten einen Verbund von 'Älteren' (griechisch *Gerousia*) in der traditionellen Bedeutung und 'ein Haupt der Synagoge', dem die grundlegende Verwaltung zufiel, doch vermutlich in weniger strenger Form als die bei den Prototypen in Jerusalem. Jede jüdische Gemeinschaft hatte vermutlich einen *Proseuche* (wörtlich 'Gebet'), ein Gebäude mit einer religiösen Funktion. Dieses Wort wurde bereits in dieser Periode benutzt und bezog sich wohl auf jeden beliebigen Platz, an dem sich die Juden zum Gebet versammelten.

Eine solche 'Gebetsstätte' wird von Lukas (Apg 16:13) als 'durch das Stadttor hinaus am Fluß' liegend beschrieben. Für die Juden war die Einführung einer Gebäudeform, die *Synagoge*, Griechisch für 'Versammlung', genannt wurde, eine neue Entwicklung während der hellenistischen Periode. Die ersten Synagogen sollen während der babylonischen Gefangenschaft entstanden sein. Sie dienten als Zentrum der jüdischen Aktivitäten und gewährten den Juden, die sich der Überlegenheit ihrer Religion sicher waren, den notwendigen Schutz gegen die Außenwelt. Die Synagoge war lediglich ein Platz, wo die jüdische Gemeinde sich traf, betete und die jüdischen Schriften anhörte. Sie hatte keine Priesterschaft, Tempel oder Altar, da die Juden das Opfern außerhalb des Tempels von Jerusalem nicht praktizieren konnten.[3] Sie wurden zum Mittelpunkt der jüdischen Lebensform in den Städten und ihre Ausbreitung in die gesamte jüdische Welt würde später eine sehr wichtige Rolle für die Entwicklung des Christentums spielen. Zwei Jahrhunderte später ging Paulus, beim Betreten einer Stadt, direkt in die Synagoge und predigte das Evangelium. Einige der Synagogen hatten vermutlich angeschlossene Herbergen, wo die reisenden Rabbis oder jüdische Besucher übernachten konnten. Die erste Synagoge in Anatolien befand sich um 150 v. Chr. in Antiochia am Orontes

[3] Ein Prinzip, das den Eigennutz der Priester Jerusalems zeigte.

Tor von [TAU] PIANA (?). Detail der Bordüre des Yakto Mosaiks, das in Daphne (Defne) nahe Antiochia gefunden wurde. Mitte fünftes Jh. n. Chr. Archäologisches Museum Hatay. Antakya. Das Tor wurde nach einer Statue von Antiochus IV. Epiphanes — zum Teil am oberen Ende der Säule im Bild erhalten — benannt. Er wird einen Bullen zähmend dargestellt. Die antike Literatur informiert uns, daß der König eine bronzene Statue dieser Art von den Kilikiern erhielt, als Symbol der Unterdrückung einiger Banditen im Taurusgebirge.

Grabstele mit einem Athleten verziert, der vor den *Agon*, athletischen Wettkämpfen im Gymnasium, Öl aus einem Kessel nimmt. Prusa (Bursa). Erstes bis zweites Jh. n. Chr. Archäologische Museen İstanbul. Um die Figur herum befinden sich Kränze, eine Glocke und eine Axt.

(S. 119) und könnte die Existenz von anderen Synagogen in der anatolischen jüdischen Diaspora vor oder zu dieser Zeit anzeigen.

Die Juden erzeugten bei den Griechen Interesse, da sie eine geistige Verwandtschaft aufwiesen, wie die Freude an abstraktem Gedankengut und das Erkennen der Souveränität eines abstrakten Ideals. Die Juden bemerkten auch, daß sie eine antike geschriebene Literatur, wie die Griechen selbst, hatten, die im dritten Jh. v. Chr in Alexandria ins Griechische übersetzt wurde und daß sie ein 'Volk des Buches' waren. Solange diese speziellen Barbaren sich nicht in anderer Leute Angelegenheiten einmischten, war es ihnen genehmigt, ihre eigentümlichen Bräuche, wie die Einhaltung des Sabbat, Beschneidung, rituelle Waschungen, das Tragen der *Tefillin* (Gebetsriemen) und das Fernbleiben von religiösen Zeremonien der Griechen beizubehalten.

Obwohl ihre Religion die Juden von den anderen isolierte, war es ihnen nicht möglich, ihre Umwelt gänzlich auszublenden; vor allem nicht jenen, die eine aktive Rolle im hellenistischen Stadtleben spielen wollten. Die ersten offensichtlichen Beweise für den griechischen Einfluß wurden im Sprachbereich gefunden. Die Juden, die in Anatolien lebten, sprachen Aramäisch, Hebräisch und brachten vermutlich die Tora in griechischer Sprache mit. Die ersten beiden Sprachen würden jedoch von der nächsten oder darauf folgenden Generation vergessen werden, besonders von denen, die sich selbst Griechisch beibrachten, um auf sozialer Ebene aufzusteigen.

Aus den einfachen Synagogengebäuden wurden im Laufe der Zeit elegante Tempel wie die griechischen. Ihre Dekoration mit einfachen Mitteln, den elementaren, jüdischen Symbolen, wie dem siebenarmigen Leuchter (*Menorah*), den Palmenzweigen (*Lulav*), den Zitrusfrüchten (*Ethrog*), dem Widderhorn (*Shofar*) und der Schaufel oder der Tora-Lade, dem Davids- oder Salomostern und Rosetten, wurde später durch die zwölf Tierkreiszeichen und Figurenszenen, die in Übereinstimmung mit biblischen Geschichten symbolische Bedeutung haben, ergänzt.[4]

Einige Juden, vor allem Angehörige der Oberschicht, wurden im Laufe der Zeit 'hellenisiert' und begannen, in verschiedenem Ausmaß, wie Griechen zu agieren. Der Höhepunkt hiervon war der Erwerb der griechischen Staatsangehörigkeit, die notwendig war, um an der Verwaltung einer *polis* teilzunehmen. Obwohl die *Demos* oder 'Bürgerschaft' der griechischen *Polis* unter den hellenistischen Monarchen viel von ihrer früheren Freiheit und Autorität verloren hatte, besaßen die griechischen Städte noch immer die Annehmlichkeiten des zivilisierten Lebens. Diese wurden

[4] Dieser Brauch würde bis zur ikonoklastischen Periode und dem moslemischen Sieg dauern, der die Benutzung von bildlichen Vergleichen (Götzenbildern) verbot.

durch Gebäude, wie das Odeon, die Agora, das Theater, die Bibliothek oder das Stadion, gewährt. Das Kennzeichen einer *polis* war jedoch das Gymnasium, da das körperliche Training die Grundlage des griechischen Lebensstils war. Die Erziehung im Gymnasium war ein unentbehrlicher Teil der griechischen Staatsbürgerschaft. Ein Jude konnte die griechische Gemeinschaft ausschließlich durch die Palästra betreten.

Folglich wurde das Gymnasium zum Mittelpunkt des Hasses der pragmatischen Juden. Mit seiner Palästra, wo Männer nackt trainierten, seinen Becken und Bädern, seinen Götzenstatuen und göttlichen Königen repräsentierte das Gymnasium für die Juden das Gegenteil von dem, was ihr Gesetz aussagte. Es war nicht immer möglich, die jüdische Jugend von der Außenwelt abzuschirmen. Im Laufe der Zeit entwickelte sich eine Klasse hellenistischer Juden, da einige Griechen vom Judaismus angezogen wurden. Inschriften in verschiedenen Teilen Westanatoliens zeigen, obwohl sie aus der römischen Periode stammen, daß *Epheboi* auch einheimische jüdische Burschen einschloß, die sich nicht beschneiden ließen. Es wird behauptet, daß sie sogar versuchten die Spuren der Beschneidung — wenn auch unbekannt auf welche Weise — zu verbergen, um von den Griechen leichter akzeptiert zu werden. Die Tatsache, daß die antiochenischen Juden sich 70 n. Chr. beim römischen Statthalter beschwerten, da ihnen das Privileg einer Rückvergütung für das Öl, das sie für die Leibesübungen verwendeten, vom Gymnasiarchen vorenthalten wurde, zeigt, daß einheimische jüdische Jünglinge im Gymnasium nackt trainierten, doch das Öl, das von Heiden geliefert wurde, nicht verwenden wollten. Einige der hellenisierten Juden bauten für sich selbst elegante Sarkophage, die mit heidnischen Bildern verziert waren, die neuen symbolischen Bedeutungen entsprachen. Der Gewohnheit, griechische Vornamen anzunehmen, die sich während der römischen Phase noch ausweiten würde, begann in dieser Periode. Als die Kriege zwischen den Generälen Alexanders begannen, befand sich Palästina mitten im Kampfgeschehen.

Das kleine und arme Land wurde zum Schlachtfeld der makedonischen Armeen, die auf der Via Maris, 'der Straße des Meers', auf- und abmarschierten. Da es in zwei Jahrzehnten sieben Mal in andere Hände überging, wurde Jerusalem von Ptolemaios I. Soter, dem Herrscher von Ägypten, erobert. Er zog an einem Sabbat in Jerusalem ein, der Tag an dem die Juden nicht einmal Waffen tragen durften und behandelte seine Bewohner grausam. Er deportierte einige Juden nach Ägypten und verkaufte eine große Anzahl von ihnen als Sklaven. In ihrer Bemühung, die Juden als fügsame Angehörige ihrer neuen Herren zu zeigen, erfanden die hellenistischen Könige und später die jüdische Literatur Geschichten darüber, wie ihre Vorfahren Ptolemaios freiwillig nach Ägypten begleiteten und in seiner Garnison dienten. Sie berichteten, daß Ptolemaios ihnen angestammte Rechte, wie sie von Makedoniern genossen wurden, zugestand. Falls dies auch zu Beginn nicht der Wahrheit entsprach, so formierten sich die Juden, vor allem jene in Alexandria, im Laufe der Zeit jedoch zu Gemeinschaften und brachten es fertig, in halbautonomen Gruppen gemäß ihren eigenen Bräuchen zu leben.

Soters Nachfolger Ptolemaios II. Philadelphus (285-246 v. Chr.) scheint den Löwenanteil an den jüdischen Schmeichelein abbekommen zu haben, denn ihm wurde später die Übersetzung der Tora oder der ersten fünf Bücher der hebräischen Bibel ins Griechische, den Pentateuch (griechisch Septuaginta), für seine Bibliothek in Alexandria zugeschrieben. Gemäß der jüdischen Überlieferung, lud der König zweiundsiebzig Gelehrte (sechs von jedem der zwölf Stämme) in seine Hauptstadt ein und brachte sie auf die Insel Pharos, wo ihnen während der Arbeit, die sie in zweiundsiebzig Tagen erledigten, sogar koscheres Essen serviert wurde. Obwohl der Pentateuch im hellenistischen Alexandria und vermutlich zu späterer Zeit übersetzt worden sein soll, kann die Mitwirkung eines hellenistischen Königs nicht so phantastisch gewesen sein, wie später von der jüdischen Literatur berichtet wurde.

Der zunehmende Kontakt mit griechischer Literatur, Legenden und Überlieferungen stimulierte die Kreation von fiktiven Geschichten durch die hellenisierten Juden, die überrascht waren, keine Vermerke bezüglich ihrer Ahnen in der griechischen

Literatur, einschließlich Herodot, zu finden und so versuchten sie ihre Gemeinschaft mit der hellenistischen Welt besser in Einklang zu bringen. Einige Gelehrte glauben, daß viele Geschichte auf diese Bemühung zurückgehen, wie die von der Korrespondenz zwischen den Juden in Judäa und Sparta (1 Makk 12), die, neben anderen anachronistischen Eigenheiten, Abraham als den gemeinsamen Vorfahren beider Völker identifiziert. Eine andere Geschichten rechnet Moses die Einführung des Alphabets und der Schrift als Resultat seiner Bemühungen an. Ihre sonderbaren Bräuche und Zeremonien hatten die Juden, wo auch immer sie sich angesiedelt hatten, von den Einheimischen und Heiden entfremdet. Die ersten Feindseligkeiten gegen die Juden scheinen in Ägypten entstanden zu sein. Bereits im dritten Jh. v. Chr. wurden sie als Zurückgebliebene einer Leprakolonie angesehen und wurden beschuldigt, in der Vergangenheit mit den Hyksos (Herrscher der fremden Länder), einem semitischen Volk von Kanaan und weiter her, Ägypten überfallen zu haben.

Die Geschichte Palästinas von 200 bis 70 v. Chr. fällt gänzlich in die Ära des seleukidischen Königreichs. Gegen Ende des dritten Jh. s., als Ägypten dem Onkel Antiochus' III., Achaeus, der in Sardes rebelliert hatte, Unterstützung gewährte, fand der lange Frieden in Palästina ein Ende. Die Juden, wie auch die anderen Bewohner der Region, wurden vom Wettkampf zwischen den beiden Monarchien ergriffen.

Im Jahre 200 v. Chr. besiegte Antiochus III. (223-187 v. Chr.) Ptolemaios V. von Ägypten in der Schlacht von Panion (an der Mündung des Flusses Jordan) und fügte Judäa bis nach Gaza seinen Ländereien hinzu. Zwei Jahre später betrat er Jerusalem, wo er als Befreier begrüßt wurde. Für die Seleukiden handelte es sich hierbei um eine weitere *Polis*, die ihrem Reich zufiel und wurde in ähnlicher Weise behandelt. Den *Ethnos*, 'Stammesvolk' der Juden, wurde erlaubt, entsprechend ihrer angestammten Gesetze fortzufahren und es wurden ihnen Steuerbefreiungen zugesichert. Die Einwohner, die in die Sklaverei verkauft worden waren, wurden befreit. In einem Dekret verwehrte der Seleukidenkönig Fremden den Zugang zum Innenhof des Tempels. Wie es schon die persischen Herrscher von Judäa vor ihm getan hatten, übernahm der König die Unkosten des Tempels und gewährte Zuschüsse in Form von Korn, Salz, Wein und ähnlichem.

Im allgemeinen war die Seleukidenherrschaft bei den Juden beliebt. Die hielt bis zu den letzten vier Regierungsjahren Antiochus IV. Epiphanes (175-164 v. Chr.). Die Entwicklungen dieser Periode schienen mehr durch politisches Mißgeschick, wie die römische Intervention, die Ägypten aus seiner Macht entriß, oder die Rivalität der religiösen Parteien als durch seinen unstabilen Charakter verursacht worden zu sein. Im Jahre 167 plünderte er den Tempel von Jerusalem und transformierte ihn in einen Tempel des olympischen Zeus. Er schuf alle Arten jüdischer Rituale, wie die Beschneidung oder Einhaltung des Sabbat, ab. Im Jahre 164 wurde er von seinen Ministern, nachdem er die makedonische Revolte nicht niederschlagen konnte, dazu überredet, mit Judas Makkabeus zu verhandeln. Die Richtungsänderung seiner Politik gab den Juden die Rechte zurück, die ihnen zuvor zugesichert worden waren. Die im Buch der Makkabäer beschriebenen Entwicklungen führten letzten Endes zur Geburt des unabhängigen jüdischen Staates der Hasmonäer (Makkabäer). Obwohl sich die Geschichte in der babylonischen Welt des sechsten Jh. s. v. Chr. zuträgt, wurde das Buch Daniel von der Verfolgung des jüdischen Volkes durch diesen König inspiriert. Die Verfolgungsgeschichten des jüdischen Schreibers Eleazar, der sich weigerte, Schweinefleisch zu essen, und der Mutter mit ihren Söhnen sollen in der zweiten Hälfte des ersten Jh. n. Chr. unter dem Einfluß der Christen- und Judenverfolgungen in Judäa geschrieben und in die biblische Literatur, wie 2 Makkabäer (6, 7), aufgenommen worden sein. Obwohl das Konzept des Martyriums zu dieser Zeit im Judaismus noch nicht enthalten war, sahen die jüdische und christliche Literatur diese als die ersten Martyrien an. Die seleukidische Hauptstadt Antiochia am Orontes öffnete dem römischen General Pompeius v. Chr. ihre Tore und er setzte der seleukidischen Geschichte ein Ende. Ihr folgte Jerusalem im darauffolgenden Jahr.

RÖMER, JUDEN UND CHRISTEN

Die Rolle, die die Römer in der Geschichte Anatoliens und Palästinas spielten, ist anders als die anderer Nationen, die über beide Länder herrschten. Die Eroberung Anatoliens durch die Römer war vermutlich durch ihre Angst vor Hannibal[1] zwingend herbeigeführt worden. Er hatte eher die Seleukiden als ihre Expansionspolitik geschützt. Obwohl die Schlacht von Magnesia (190 v. Chr.) die seleukidische Kontrolle nördlich der Tauruskette beendete, wurde die offizielle Übernahme Westanatoliens durch die Römer bis zum Tod Attalos III. von Pergamon 133 v. Chr. nicht vollzogen. Dieser ließ keinen Erben zurück und vermachte sein Königreich Rom. Folglich wurde Westanatolien, das bis dahin vom abhängigen Königreich Pergamon regiert worden war, zur *Provincia Asia*[2], der ersten und wichtigsten römischen Provinz mit Reichtümern, wie sie sonst auf der Halbinsel nicht zu finden waren. Nikomedes IV. (97-74 v. Chr.) von Bithynien folgte dem Beispiel Attalos III. Die Römer ließen den Rest von Anatolien als abhängige Königreiche weiterbestehen. Dies hielt jedoch nicht lange an und schon bald wurde eines nach dem anderen, Galatien, Lykien, Pontus, Pamphylien und Kommagene[3], Rom angeschlossen. Diese Entwicklung wiederholte sich in Judäa. Die Römer erlaubten es dem unabhängigen Königreich der Hasmonäer, eine Zeit lang weiterzubestehen und integrierten es 63 v. Chr. in ihre römische Provinz Syrien.

Sei es erfundene Propaganda oder nicht, die Bibel (1 Makk 8:17-31) berichtet uns, daß der erste direkte Kontakt zwischen den Römern und den Juden auf einen Vertrag zurückgeht, der in der Mitte des zweiten Jh. s. v. Chr. zur Zeit des Judas Makkabäus abgeschlossen wurde. Judas sandte, durch die Macht Roms beeindruckt, Boten nach Rom und informierte sie über ihren Wunsch nach einem 'Freundschafts- und Waffenbündnis'. Die Römer drückten ihr Wohlwollen über diesen Vorschlag aus und mit ihrer Unterschrift warnten sie zugleich den Seleukidenkönig Demetrios II. Nikator, von weiteren Feindseligkeiten gegen die Juden Abstand zu nehmen. Dieser Abschnitt zeigt, daß sie Juden zu dieser Zeit nicht viel oder Falsches über die Römer wußten. Obwohl zwei Konsuln als Oberhaupt der Römischen Republik fungierten, berichtet 1 Makkabäer (8:15-16): 'Einem einzigen Mann übertragen sie vertrauensvoll für ein Jahr die Regierung' und eine Ratsversammlung trifft sich jeden Tag. Als Ergebnis einer erneuten Allianz sollen die Römer (1 Makk 15:15-22) an die Autoritäten der Städte Griechenlands, Anatoliens, Zyperns und Ägypten geschrieben haben, um sie darüber zu informieren, daß sie die jüdische Bevölkerung unterstützen und schützen (S. 154) würden.

Die Römer hatten sich die griechische Kultur, Sprache, Gebräuche und Religion angeeignet, bevor sie Anatolien und Palästina eroberten. Sie hatten auch die griechische Ahnenreihe mit dem trojanischen Aeneas als ihre namensgebenden Vorfahren angenommen. Während die Hellenisierung der neu eroberten Länder an Einfluss gewann, halfen die römische regierende Klasse und ihre Angehörigen, die römischen Lager, die Gründung von

---

[1] Nach seinem Tod, rekonstruierte Septimius Severus (192-211), ein römischer Kaiser — Afrikaner im Herzen — das Grab Hannibals in Gebze (Dacibyza) nahe İzmit (Nikomedia).

[2] Vermutlich vom hethitischen *assuwa* ('Westen') stammend.

[3] Ausgenommen der ersten, wurden die Grenzen der Provinzen von den Römern häufig verändert.

Marmornes Votivdenkmal, gewidmet zugunsten 'Men Axiottenos und der Spuren Gottes'. 184 n Chr. Archäologisches Museum Manisa. Die Inschrift bezieht sich auf Spuren, die von Men und anderen Göttern nach ihrem Besuch auf Erden zurückgelassen wurden.

Kolonien und die Aufnahme Einheimischer in die römische Armee unter der römischen Herrschaft der griechischen Sprache und in geringerem Maße auch der lateinischen, sich bis in entlegensten Winkel des Kaiserreichs auszubreiten. Die Bewohner von Lystra richteten sich zuerst in ihrer einheimischen Sprache an Paulus und Barnabas, hatten später jedoch keine Probleme, das Griechisch der Apostel zu verstehen.

Zur Zeit der Geburt Christi betrug die Gesamtzahl der Juden in der römischen Welt an die fünf Millionen, etwa ein Zehntel der Bevölkerung. Die Römer wußten von den Juden, bevor sie den Osten eroberten, da es bereits im zweiten Jh. v. Chr. in Rom eine große jüdische Gemeinde gab, und sie kamen mit einem allgemeinen Vorurteil gegen die Juden, das sie von den Griechen übernommen hatten, nach Rom. Die Römer sahen sich selbst als sehr religiöses Volk und verehrten alle Gottheiten. Für sie war Religion kein persönlicher, privater Glaube, sondern ein integrierter Bestandteil des sozialen, politischen und kulturellen Lebens. Sie hielten die Juden für eine abergläubische Gruppe mit eigenartigen Bräuchen, die sie schon in Rom kennengelernt hatten. Der Gott der Juden hatte keine Abbilder. Sie vermieden es, ihre Mahlzeiten mit Einheimischen zu teilen und erkannten keine anderen Gottheiten an. Sie opferten ausschließlich in Jerusalem. Ihre Ablehnung von Schweinefleisch, der Sabbat und die Beschneidung zählten für die Römer zu ihren abstoßendsten Eigenschaften und ihre rituellen Waschungen wurden sowohl von den Griechen als auch von den Römern ins Lächerliche gezogen. In einer seiner Satiren bemerkt Juvenal, ein Poet aus dem ersten Jh. v. Chr., über die Juden: 'Falls sie fragen, wo sie Wasser bekommen können, finde heraus, ob sie vorhautlos sind' und sie widmen den siebten Tag 'der Muße'. In *Historien* reflektiert Tacitus eine ähnliches Urteil, indem er sagt: 'Für die Juden sind alle Dinge profan, die wir heiligen; sie halten jedoch Dinge für erlaubt, die uns unmoralisch erscheinen'. Für ihn war die jüdische Kultur 'pervers und degradiert' und die Juden 'Menschen, die zum Aberglauben veranlagt und Feinde der wahren Religion waren'. Ihre Geschichte hatte die Juden der Diaspora gelehrt, daß man am besten überlebte, indem man sich seinem Herrscher unterwarf und die Römer sahen sie nicht als politische Bedrohung an. Sie hielten es sogar für wichtig, die Rechte der jüdischen Gemeinden gegen die Einheimischen zu schützen. Die Juden waren im allgemeinen vom Militärdienst befreit und es war ihnen erlaubt dem Tempel in Jerusalem ihre jährliche Abgabe zu senden. Denn sie waren ja keine Gruppe von Emporkömmlingen, sondern ein Volk der Antike mit einer geschriebenen Geschichte, wie die Römer selbst und auch die Griechen, und ihr Kult (bis 70 n. Chr.) hatte seinen eigenen Altar, Tempel und Opfer. Diejenigen, die in Judäa lebten, durften sogar ihre eigenen Münzen mit dem Kopf des Kaisers prägen.

Falls sie nicht unter sich blieben und sich mit ihren Nachbarn einließen, wurden sie bestraft, wie in den Fällen 139 v. Chr. und 19 n. Chr., als sie, laut römischer Schriftsteller, aus Rom vertrieben wurden. Im ersten Fall, weil sie 'ihre geistlichen Riten auf die Römer übertragen wollten' und im zweiten Fall, weil sie 'Mitglieder eines abergläubischen Glaubens' waren.

Als die Römer sich Anatolien einverleibten, lebten jüdische Gruppen über das ganze Land, speziell auf die westlichen, südlichen und südöstlichen Regionen verteilt. Die meisten von ihnen waren ursprünglich von Antiochus III. gegen Ende des dritten Jh. s. v. Chr. aus Mesopotamien gebracht und angesiedelt worden. Sie sind wohl bis zur römischen Periode durch andere Juden, die aufgrund von Kriegen und ökonomischen Mißständen aus Palästina kamen, ergänzt worden. Die literarischen Belege für die Existenz der Juden in Westanatolien wurden durch archäologische Funde in den bedeutendsten Städten, wie Apamea, Ephesus, Hierapolis, Smyrna und Acmonia, bestätigt. Die Apostelgeschichte zeigt, daß die Juden im ersten Jh. n. Chr. in relativ kleinen Städten, wie Antiochia in Pisidien, Ikonion und Lystra lebten. Die jüdische Bevölkerung Anatoliens lebte nicht nur in Städten, sondern war auch über die ländliche Gegend verstreut.

Die antike Literatur und epigraphische Beweismittel zeigen, daß auch die Heiden den jüdischen Gepflogenheiten gegenüber nicht immun waren und einige von ihnen wurden von der monotheistischen Religion, den Moralvorschriften und den heiligen Büchern des Judaismus angezogen. Die Anzahl der Heiden, die sich der Beschneidung unterzogen und wirkliche Juden oder 'Proselyten' wurden, mag gering und meist auf neue Familienmitglieder durch Mischehen oder Sklaven beschränkt gewesen sein. Dennoch gab es um viele Synagogen Gruppen von Heiden, die vom Judaismus beeindruckt waren und diese wurden als *theosebeis* oder 'Gottesfürchtige' oder 'Gottesverehrer' (Apg 10:2, 22; 13:16, 26; 16:14; 17:4, 18:7) bezeichnet. Lydia aus Thyatira, die Paulus in Philippi traf und bekehrte, wurde (Apg 16:14) als 'Gottesfürchtige' bezeichnet. Ihre Existenz in Städten wie Aphrodisias und Milet wird nicht nur durch die antike Literatur, sondern auch durch archäologische Funde bestätigt. Obwohl ihre exakte Beziehung zum Judaismus nicht bekannt ist, berichtet die Apostelgeschichte, daß es solchen Heiden erlaubt war, die Synagoge zu betreten. Sie wurden von den Juden auch soweit beeinflußt, daß sie sie sogar bei der Verfolgung von Paulus und Barnabas in Städten wie Antiochia in Pisidien, Ikonion und Lystra unterstützten.

Während die Juden in Ägypten, Zypern und Judäa im ersten Jh. gegen ihre heidnischen Nachbarn und Rom[4] revoltierten, lebten die Juden in Anatolien als

Rom. *Tabula Peutingeriana* (Peutinger Karte). Drittes bis viertes Jh. n. Chr.

---

[4] Jüdische Revolte in Palästina (66-70 n. Chr.), Bar Kochba Revolte in Palästina (132-135 n. Chr.) und Revolte in Cyrene und Ägypten (einschließlich Zypern) (115-117 n. Chr.)

loyale Zugehörige Roms weiter. Sie waren offensichtlich weniger nationalistisch als ihre Verwandten in Judäa. Nur die Juden Antiochias, die dem Herz der jüdischen Bewegung so nahe waren, erhoben sich und wurden verfolgt. Die ersten Verfolgungen fanden um 40 n. Chr. statt, als Gaius Caligula beschloß, den Tempel Jerusalems in ein kaiserliches Heiligtum zu verwandeln und eine kolossale Statue seiner selbst, als Jupiter (Zeus) verkleidet, darin aufzustellen. Die Proteste der Juden in Antiochia provozierten einen Angriff und ihre Synagoge wurde niedergebrannt, während einige von ihnen exiliert wurden. Eine ähnliche Verfolgung fand im Jahre 70 am Ende der jüdischen Revolte (66-70 n. Chr.) statt, da die Juden Brandstiftung beschuldigt und durch Deportation bestraft wurden.

Trotz des legalen Schutzes durch die römischen Kaiser wurden die Juden von Einheimischen und manchmal auch von den Obrigkeiten belästigt. Wenn sie gezwungen wurden, an einem Sabbat oder Festtagen vor Gericht zu erscheinen, der Tempelsteuer[5] beraubt, zur Leistung des Militärdienstes und ziviler Dienste durch die Obrigkeit genötigt wurden, appellierten sie an den herrschenden römischen Kaiser. Joseph schrieb während des ersten Jh. s. n. Chr., daß zu seiner Zeit die Juden in Ephesus und in ganz Ionien die Staatsbürgerschaft innehatten, die ihnen vom Seleukidenkönig, der sie vom Osten hierher gebracht und angesiedelt hatte, zugesichert worden war. Obwohl ein ephesisches Dekret aus dem ersten Jh. v. Chr. zeigt, daß die Römer der ephesischen Landbevölkerung die Staatsbürgerschaft gewährten, um sich ihre Unterstützung gegen König Mithridates VI. von Pontus zu sichern, war Josephs Hinweis vermutlich eine Übertreibung oder bezog sich lediglich auf einige grundlegende Zugeständnisse, wie eine eigene zivile Rechtssprechung. Im ersten Jh. hatten Paulus und einige andere Juden bekannterweise eine Staatsbürgerschaft, sogar die römische Staatsbürgerschaft; es ist jedoch nicht bekannt, wie sie diese erhielten.

Von Cicero erfahren wir, daß Lucius Valerius Flaccus, der Prokonsul von Asien 62 n. Chr. beschuldigt wurde, Gold nach Rom geleitet zu haben, das von den Juden für den Tempel in Jerusalem gesammelt worden war. Jüdische Gelder, die der Konsul in Apames, Laodikea, Adramyttium und Pergamon konfisziert hatte, belegen, daß solche Städte reiche jüdische Gemeinschaften hatten, die ihre Verpflichtungen gegenüber dem Tempel nicht vernachlässigten. Es ist bekannt, daß in Erwiderung auf den Gesandten Hyrcanus II. von Jerusalem der römische Statthalter Dolabella im Jahre 43 v. Chr. die Juden vom Militärdienst befreite und ihnen erlaubte, ihre eigenen Bräuche beizubehalten. Er soll die Obrigkeiten in Ephesus schriftlich gewarnt haben, die Juden am Sabbat vor Gericht zu rufen und sich in die Abgabenleistungen der Juden an den Tempel in Jerusalem einzumischen. Einheimische Ionier sollen dagegen Einspruch erhoben haben, daß die Juden dieselben Annehmlichkeiten in ihrer Stadt genießen konnten, ohne dieselbe Verantwortung übernehmen zu müssen. Sie klagten: 'Falls die Juden Mitbürger wären, würden sie die ionischen Gottheiten verehren'. Augustus hielt im Jahre 2-3 n. Chr. einen umfassenden Erlaß zur Hervorhebung der jüdischen Rechte für notwendig.

Eine neue Entwicklung der römischen Expansion war die Evolution des Kaiserkults. Die Bewohner Anatoliens und Judäas waren bereits bekannt mit den Kulten der vergötterten ptolemäischen oder seleukidischen

---

[5] Eine Kopfsteuer, die zur Erhaltung des Tempels jedem Juden über zwanzig Jahren auferlegt wurde (Ex 30:13-15; Mt 17:24). In der zweiten Periode des Tempels wurde sie zur Jahressteuer, jedoch auf freiwilliger Basis für die Juden der Diaspora.

Könige. Der hellenistische Herrscherkult, speziell der seleukidischen Dynastie, wurde eingeführt, um die Bedeutung der Dynastie zu verstärken und bürdete seinen Angehörigen keine strikten Verpflichtungen auf. Der römische Kaiserkult wurde 29 v. Chr. in Anatolien eingeführt, als Oktavian Ephesus und Nicäa die Erlaubnis gab, der Göttin Roma und seinem göttlichen Vater Caesar Kultstätten zu errichten. Ebenso durften Pergamon und Nikomedia dem Kaiser Kultzentren einrichten. Kurz darauf hatten ihm, unter dem Namen Augustus, etwa dreißig Städte Statuen oder Altäre gewidmet. In den meisten dieser Städte wurde in den bereits bestehenden Heiligtümern dem neuen Kult ein Raum zugestanden. Schon bald darauf wurde der Kult auf die bedeutendsten Mitglieder der kaiserlichen Familie, tot oder lebendig, ausgedehnt. Die Ausübung des Kaiserkults wurde zum wichtigsten sozialen, religiösen und politischen Ereignis einer römischen Stadt. Er wurde zum politischen Symbol der Integrität des römischen Systems, seiner Götter, des Kaisers, der herrschenden Klasse sowie des Friedens und des Wohlstands der römischen Gesellschaft als Ganzes. Das Opfern war die entscheidende Manifestation dieses Kultes und es drückte die Loyalität der Angehörigen des römischen Systems aus. Es handelt sich dabei mehr um einen Akt der Huldigung als der Verehrung. Die Feierlichkeiten des Kaiserkults wurden nicht nur von Beamten, Priestern und Mitgliedern einer speziellen religiösen Gemeinschaft, sondern auch vom gemeinen Volk zelebriert. Die Juden weigerten sich, an den Zeremonien des Kaiserkults teilzunehmen, waren jedoch bereit, dem Kaiser im Tempel in Jerusalem Opfer darzubringen. Ihre Hartnäckigkeit in der Vergangenheit und die Begeisterung mit der sie an ihren angestammten Bräuchen festhielten, veranlaßte Rom dazu, ihnen eine besondere Stellung unter den anderen Bürgern einzuräumen.

Als sich das Christentum langsam über die kleine Welt von Judäa hinaus ausbreitete, war der Anschluß Anatoliens an das Römische Reich beinahe vollkommen und das Land war zum Schmelzpunkt verschiedener Kulte und Religionen geworden. Der Grundcharakter der religiösen Atmosphäre war die Toleranz gegenüber den Gottheiten anderer Leute. Es gab Kulte, wie die der Isis, Kybele und Attis oder des Dionysus, die die Ausführung der einen oder anderen Aktivität, wie Tanz, Selbstgeißelung und sogar Kastration, verlangten. Obwohl sie von den Römern verspottet und als 'barbarisch' angesehen wurden, wurden sie geduldet, solange ihre Anhänger andere nicht zur Teilnahme aufforderten und sie selbst dem Kaiserkult opferten. Zu Beginn wurden die Christen als Mitglieder einer sehr kleinen, sonderbaren, unsozialen Sekte innerhalb des Judaismus angesehen und zogen weder die Aufmerksamkeit der römischen Obrigkeit noch die der römischen Schriftsteller auf sich. Zur Mitte des ersten Jh. s. zählte ihre Gruppe vermutlich

Mit der Menorah dekorierter Ziegel aus der Synagoge von Sardes. Römische Periode. Archäologisches Museum Manisa.

fünftausend Menschen. Einige Römer hielten die Christen für Mitglieder einer der neuen sozialen Vereine, deren Anhänger sich, wie die anderer Institutionen, regelmäßig zu einem gemeinsamen Essen trafen. Diese Vereine hatten ein eigenes Aufnahmeritual und Mitgliedsvorschriften, die spezielle Reden, Hymnen oder Gebete umfassten, und eine Beitragskasse. Wie die Anhänger von Heraklit Herakliter genannt wurden, so nannte man die Anhänger des *Christus Christiani* (Christen). Dieser Begriff wurde zum ersten Mal in Antiochia am Orontes (Apg 11:26) verwendet. Die frühen Christen haben sich selbst womöglich ebenfalls als Mitglieder eines Clubs gesehen, denn als Paulus die Gemeinde von Korinth (1 Kor 11:20-22) ermahnt, sagt er: 'Was ihr bei euren Zusammenkünften tut, ist keine Feier des Herrenmahls mehr; denn jeder verzehrt sogleich seine eigenen Speisen, und dann hungert der eine, während der andere schon betrunken ist. Könnt ihr denn nicht zu Hause essen und trinken?'

Für mehr als fünfzig Jahre genossen die Christen die allgemeine Toleranz Roms gegenüber dem Judaismus. Den Schutz, den Paulus von Gallio, dem Prokonsul von Achaia (Apg 18) und von Festus, dem Statthalter (Apg 25) von Judäa, erhielt, belegt, daß die römischen Autoritäten dieser Periode dem Christentum keinen anderen Wert beimaßen als dem Judentum und somit seinen Anhängern Schutz vor den Juden gewährten. Wenn die Christen nicht darauf bestanden hätten, daß vor der Ankunft ihres Gottes keine Götter auf Erden existiert hatten und somit andere Götter und Menschen beleidigten, hätte ihre Religion im römischen Polytheismus ihren Platz gefunden. Aber, wie schon die Juden zuvor, verleugneten die Christen die Existenz anderer Götter. Das machte sie zu Atheisten, was bedeutete, daß sie da sich weigerten, an die Götter zu glauben, die das Glück und das Vermögen des Römischen Reichs als teuflische Dämonen beschützten. Als die Römer begannen, die Christen von den Juden zu unterscheiden, änderte sich ihre Einstellung. Sie erkannten, daß das Christentum aus der jüdischen Religion in Judäa geboren worden war und sahen es als Abtrünnigkeit vom Judaismus an, einen Kult, der von ihnen zwar gehasst wurde, doch der zumindest alt und ehrbar war. Zudem waren die Christen ambitionierte Missionare, wohingegen die Juden den Judaismus nicht predigten, denn das wurde von ihrer Religion auch nicht verlangt. Sie bemerkten, daß die Christen kein Volk, wie die Juden, waren, sondern eine unorganisierte Gruppe, deren Mitglieder aus allen Schichten der Gesellschaft kamen; einige von ihnen hatten sogar wichtige Funktionen im zivilen Leben einer römischen Stadt inne. Die Abscheu und Ablehnung der Christen zivilen Verantwortungen und dem Militärleben gegenüber konnte mit dem der Juden, die seit antiker Zeit eine isolierte Gemeinschaft gewesen waren, nicht verglichen werden. Offensichtlich wollten einige Christen nicht dem ersten Brief des Petrus (1 Pt 2:12) folgen, in dem er sie auffordert: 'Führt unter den Heiden ein rechtschaffenes Leben' und auch nicht dem Rat des Paulus, 'Gebt allen, was ihr ihnen schuldig seid, sei es Steuer oder Zoll, sei es Furcht oder Ehre' (Röm 13:7). Obwohl der Spruch eines Christen 'Gott segne dich' an einen Heiden gerichtet, der niesen mußte, nicht als absonderlich galt, fühlte er sich selbst durch ein 'Jupiter segne dich' mit Abgötterei besudelt und gezwungen, gegen die Gottheit Jupiter zu protestieren.

Von der Zeit des Augustus (27 v. Chr. — 14 n. Chr.) an bestraften die Römer Störenfriede, wie Astrologen, Magier, Mitglieder fremder Kulte und Philosophen. Die Christen trugen alle Merkmale der Verschwörung und Magie sowie anderer Frevel, die solche Gruppen an sich hatten. Sie verstanden sich selbst als

Anhänger eines Mannes, der der Magie beschuldigt und in Folge verurteilt und hingerichtet worden war. Jesus wurde wegen seiner Wundertaten, wie das Heilen eines blindgeborenen Mannes mit seinem Speichel und Lehm, das Besänftigen eines Sturms oder das Vertreiben des Todes als Zauberer angesehen. Da die Christen geheime Formeln und Beschwörungen, die Jesus' Namen enthielten, verwendeten, wurden sie bekannt als Menschen, die Zauberformeln benutzten. Für die Römer zielte die Magie darauf, bestehende Ordnung und Gesetze zu zerstören und bedrohte somit die Hierarchie der sozialen Ordnung. Mit ihrer irrationalen Kraft sollten sie sogar Kaiser töten können. Die Christen gehörten einer illegalen Gesellschaft an. Gerüchte wiesen darauf hin, daß sie in ihren geheimen Hauskirchen Greueltaten begingen, wie das Verzehren von Menschenfleisch und das Trinken von Menschenblut — Geschichten, die sich aus der Eucharistie ableiteten — sowie Gruppensex in der Dunkelheit. Das Predigen ihres Glaubens an das unmittelbar bevorstehende Ende der Welt gefährdete die Sicherheit des römischen Systems. Die Ablehnung von Bluts-und Familienbanden durch die Christen war den Römern undenkbar. Die Christen vermieden die wichtigsten sozialen Ereignisse, wie Hochzeiten oder Beerdigungen, da sie fürchteten durch den Götzendienst beschmutzt zu werden. Die Teilnahme am zivilen Leben bedeutete für die Christen, daß sie bei Theateraufführungen mitwirken und Szenen sehen mußten, die heidnische Zeremonien und Opferungen enthielten. Es handelte sich dabei um die Zeremonien, die die Menschen vor jeder Art von göttlicher Strafe, wie Hochwasser, Erdbeben, Plagen oder Unfruchtbarkeit, schützen sollten. Die Abscheu der Christen vor sozialer Nacktheit, ihre Abneigung gegen öffentliche Bäder und Bankette, Prozessionen und geweihte Spiele, wie Gladiatorenkämpfe und Athletikwettbewerbe, bewirkte, daß sie das öffentliche Stadtleben mieden.

Ein früher Bericht über die Probleme mit den Christen stammt aus der Regierungszeit des nachsichtigen Claudius (41-54 n. Chr.). Suetonius schreibt im zweiten Jh. in *Kaiserbiographien*: 'Da die Juden in Rom, auf das Antreiben des Chrestus[6] hin, ständig Störungen verursachten, vertrieb er sie aus der Stadt'. Diese Information zeigt, daß die Römer zu dieser Zeit die beiden Religionen noch nicht klar unterschieden, jedoch bestraften, wer auch immer bei einem Anzeichen von Unruhe zugegen war.[7]

In derselben Ausgabe berichtet Suetonius, in seiner Darstellung des Lebens Neros, daß 'den Christen Bestrafungen auferlegt wurden, da sie eine Sekte waren, die sich zu einer neuen und schädlichen Religion bekannte'. Tacitus schildert uns detailliertere Informationen über die Christen unter der Herrschaft Neros:

'Zuerst wurde jene der Sekte arretiert, die bekannten; dann wurden aufgrund ihres Geständnisses viele verurteilt, nicht wegen Brandstiftung, sondern wegen ihrer Verachtung der menschlichen Rasse. Und Spott begleitete ihr Ende: Sie wurden mit den Häuten wilder Tiere verhüllt und von Hunden zerrissen; oder sie wurden an Kreuze gebunden und in der Abenddämmerung verbrannt, um somit bei Nacht als Fackeln zu dienen. Nero hielt dieses Spektakel in seinen Gärten ab'

[6] Heiden verwechselten oft *Christus* mit *Chrestus*, was 'gut' oder 'nett' bedeutete.

[7] Aquila und seine Frau Priszilla aus Pontus, die Paulus in Korinth traf und mit nach Ephesus nahm (Apg 18), waren zwei der Christen, die aus diesem Grund aus Rom verbannt wurden.

Der Historiker, der die Hinrichtung der Christen im Jahre 64 beschreibt, bringt klar zum Ausdruck, daß es nicht ihr Aufwiegeln war, das ihre Exekution verursachte, sondern ihre antisozialen Tendenzen, die durch Neros Grausamkeit bestärkt wurden.

Ausgenommen solch' seltener Fälle, gibt es bis zum dritten Jh. keine Hinweise auf Massenverfolgungen. Im allgemeinen wollte die römische Obrigkeit nicht in die religiösen Zwistigkeiten ihrer Bürger hineingezogen werden. Die einzelnen Fälle, die vorgefunden wurden, wurden vom örtlichen Magistrat eingeleitet und ihr Hauptgrund waren Mißachtung der römischen Autoritäten und Widerstand gegen sie, was genügend Grund zur Bestrafung gab. Wenngleich zu dieser Zeit kein Gesetz die Bekehrung zum christlichen Glauben verbot, war jeder Magistrat dazu verpflichtet, zu investigieren, sobald ein Bürger des Christentums beschuldigt wurde. Bei seinem Besuch der nördlichen Küstenstädte im Jahre 112 n. Chr. beschwerten sich die heimischen Kaufleute, vermutlich Schlachter, Metzger und andere mit dem Fleischverkauf verbundene Gewerbetreibende, bei dem jüngeren Plinius, dem Statthalter von Bithynien-Pontus, daß niemand das Fleisch der Weihopfer erwarb, obwohl es überall zum Verkauf angeboten wurde. Unsicher bezüglich der Regelung eines solchen Falles, schrieb Plinius dem Kaiser Trajan und bat um Aufklärung:

'Es ist meine Pflicht, dir alle Fragen zukommen zu lassen, die bei mir Zweifel erregen. Ich habe niemals an Nachforschungen über die Christen teilgenommen; und so weiß ich nicht, welche Verbrechen üblicherweise bestraft oder verfolgt werden und welche Erlaubnisse erteilt werden. In der Zwischenzeit habe ich folgende Taktik bei jenen angewendet, die mir als Christen vorgeführt wurden. Ich fragte sie, ob sie Christen wären und ich fragte sie zwei und drei Mal unter Androhung von Strafe. Falls sie an ihrem Glauben festhielten, ließ ich sie exekutieren. Denn in diesem Falle hatte ich keinen Zweifel, daß, was auch immer sie glauben mögen, sie es verdienten, für Hartnäckigkeit und unbeugsame Standhaftigkeit bestraft zu werden'.

Plinius' Brief ist sehr wichtig, da er die erste Beschreibung der Christen in Anatolien ist und weil er die allgemeine Unfähigkeit der Provinzmagistrate bezüglich der Handhabung dieser gemischten Vielfalt reflektiert. Plinius erwähnt die Illegalität des Christentums, doch weiß er nicht, für welche Vergehen die Christen zur Rechenschaft gezogen werden könnten. Trajan billigt in seiner Antwort Plinius' Behandlung der Angelegenheit und fügt hinzu, 'sie sollten nicht aufgespürt werden; doch falls sie beschuldigt und verurteilt werden, müssen sie auch bestraft werden'. Ein große Anzahl von Christen beugte sich vermutlich den Maßnahmen des Plinius, denn der Fleischmarkt erholte sich wieder. Die Strenge der Christenverfolgung änderte sich mit den Kaisern und Statthaltern. Trotz der Verfolgungen unter Trajan (98-117) konnte Ignatius, als er zu seinem Martyrium nach Rom eskortiert wurde, unterwegs

Dekoration eines Sarkophags aus Arykanda in Lykien. Byzantinische Periode. Sie besteht aus den beiden Buchstaben Ch und R, beziehungsweise im Griechischen X und P des Christos. Auf zwei Seiten befinden sich Alpha und Omega.

christliche Gemeinschaften antreffen, ihre Delegationen treffen und ihnen Briefe schreiben. Manche Kaiser, wie Hadrian (117-138) oder Antonius Pius (138-161) hielten es sogar für notwendig, Edikte herauszugeben, die besagten, daß die Tumulte gegen die Christen, die nach jeder Misere entstanden, nicht als legale Beweise für ihre Verurteilung angesehen werden dürften. Ein Kirchenvater fasste die allgemeine Atmosphäre dieser Periode zusammen, indem er bemerkte: 'Falls der Tiber die Stadt überflutet und der Nil die Felder nicht bewässert, falls eine Sonnenfinsternis, ein Erdbeben, eine Hungersnot oder eine Seuche kommt, so schreien die Männer: 'Werft die Christen den Löwen vor'. Es wurde angenommen, daß Ignatius von Antiochia als Sündenbock für das Erdbeben im Jahre 115 n. Chr. festgenommen wurde. Als Polykarp mit dem Statthalter im Stadion von Smyrna über seinen Glauben diskutieren wollte, sagte dieser, 'Versuche deine Argumente an der Menge dort drüben' und erklärte somit, daß nicht seine Meinung, sondern die der Menschen zählte.

Ungeachtet dessen, wie wenige sie waren, in der Mitte des zweiten Jh. s. muß es bereits so viele Verfolgungen gegeben haben, um das Konzept des 'Martyriums' in Westanatolien entstehen zu lassen, das sich von hier in die restliche römische Welt ausbreitete. Die Verfolgung des Polykarp ist der erste Fall, bei dem 'das Wort' und 'die Tat' Martyrium angetroffen werden. Das Martyrium von Kirchenführern diente als Exempel für andere und schien sogar eine Welle freiwilliger Martyrien ausgelöst zu haben. In den späteren 180ern wurde der Statthalter Arrius Antonius in Westanatolien von einer Gruppe von Christen angesprochen, die sich weigerte, Opfer zu bringen und um den Märtyrertod baten. Der Statthalter dachte wohl, daß sie verrückt wären und sagte: 'Ihr armen Teufel, falls ihr sterben wollt, gibt es Klippen, von denen ihr springen und Seile, mit den ihr euch aufhängen könnt'. Manche Statthalter boten den angeklagten Christen sogar die Gelegenheit, die Stadt zu verlassen, als ob sie gewußt hätten, was Matthäus (10:23) geraten hatte: Wenn man euch in der einen Stadt verfolgt, so flieht in eine andere'. Die christlichen Apologeten der späteren Periode versuchten die Fälle von Verfolgung und freiwilligem Martyrium zu unterscheiden und verboten letzteres. Die Beliebtheit öffentlicher Spektakel in Anatolien und der Bedarf an Opfern in der Arena könnte die häufigeren Verfolgungen dieser Periode mitbewirkt haben. Da sie für Gladiatoren und wilde Tiere, die in der Arena kämpften, bezahlen mußten, begannen die Sponsoren, für die Christen zu bezahlen, die sich in der Reihe der Verbrecher befanden, die in der Arena durch wilde Tiere getötet werden sollten. Die römischen Kaiser Severus und Caracalla erlaubten den Christen, Stadtmessen abzuhalten und legten ihnen lediglich jene Verpflichtungen auf, die sich mit ihrem Glauben vereinbaren ließen. Septimus

(gegenüber) Marmorner Geländerabschnitt, geschmückt mit dem Relief des in der Arena kämpfenden Eros. Drittes Jh. n. Chr. Theater von Milet.

Severus (193-211) verbot die Taufe der Heiden[8], um ihre Zahl in Grenzen zu halten. Die Verfolgungswelle, die während der kurzen Regierungszeit von Maximinus (235-238) stattgefunden haben soll, wurde vermutlich durch das schwere Erdbeben im Jahre 236 ausgelöst. Decius (249-251) war der erste Kaiser, der Massenverfolgungen initiierte. Ab dem dritten Jh. waren die Christen über das ganze Imperium und auf alle Schichten verteilt und der Kaiser unternahm im Jahre 250 drastischere Maßnahmen, um die Gunst der Götter zu gewinnen. Er verlangte, daß jeder Bürger ihnen (nicht dem Kaiserkult) in seinen Ländereien opfern und dafür ein Gehorsamkeitszertifikat erhalten sollte. Die Verfolgungen dauerten jedenfalls bis zu seinem Tode an. Die Verfolgungen der Siebenschläfer von Ephesus, Pionius von Smyrna und andere Fälle in Pergamon fielen in diese Periode. Mit den Verfolgungen durch Decius begann die Kontroverse, ob den vom Christentum Abgefallenen Buße möglich sei. Decius' Nachfolger, Valerian, dachte, daß er das Problem durch die Eliminierung der Führer und prominenten Persönlichkeiten in den Griff bekommen könnte und verlangte im Jahre 257 nur von den Christen höherer Klasse Opferungen. Die Verfolgungen unter den Tetrarchen waren andersartig. Am schlimmsten war es im Osten, wo Galerius und Diocletian regierten. Letzterer erkannte, daß das Christentum zu einem Staat im Staat geworden war und begann 303 eine Verfolgung in großem Umfang. Er erließ, daß kein Christ die römische Staatsbürgerschaft innehaben konnte und kein christlicher Sklave befreit werden durfte. Kirchen wurden zerstört und Schriften verbrannt. Diocletians Säuberung dehnte sich bis auf die Armee aus, die bereits vom Christentum durchdrungen war. Somit begann die Mode der Soldaten-Martyrer-Heiligen. Im Westen, wo Maximianus herrschte, erzeugte das Dekret des Diocletian kein Blutvergießen, sondern nur Druck auf die Christen. Konstantin Chlorus sah die Christen in den gallischen Provinzen nicht als Gefahr für den Staat an. Die Verfolgungen im Osten dauerten mit Unterbrechungen bis zu Konstantin dem Großen, dem Sohn und Nachfolger Konstantins, an. Er gab nach dem Sieg über Maxentius an der Milvischen Brücke (312) im folgenden Jahr das Edikt von Mailand heraus und legte die Freiheit des Christentums und des Heidentums gleichermaßen fest. Dieses Dekret bestimmte auch die Rückgabe allen Eigentums, egal ob es das individueller Christen oder der Kirche war. Dies brachte der Kirche jedoch keinen Frieden und kurz darauf würden die Christen beginnen, Heiden und einander selbst zu verfolgen.

[8] Das Wort *Paganus* oder 'Heide' bedeutete in herabsetzendem Sinne 'Bauer' und wurde bis zur Herrschaft des Kaisers Valentinian I. (364-375) nicht in Schriften angetroffen. Für die Christen benannte es ungetaufte Zivilisten.

Statuen der vier Kaiser der Tetrarchie am Markusplatz in Venedig. Porphyrius. Die Gruppe wurde von den latinischen Soldaten der vierten Kreuzfahrt aus Konstantinopel hierher gebracht. Obwohl physisch voneinander nicht unterscheidbar, sollen sie Diocletian, Galerius, Maximian und Konstantinus Chlorus repräsentiert haben.

Karte der ersten Reise des Hl. Paulus.

Karte der zweiten Reise des Hl. Paulus.

Auf seiner ersten Reise wurde Paulus von Barnabas und dessen Vetter, Johannes Markus begleitet. Sie starteten in Antiochia, segelten ab Seleukia Pieria und erreichten Salamis auf Zypern. Ein Erfolg dieser Mission war die Konvertierung des römischen Statthalters in Paphos, Sergius Paulus. Von hier segelten Paulus und seine Freunde nach Perge und nach Norden ins Landesinnere weiterreisend, predigten sie das Evangelium in Antiochia in Pisidien, Ikonion, Lystra und Derbe. In beinahe allen diesen Städten gewannen die Apostel neue Konvertiten, litten aber auch unter der Verfolgung durch die Juden und Heiden, die von ersteren provoziert wurden. Das wichtigste Ergebnis dieser ersten Mission war die Gründung einer von der Synagoge getrennten, eigenständigen Kirche in Antiochia in Pisidien. Sie kehrten auf demselben Weg nach Perge zurück und von Attaleia aus segelten sie bis nach Antiochia, dem Endziel ihrer Missionsreise. Paulus vergaß die harten Erfahrungen dieser Reise nicht und bezog sich in seinen späteren Briefen darauf.

Seine zweite Reise begann Paulus, in Gesellschaft des Silas, in Antiochia und reiste ins südliche Galatien. Er besuchte jene Christen, die er bereits auf seiner vorhergehenden Reise in Derbe, Lystra, Ikonion und Antiochia in Pisidien bekehrt hatte. Nachdem er von seiner ersten Reise nach Antiochia zurückgekehrt war, erfuhr er, daß einige seiner Konvertiten in Galatien unter dem Druck der Juden abtrünnig geworden waren. Er schrieb ihnen, den Juden nicht zu glauben, die ihnen von der Notwendigkeit der Beschneidung erzählten. Von hier reiste Paulus nun auch in Begleitung von Timotheus erst Richtung Mysien und Bithynien, bis eine Vision ihn davon zurückhielt, in diese Richtung weiterzuziehen. Er setzte seine Reise nach Alexandria-Troas fort, wo er eine weitere Vision hatte, vermutlich eine Anspielung auf sein Treffen mit Lukas, der den Apostel nach Makedonien rief. Am Ende seiner Missionsarbeit in Griechenland machte er, auf dem Weg ins Heilige Land, in Ephesus Halt.

Karte der dritten Reise des Hl. Paulus.

Karte der vierten Reise des Hl. Paulus.

Auf seiner dritten Reise folgte Paulus der Route seiner zweiten Reise und besuchte die Gemeinden Galatiens. Von hier ging er nach Ephesus und verweilte drei Jahre. In Ephesus kritisierte der Apostel jene Christen, die von einem Missionar namens Apollos lediglich mit der 'Taufe des Johannes' und nicht mit dem 'Heiligen Geist' getauft (Apg 19) worden waren. Der größte Anteil der Evangelisation fand vermutlich während dieser Periode statt, als er auch die meisten seiner Briefe schrieb. Er soll auf einer kurzen Rundreise die Gemeinde Korinth besucht haben. Als er, aufgrund des Aufruhrs der Silberschmiede, gezwungen wurde, Ephesus zu verlassen, ging er nach Alexandria Troas und kreuzte nach Makedonien und Griechenland. Auf seiner Rückreise blieb er längere Zeit in Alexandria-Troas und erreichte nach einem Besuch Assos' und Trogylliums Milet. Aufgrund seiner schlechten Erfahrungen mit Ephesus vermied er die Stadt, rief jedoch die Ältesten von Ephesus nach Milet und hielt ihnen dort eine Predigt. Auf seiner Reise ins Heilige Land machte sein Schiff einen letzten Halt bei Patara in Lykien.

Als Paulus sich nach seiner dritten Reise in Jerusalem aufhielt, verursachte er einen Tumult unter den Juden, die fälschlicherweise dachten, er hätte Heiden in den verbotenen Bereich des Tempels gebracht. Er wurde arretiert und nach Caesarea gebracht, wo er im Gefängnis behalten wurde. Als der neue Statthalter versuchte, ihn durch den Sanhedrin richten zu lassen, verlangte Paulus, als römischer Bürger, eine Verhandlung in Rom. Im Herbst, vermutlich des Jahres 59, wurde Paulus, als Gefangener 'auf Berufung', in Caesarea auf ein kleines Schiff, das Adramyttium(Edremit) an der Westküste Anatoliens zum Ziel hatte, gesetzt und zum römischen Kaiser gesandt. Nach einem Zwischenstopp im phönizischen Hafen von Sidon segelte das Schiff zwischen der anatolische Halbinsel und Zypern und ankerte in Andriake, dem Hafen Myras, in Lykien. Hier fand der Zenturio, der für Paulus und die anderen Gefangenen verantwortlich war, ein Frachtschiff, das Getreide trug und dessen Ziel Italien war und revidierte seine Route. Das Schiff wollte vor dem Erreichen der offenen See in Knidos einen letzten Halt machen, wurde jedoch durch ungünstige Winde davon abgehalten.

ANTIOCHIA AM ORONTES

sprach der Heilige Geist: Wählt mir Barnabas und Saulus zu dem Werk aus, zu dem ich sie mir berufen habe (Apg 13:2).

Die Rolle, die Antiochia am Orontes (Antakya) in der Entwicklung des Christentums spielte, wird ihr von keiner anderen Stadt streitig gemacht. Antiochia wird zum ersten Mal, gemeinsam mit Phoenizien und Zypern, als einer der Orte in der Bibel erwähnt, an den sich die Christen vor den Verfolgungen in Judäa flüchteten und wo sie begannen das Evangelium zu predigen. Die Existenz eine relativ großen jüdischen Gemeinschaft in dieser Stadt muß den frühen Erfolg des Christentums hier unterstützt haben. Einige der Juden könnten Nachfahren derjenigen gewesen sein, die von Seleukos I. Nikator um 300 v. Chr. hier angesiedelt wurden, als er die Stadt gegründet hatte. Die Juden in Antiochia waren vermutlich als eine Art nationaler Zusammenschluß, ähnlich dem anderer ethnischer Gruppen unter der seleukidischen Herrschaft, organisiert, lebten gemäß ihrer angestammten Gesetze und genossen bestimmte Rechte, wie die Ausübung ihrer eigenen Rechtssprechung. Während einige dieser frühen Siedler die Synagoge als Schutz vor der hellenistischen Außenwelt angesehen haben mögen, begannen andere, meist aus wohlhabenderen Familien, bereits zu dieser Zeit verschiedene Grade der Hellenisierung zu zeigen.

Spätere jüdische und christliche Überlieferungen sehen Antiochia als die Beerdigungsstätte der Mutter mit ihren sieben Söhnen, die unter der Herrschaft Antiochus' IV. Epiphanes (175-164 v. Chr.) verfolgt (2 Makk 7) worden waren, an. Unter Demetrios I. (162-150 v. Chr.) soll über ihren Gräbern ein Schrein errichtet worden sein. Dieser Schrein war als Synagoge von Keneshet Haschmunith, nach der Mutter, bekannt und soll Relikte, wie den Mantel des Moses, Fragmente der Gesetzestafeln und die Schlüssel der Arche, beherbergt haben. In der christlichen Ära wurde er in eine Kirche verwandelt.

Antiochias' Vorstadt, Daphne, war für ihren Schrein des Apollon bekannt, der denen Zuflucht gewährte, die sich zu ihm flüchteten. Hier gab es auch ein jüdisches Viertel. Das ist der Grund, warum in 2 Makkabäer (4:33) Onias, der letzte Zadok, 'sich in einen Asylort bei Daphne, einem Vorort Antiochias, zurückgezogen' hatte. Er wurde überredet, den Tempel zu verlassen und bei seinem Heraustreten sofort ermordet. Dieser Tempel war in jenem Hain errichtet worden, wo Apollon versuchte, die Nymphe Daphne, die der Stadt ihren Namen gab, zu verführen. Nach der Niederschlagung der jüdischen Revolte im Jahre 70 n. Chr. kamen Vespasian und Titus, sein Sohn und General, nach Antiochia, wo sie von den Einheimischen mit einem Freudenfest empfangen wurden. Titus wies, zur Enttäuschung der Antiocher, ihre Forderung, die Juden aus der Stadt zu verbannen und ihre politischen Rechte zu widerrufen, zurück.

Detail der Bordüre des Yakto Mosaiks aus Daphne. Mitte fünftes Jh. v. Chr. Archäologisches Museum Hatay. Antakya. Links befindet sich eine Figur, die in einen Mantel gehüllt ist und sich mit dessen Zipfel, in einer Geste des Gebets, den Kopf bedeckt. Seine in den Falten des Mantels erhobenen Hände weisen in der christlichen Ikonographie auf einen Akt der Verehrung hin und

dies führte dazu, daß das Gebäude vor ihm als Kirche interpretiert wurde. Möglicherweise handelt es sich dabei um die Goldene Kirche, die *Domus Aurea*, die Kathedrale von Antiochia, die von Konstantin dem Großen 327 begonnen und 341 durch seinen Sohn Konstantinus eingeweiht wurde. Rechts sind ein Haus, ein Mann und zwei Esel dargestellt.

Titus soll den 'Cherubim' des Tempels in Jerusalem an der Pforte, die nach Daphne führte, neben dem Judenviertel, angebracht und auch ein Theater mit der Inschrift 'Von der jüdischen Beute' in Daphne errichtet haben.

Zu der Zeit, als das Christentum Antiochia erreichte, war sie die Hauptstadt der römischen Provinz Syrien und der Stützpunkt seiner Streitkraft im Osten. An der Kreuzung der Verbindungsstraßen zu Wasser und zu Lande gelegen, war die Bevölkerung Antiochias eine Mischung von Rassen, Nationalitäten und Gewerbe, Glauben und aller sozialen Klassen und verschiedener Sprachen. Der Enthusiasmus und das Interesse der Juden und Heiden Antiochias an der christlichen Botschaft ermutigte die Ältesten von Jerusalem, Barnabas in die Stadt zu schicken. Dies war zu der Zeit als die Anhänger Christi in Antiochia zum ersten Mal Christen (Apg 11:25-26) oder *Christiani* (in der Einzahl *Christianus*) genannt wurden, unter Anwendung der römischen Tradition, einen sozialen Verein nach seinem Gründer zu benennen.[1]

Nach einer Phase der Missionstätigkeit in Antiochia ging Barnabas nach Tarsus und brachte Paulus zu seiner Unterstützung mit sich zurück. Obwohl ihre Anzahl hier geringer war als in Rom oder Alexandria, spielten die Juden Antiochias eine bedeutende Rolle in der frühen Entwicklung des Christentums. Die kostspieligen Votivopfer, die sie an den Tempel in Jerusalem sandten, geben uns einen Eindruck von ihrem Reichtum. Ihre Synagogen müssen zahlreiche heidnische 'Gottesfürchtige' angezogen haben. Nikolaus von Antiochia war einer der ersten Diakone, die gewählt wurden, um die Apostel zu unterstützen (Apg 5:6). Er war ein Proselyt aus Antiochia und agierte später in der christlichen Kirche Jerusalems. Es ist jedoch nicht bekannt, ob er mit der Ketzerei der Nikolaiten verbunden war, auf die der Apostel Johannes in seinem Brief an die Gemeinde von Ephesus (Offb 2:6) und Pergamon (Offb 2:15) hinweist. Diese spezielle Irrlehre soll den Versuch eines Kompromisses zwischen dem Christentum und dominanten Sozialformen beinhaltet haben und wurde zum Vorboten der viel gefährlicheren gnostischen Bewegung. Nikolaus mag keinerlei Verbindung zu dieser Irrlehre gehabt haben, doch womöglich wurde sein Name verwendet, um mehr Anerkennung zu gewinnen.

Antiochia diente als Basis der missionarischen Aktivitäten des Paulus. Neben der freiheitlichen Atmosphäre einer typischen griechischen *Polis*, in der Paulus und Barnabas das Evangelium ohne Gefahr predigen konnten, mochte die Existenz reicher Mitglieder in der Gemeinde, die Mission des Paulus unterstützen wollten, hierfür eine Rolle gespielt haben. Die römische Welt des ersten Jh. s. erlitt viele Naturkatastrophen, wie Erdbeben, Seuchen und Hungersnöte. Die antike Literatur erwähnt eine Hungersnot in Judäa in

---

[1] *Ecclesia* oder 'Versammlung', wie die Christen sich selbst in der griechischen und lateinischen Sprache nannten, bedeutet für die Römer die politische Versammlung der Bürger der Stadt.

den Jahren 46 bis 48 n. Chr. Die Unterstützung, die die Antiocher durch Paulus und Barnabas an die Christen sandten, könnte sich auf dieses Ereignis bezogen haben. Obwohl ihre Höhe nicht erwähnt wird (Apg 11:29), war sie vermutlich namhaft, denn die Antiocher waren für ihren Reichtum bekannt. Diese Geste war wichtig, um die Solidarität der Juden Antiochias und der heidnischen Christen und ihre Einstellung gegenüber ihren anderen Brüdern zu zeigen.

Nach der Rückkehr nach Antiochia von ihrer ersten Reise sahen die Apostel, daß einige Juden, die von Judäa gekommen waren, darauf bestanden, daß Heiden nicht gerettet werden konnten, solange sie nicht beschnitten waren. Paulus und

Höhlenkirche des Hl. Petrus in Antakya. Die Grotte liegt am Hang des Berges Staurin, dem 'Berg des Kreuzes' und diente ursprünglich als Treffpunkt der frühen Christen Antiochias. Ihre heutige Fassade wurde viel später angebracht. Die christliche Überlieferung sieht den Hl. Petrus als den ersten Bischof der Stadt an.

Weihinschrift des Bodenmosaiks einer Kirche nahe Antiochia am Orontes. 387. Dumbarton Oaks Collection. Washington. DC. In Griechisch steht: 'Unter dem höchstheiligen Bischof Flavius und dem ehrwürdigsten Eusebius, mit der Verwaltung der Kirche betraut, vollendete der Priester Dorys das Mosaik der gesamten Exedra'. Die Übersetzung und Datierung des Mosaiks wurden mit Zuhilfenahme einer identischen Weihtafel aus einem anderen Raum derselben Kirche vorgenommen.

Barnabas mußten nach Jerusalem gehen, um diese Angelegenheit mit den Ältesten dort zu besprechen, denn diese hatten in solchen Fällen das letzte Wort. Hier schrieben Paulus und Barnabas ihre Erlebnisse mit den Heiden während ihrer ersten Missionsreise nieder. Auf Initiative des Petrus und im Apostolischen Konzil wurde entschieden, daß die Beschneidung für heidnische Christen nicht notwendig war, und die jüdischen Nahrungsvorschriften wurden auf einige Verbote reduziert. Paulus und Barnabas gingen zurück nach Antiochia und von hier segelte Barnabas in Begleitung des Johannes Markus nach Zypern, während Paulus mit Silas seinen zweite Missionsreise nach Anatolien und Griechenland startete.

Die Gemeinde von Antiochia wurde zur aktiven Partei in der Kontroverse, die dem Christentum in seiner späteren Entwicklung widerfuhr. Im Jahre 325 wurde die Stadt zum Sitz des ersten Kirchenkonzils, in dem Konstantin den teilnehmenden Bischöfen eine Ansprache hielt und die Irrlehre von Arius mißbilligt wurde. Das lange und komplizierte Glaubensbekenntnis, das hier entworfen wurde, wurde zum Prototyp späterer Glaubensbekenntnisse verschiedener Synoden.

Der Heilige Ignatius

Laut christlicher Tradition war der Hl. Ignatius (35-110) der 'zweite' oder 'dritte' Nachfolger des Petrus als Bischof von Antiochia. Er wurde wegen seiner religiösen Anschauung eingesperrt und zum Tode verurteilt. Es wird auch behauptet, daß er nach dem berühmten Erdbeben von 115, das die ganze Stadt zerstörte, zum Sündenbock erwählt und verurteilt wurde. Er soll in Ketten und bewacht von zehn brutalen Soldaten in die römische Hauptstadt gebracht worden sein. Außer dieser Reise ist über sein Leben so gut wie nichts bekannt. Er soll aus Syrien gestammt haben und vor seiner Bekehrung ein Heide und Christenverfolger gewesen sein. Er könnte den einen oder anderen Apostel, wie Paulus oder Johannes, gekannt haben. In dem Brief, den er den Römern aus Syrien sandte, beschreibt er, daß er das Todesurteil mit frohem Jubel annahm, denn somit konnte er das Leiden Christi — sein Blut als Wein und sein Leib als Brot der Eucharistie — wiederholen. Er appellierte an sie, sich seinetwegen nicht einzumischen und seinen erwarteten Märtyrertod nicht durch einen Loskauf zu verhindern, auch dann nicht, wenn er sie persönlich darum anflehen würde.

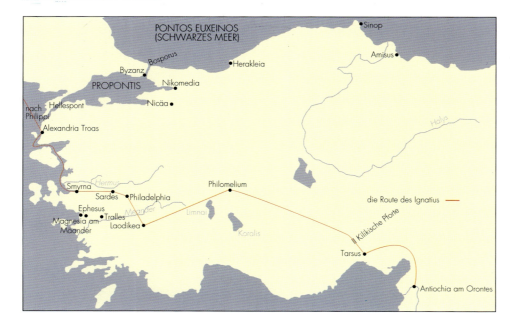

Karte der Reise des Hl. Ignatius in Anatolien

Seine Reise startete vermutlich in Antiochia, gefolgt von Tarsus, Philomelium (Akşehir), Laodikea am Lykos (Eskihisar), Philadelphia (Alaşehir), Sardes sowie Propontis Smyrna und führte per Schiff weiter nach Alexandria Troas, von wo er nach Neapolis segelte.[1]

Indem er seine Eskorte bestach, konnte er während dieser Reise christliche Gemeinden besuchen oder die Vertreter, die sie zu ihm sandten, empfangen. Ebenso schrieb (oder diktierte) er aus Smyrna Briefe an die Gemeinden von Ephesus, Magnesia am Mäander (Menderes Manisası), Tralles (Aydın) und Rom sowie aus Alexandria Troas an die Gemeinden von Philadelphia, Smyrna und an Polykarp. In seinem Brief an die Christen in Smyrna wird der Ausdruck 'katholische Kirche' zum ersten Mal im Sinne der 'allumfassenden (universalen) Kirche' verwendet. Lediglich in seinem Brief an die Gemeinde von Rom spricht er ausschließlich von seinem bevorstehenden Martyrium. Der Inhalt seiner anderen Briefe bezieht sich auf die Erklärung des christlichen Evangeliums und seine Verteidigung gegen ketzerische Tendenzen, die vom Judaismus inspiriert wurden, und die Auffassung, daß Christus in seiner Göttlichkeit nicht als Mann gelebt haben und gestorben sein könnte.[2] Für Ignatius war das die Ablehnung der Reinkarnation. Seine Briefe wurden auf Polykarps Initiative hin aufbewahrt, in der frühen Kirche weitverbreitet bekannt und werden als eine der frühesten Schriftstücke der erhaltenen christlichen Literatur angesehen.

In seinen Briefen betonte und wiederholte er die Autorität des Klerus und erzeugte somit den Eindruck, daß dieser in der Kirche Westanatoliens zu dieser frühen Zeit schon bestand. Diese Tatsache wird auch durch die Briefe des Apostels Johannes an die Sieben Gemeinden Kleinasiens belegt. Ignatius meinte, daß die Hierarchie des Klerus einer Gemeinde, bestehend aus einem Bischof, Priestern und Diakonen, die Reflexion der göttlichen Hierarchie im Himmel, bestehend aus einem alleinherrschenden Gott, einem göttlichen Konzil und den Apostel, sei. Der Laie kann ewiges Heil nur erfahren, indem er sich dem Klerus unterwirft. Er wurde um 110, zur Regierungszeit des Trajan (98-117), im Amphitheater des Flavius (später als Kolosseum bekannt) wilden Tieren vorgeworfen und starb den Märtyrertod.

[1] In seinem Brief schreibt er, daß er sich im 'Konflikt mit Raubtieren zu Wasser und zu Lande' befand. Wörtlich könnte das auf eine Seereise von Seleukia Pieria nach Attaleia und eine Weiterreise zu Land hindeuten.

[2] Griechisch Dokin oder 'Doketismus' von Dokesis oder 'Erscheinung'. Die Doketen glaubten, daß Jesus nicht von der Jungfrau geboren wurde, sondern den Ufern des Jordans als fertiger Mann entstieg und auf wundersame Weise der Schmach des Todes entkam.

Der Heilige Johannes Chrysostomos

Johannes Chrysostomos (347-407) ist als eine der wichtigsten Figuren der frühen Christenheit bekannt. Er wurde in Antiochia geboren und lebte in seiner frühen Jugend als Eremit in der syrischen Wüste. Nachdem er in die Stadt zurückgekehrt war, studierte er beim führende, heidnischen Redner Libanius Rhetorik und bei Diodor, dem Bischof von Tarsus, Theologie. Seine rethorischen Fähigkeiten auf der Kanzel machten ihn als *Chrysostomos* oder 'Honigmundigen' bekannt. Sein Kennzeichen, ein Bienenstock, inspirierte folgende Legende: Als der Teufel das Tintenfaß des Johannes umstieß, nahm dieser seine Feder in seinen Mund und sie war darauf hin mit Gold überzogen. Seine Predigten, direkt und unverblümt, zählen heute noch zu den berühmtesten Reden, die von Kirchenvätern gehalten wurden.[1] Im Jahre 398 wurde er zum Patriarch von Konstantinopel ernannt. Seine Reformationen schlaffen Klerus der Hauptstadt, sein offener Kampf gegen unfähige Kleriker, von denen er zu einem sagte, daß er nicht mehr wert sei als ein Bordellbesitzer, und seine Verweigerung finanzieller Unterstützung für diverse Bauprojekte machten ihn unbeliebt. Er beleidigte wiederholt die Männer der Hauptstadt, indem er der Frau das gleiche Recht auf eheliche Treue zusprach wie dem Mann. Seine asketische Ablehnung verschwenderischer Gastfreundschaft beleidigte und enttäuschte jene Bürger, die es gewohnt waren, in das Haus des Bischofs zu üppigen Abendessen eingeladen zu werden. Die Unzufriedenen trafen sich in Chalcedon (Kadiköy), und als Johannes sich weigerte zu erscheinen, wurde er abgesetzt.

Johannes Beziehung mit Eudoxia, der Gattin des Kaisers Arkadios, wendet sich auch vom Guten ins Böse, denn in einer Predigt über weibliche Schwachheit erwähnte Johannes das Beispiel der biblischen Isebel, vermutlich um auf die Kaiserin anzuspielen, die in der Hauptstadt als Symbol des Luxus und der Sinnlichkeit galt. Der verärgerte Kaiser deportierte ihn nach Bithynien. Am Tag nach seiner Abreise erschütterte ein Erdbeben Konstantinopel und wurde als Zeichen himmlischer Ungnade betrachtet. Arkadios und Eudoxia riefen Johannes zurück und setzten ihn wieder ein. Einige Monate später entstanden belästigende Feierlichkeiten aufgrund der Errichtung einer Silberstatue Eudoxias neben der Kirche der Hl. Sophia. Als der Lärm der Zeremonie die Predigt des Johannes unterbrach, verlor er auf der Kanzel die Selbstbeherrschung und predigte: 'Wieder tobt Herodias, wieder tanzt sie, wieder wünscht sie Johannes' Kopf auf eine Platte.' Der Palast entschied, Johannes los zu werden und zum zweiten Mal wurde das Exil über ihn verhängt. Johannes Chrysostomos wurde zuerst nach Kukusus in Ostkappadokien verbannt. Drei Jahre später starb er in Komana (Tokat) als er an den entlegeneren Ort Pityus, an der letzten römischen Grenze, gebracht wurde.

[1] Johannes von Damaskus (675-749) wird generell als letzter der Schriftsteller und Lehrer ab dem zweiten Jh. angesehen, deren Werke besondere Bedeutung und Wertschätzung als Interpretationen des Evangeliums verdienen.

Das Kloster des Simeon Stylites, dem Älteren, mit den Überresten seiner aus Stein gehauenen Säule im Zentrum (Syrien).

Das Kloster des Simeon Stylites, dem Jüngeren, mit den Überresten seiner aus Stein gehauenen Säule im Zentrum (nahe Antakya).

Der Hl. Simeon, Stylites

Eine Entwicklung des frühen Christentums bestand im Auftreten einer Anzahl heiliger Männer, die verschiedene Formen der Askese praktizierten und den Laien als Priester, Heiler, Seher und Wundertäter dienten. Obwohl ihre Zahl nicht groß war, sollen diese Persönlichkeiten bei der Verbreitung des Christentums in Anatolien eine wichtige Rolle gespielt haben. Einer von ihnen, Simeon, der Stylites (390-459) von Antiochia, soll der Initiator einer sonderbaren Bewegung, den Styliten[1] oder 'Säulenheiligen', gewesen sein. Es ist nicht bekannt, ob die heidnische Tradition, eine Woche auf phallischen Kegeln zu verbringen, die vermutlich dem Priapus gewidmet war und die der Romansatiriker Lucian aus Samosota im zweiten Jh. n. Chr nahe Zeugma am oberen Euphrat beobachtete, Simeon als Beispiel diente. Bekannt als der Ältere, fügte er sich selbst Schmerzen zu, indem er z.B. in einem ausrangierten Wassertank lebte, viele Sommer bis zum Kinn in die Erde eingegraben verbrachte oder einen mit Nägel versehenen Gurt trug. Als er fand, daß sein asketisches Leben zu viele Invaliden anzog, die durch seine Berührung geheilt werden wollten, platzierte er sich auf einer Säule, von wo er seinen Segen und seine Gebete sprach und seine Wundertaten weiterführte.[2] Seine erste Säule bestand aus drei Blöcken, die die Dreieinigkeit repräsentierten. Im Laufe der Jahre steigerte er allmählich die Höhe der Säule, bis sie zwanzig Meter hoch war. Es soll von dort wie ein Vogel losgeflogen sein. Nach seinem Tod wurde die Säule in einer Kirche in einem Schrein verwahrt und ein unter seinem Namen bekanntes Kloster wurde von Zeno im letzten Viertel des fünften Jh.s. errichtet. Daniel, der Stylit (409-493), eine anderer Mönch aus Konstantinopel, besuchte Simeon auf seiner Säule und als er in die Hauptstadt zurückkam, errichtete er, nach dem Vorbild Simeons, seine Säule in Anaplous (Kuruçeşme) an der europäischen Küste des Bosporus, um auf ihr über dreißig Jahre lang zu leben. In späteren Jahrhunderten boten die isolierten Kegel Kappadokiens den heiligen Styliten die gewünschte Abgeschiedenheit und ersparte ihnen die Mühe, eine Säule zu konstruieren. Simeon Stylites, der Jüngere (gest. 521), lebte auf einer Säule auf dem *Mons Admirabilis* oder 'Wundervollen Berg' außerhalb Antiochias am 'Samandağı' oder 'Simeonsberg' und war ein weiterer Stylist dieser Periode. Die Ruinen zeigen, daß im Laufe der Zeit ein Kloster um die Säule des Heiligen herum errichtet worden war. Es wird behauptet, daß sie Arbeit von isaurischen Steinmetzen verrichtet wurde, die einzig aus Dankbarkeit zu dem Heiligen und für die Heilungen, die er an ihnen vollbracht hatte, arbeiteten.

[1] Griechisch *Stylos* oder 'Federkiel'.

[2] Sein Prestige war so groß, daß die Regierung die Zustimmung des ungebildeten Styliten zu den ökumenischen Konzilen von Ephesus (431) und Chalcedon (451) verlangte.

SELEUKIA PIERIA

Vom Heiligen Geist ausgesandt, zogen sie nach Seleuzia hinab und segelten von da nach Zypern (Apg 13:4).

Seleukia (in) Pieria (Çevlik) wird nur zweimal in der Bibel erwähnt. Die eine Stelle findet sich in 1 Makkabäer (11:8): 'König Ptolemäus aber brachte alle Küstenstädte bis nach Seleuzia am Meer in seine Gewalt, denn er führte gegen Alexander Böses im Schild' Dieser Hinweis bezieht sich auf eine stürmische Ära in der Geschichte der Levante. Alexander Balas (150-146 v. Chr.), ein Thronfolger, der von Attalos II. von Pergamon und Ptolemaios VI. Philometer (181-145 v. Chr.) von Ägypten gefördert wurde, hatte Demetrios I. Soter ermordet und den seleukidischen Thron übernommen. Seine schlechte Herrschaft machte Alexander bei seinen Untertanen unbeliebt. In der Zwischenzeit landete Demetrios II. Nikator, der älteste Sohn Demetrios I. (147 v. Chr.) mit einer Armee kretischer Lohnsöldner (1 Makk 10:67) an der syrischen Küste. Ptolemaios VI. Philometer unterstützte Demetrios und eroberte auf seinem Feldzug Richtung Norden die Küstenstädte Phöniziens bis nach Seleukia Pieria.

Der zweite Hinweis ist bedeutender, denn hier wird es als Hafen Antiochias während der römischen Periode erwähnt, von wo Paulus und Barnabas auf ihrer ersten Missionsreise, von Johannes Markus begleitet, nach Zypern (Apg 13:4) segelten. Die Apostel könnten denselben Hafen am Ende ihrer Reise benutzt haben, um nach Antiochia zurückzukehren. Die beiden Landungsbrücken des äußeren Hafens trugen, bis sie im Mittelmeer verschwanden, die Namen der beiden Apostel. Der Hafen mag auch von Ignatius verwendet worden sein, falls seine Reise nach Rom auf dem Meer begann.

Die Stadt wurde auf einem Vorgebirge des Berges Pieria (Musa Dağı) gegründet und war zur Zeit des Paulus der wichtigste Hafen der Region, durch den die römische Armee, die in Antiochia stationiert war, versorgt wurde. Der noch erhaltene Tunnel wurde eine Dekade nach dem Martyrium Paulus' von Vespasian und seinem Sohn Titus gebaut, um das Regenwasser abzuleiten, daß den Hafen überflutete. Die wiedergefundenen Mosaike der Stadt und die Ruinen einiger Kirchen belegen ihre große Bedeutung in dieser Periode. Eine dieser großen Kirchen war von Kaiser Zion errichtet (479-491) und Thekla gewidmet worden.

Inschrift vom Tunnel des Titus. Auf Griechisch berichtet sie uns, daß dieser Teil der Arbeit unter einem *Nauarchos* (Schiffskapitän) vollbracht wurde.

(gegenüber) Der Tunnel des Titus. Er wurde unter der Herrschaft des Vespasian (69-79 n. Chr.), Titus (79-81 n. Chr.) und Domitian (81-96 n. Chr.) gelegt.

PERGE

Nach einer erfolgreichen Missionsreise nach Paphos auf Zypern, wo der erste ein Heide von hohem Rang, der römische Statthalter Sergius Paulus, bekehrt wurde, nahmen Paulus und Barnabas zusammen mit Markus Johannes ein Schiff nach 'Perge' in Pamphylien (Apg 13:13). Zu der Zeit, als Paulus seine Reisen unternahm, war der Kestrus (Aksu) bis zur Stadt hin navigierbar und das Schiff, das die Apostel benutzten, hatte vermutlich den Hafen von Perge zum Ziel. Hier verließ Johannes Markus die beiden Apostel und reiste nach Jerusalem zurück. Die Apostelgeschichte erwähnt nicht, warum er so handelte, doch der Grund könnte seine Enttäuschung über Paulus' Eifer, das Evangelium den Heiden zu predigen, gewesen sein. Auf ihrer Rückkehr von Lykaonien in Pisidien machten Paulus und Barnabas, bevor sie nach Attaleia weiterzogen, noch einmal in Perge Halt (Apg 14:25). Die Apostelgeschichte erwähnt lediglich, daß sie hier das Evangelium verkündigten.

Ruinen von Perge, von der Stadt in Richtung hellenistischem Tor mit seinen runden Türmen blickend.

Die Kirche des Hl. Paulus in Antiochia in Pisidien. Christliche Ära. Nach Westen, gegen das Äußere der Apsis blickend.

ANTIOCHIA IN PISIDIEN

Während seiner ersten Missionsreise besuchte Paulus Antiochia in Pisidien[1], anstatt in den kosmopolitischen und stärker besiedelten Küstenstädten Pamphyliens zu predigen (Apg 13:14). Hier betraten Barnabas und Paulus am Sabbat die Synagoge und am Ende der Dienstes stand Paulus auf und sprach. Seine Predigt muß Interesse hervorgerufen haben, denn er wurde eingeladen, am nächsten Sabbat wieder eine Rede zu halten. Sie bekehrten Juden und Heiden, die zuvor sich zuvor vom Judaismus angezogen gefühlt hatten. Später gesteht er in seinem Brief an die Galater (4:13), Christen in Pisidien und Lykaonien, daß er 'sehr krank und schwach war', als er ihnen zum ersten Mal das Evangelium verkündete. Er bedankt sich auch dafür, daß sie ihn für seine Schwäche nicht verabscheut hatten. Die Krankheit des Apostels könnte Malaria gewesen sein, die er vermutlich in der heißfeuchten Ebene Pamphyliens aufgelesen hatte, und dies könnte ihn gezwungen haben, das pisidische Hochland mit seinem gesunden Klima zu besuchen. Daß Paulus diese bestimmte Stadt aus vielen anderen auswählte, soll jedoch auf den Rat des Sergius Paulus zurückgehen, den er in Paphos auf Zypern bekehrt hatte. Diese Persönlichkeit kam aus der römischen Kolonie des pisidischen Antiochias, wo er Verwandte und Anwesen hatte.

Zu der Zeit der Reisen des Paulus war Antiochia (Yalvaç) eine Kolonie oder *Colonia* Roms mit vielen Griechisch sprechenden Römern. Die Stadt wurde von ihnen Colonia Caesareia Antiocheia genannt. Der Verwalter, der die Berghorden in dieser Region besänftigte war Publius Sulpicius Quirinus, der später nach Syrien versetzt wurde und den großen Zensus durchführte, als Jesus geboren wurde (Luk 2:1-7). Falls es die Juden in der Stadt nicht verhindert hätten, wäre Paulus' Erwartung, viele Heiden hohen Rangs zu bekehren, erfüllt worden, denn eine große Menschenmenge füllte am folgenden Sabbat die Synagoge. 'Am folgenden Sabbat versammelte sich fast die ganze Stadt, um das Wort des Herrn zu hören. Als die Juden die Scharen sahen, wurden sie

[1] Antioch ad Pisidia = Antiochia 'auf' oder 'gegen' oder 'neben' Pisidien.

ANTIOCHIA IN PISIDIEN

eifersüchtig…hetzten die vornehmen Frauen und die Ersten der Stadt auf, veranlaßten eine Verfolgung gegen Paulus und Barnabas und vertrieben sie aus ihrem Gebiet' (Apg 13:44-50). Die Apostelgeschichte berichtet, daß die Apostel die Stadt besuchten, als sie an die Mittelmeerküste zurückkehrten. Die Heiden, die Paulus in diesen Städten bekehrte, schienen kurz nach seiner Abreise unter dem Druck den jüdischen Christen abtrünnig geworden zu sein, die behaupteten, daß die Beschneidung und die Einhaltung anderer Vorschriften des mosaischen Gesetzes unerlässlich seinen, um Christ zu werden. Paulus hielt es für notwendig, ihnen von Antiochia am Orontes zu schreiben und sie zu ermahnen. Indem er sie in seinem Brief mit 'ihr unvernünftigen Galater' und 'seid ihr so unvernünftig' (Gal 3:1) anspricht, vergleicht er sie mit den keltischen Eingeborenen Galatiens, die für ihre Simplizität bekannt waren. Antiochia in Pisidien wird in Zusammenhang mit Paulus' nächsten beiden Missionsreisen nicht erwähnt, soll von ihm aber dennoch besucht worden sein.

Kolonnadenstraße vom Tiberiusplatz zum Tempel des Augustus. Erstes Jh. n. Chr. Antiochia in Pisidien.

Berge vom Hl.Philippus (links) und der Hl.Thekla (Takkeli dağ) nahe Konya, nach Norden blickend.

IKONION

Laut Apostelgeschichte reisten Paulus und Barnabas, nachdem sie im pisidischen Antiochia verfolgt und vertrieben worden waren, nach Ikonion. Obwohl die einheimischen Juden auf ihre Predigten reagierten, verbrachten sie eine 'beträchtliche Zeitspanne' in Ikonion. Dies deutet darauf hin, daß es ihnen gelang, einige Menschen zu bekehren. Wie auch in Antiochia in Pisidien unterstützten mehrere Heiden die Juden, die die Bedrohung der Reden des Paulus für den Judaismus erkannten. Die Apostel wurden gesteinigt und sahen sich gezwungen, nach Lystra, Derbe und ihr Umland zu fliehen. Nachdem sie das Evangelium in Lystra und Derbe verkündigt hatten, reisten sie über Ikonion nach Antiochia in Pisidien und an die Mittelmeerküste zurück.

Ikonion (Konya) wird weder bei Paulus' zweiter noch bei seiner dritten Reise namentlich erwähnt. Die Apostelgeschichte (Apg 16:4) berichtet, daß, als sie auf der zweiten Reise in Lyakonien, nach Lystra 'durch die Städte zogen, überbrachten sie ihnen die von den Aposteln und den Ältesten in Jerusalem gefaßten Beschlüsse und trugen ihnen auf, sich daran zu halten'. Der Ausdruck, daß ihnen Timotheus 'von den Brüdern in Lystra und Ikonion' auf seiner zweiten Reise empfohlen wurde, könnte ein Hinweis darauf sein, daß Paulus während seines Aufenthalts in Lyakonien hin- und herreiste und mehr als einmal denselben Platz aufsuchte. Es wird auch erwähnt (Apg 18:23), daß der Apostel auf seiner dritten Reise das galatische Land (wohl in einer bestimmten Reihenfolge) durchwanderte.

Durch die Geschichte der Thekla im apokryphen Werk des Paulus erfahren wir, daß Ikonion im zweiten Jh. n. Chr., als das Werk vermutlich aufgezeichnet wurde, eine ziemlich große ländliche Siedlung war, wo der Provinzstatthalter auf seinen regelmäßigen Besuchen Gericht hielt und 'er befahl, Paulus vor den Richtersitz zu bringen'.

Die Höhlenkirche der Heiligen Thekla

Die Geschichte der Hl. Thekla, die in den apokryphen Werken des Paulus enthalten ist, soll zum Teil wahr gewesen und von einer wirklichen Märtyrerin in Anatolien, mit demselben Namen, inspiriert worden sein. Sie wurde vermutlich um 160 n. Chr. aufgezeichnet.

Die Geschichte ist sehr aufschlußreich, da sie die einzige physische Beschreibung des Paulus enthält. Die antike Literatur berichtet, daß der Apostel stets Titus in eine Stadt voraussandte, um seine Ankunft anzukündigen. Zu einem solchen Anlaß beschrieb Titus Paulus dem Onesiphorus von Ikonion, der vor die Stadt ging, um den Apostel zu treffen. Als Onesiphorus einen Mann, 'kleiner Statur, mit wenig Haaren auf dem Kopf, kurzen Beinen, in gutem körperlichen Zustand, zusammengewachsenen Augenbrauen, einer leichten Hakennase, voll Anmut sah…im einen Moment erschien er als ein Mann und im nächsten als ein Engelsgesicht', da wußte er, daß es Paulus war.

Paulus' Predigten im Haus des Onesiphorus, die besagten, daß der Körper der Tempel Gottes sei und rein gehalten werden sollte und daß Jungfrauen, die in Keuschheit lebten, nach der Wiedergeburt, die damals jederzeit erwartet wurde, mit dem ewigen Segen belohnt würden, zogen viele junge Frauen und Mädchen an. Unter diesen befand sich Thekla, die am offenen Fenster ihres Hauses auf der anderen Straßenseite saß und der Rede des Paulus zuhörte und darauf hin ihre Verlobung auflöste. Die Beschwerde der Mutter und des Verlobten brachte Paulus vor den Richter. Das Urteil lautete Auspeitschung und Vertreibung des Paulus aus der Stadt, da er die Mädchen der Stadt verdorben hätte, indem er sie lehrte, nicht zu heiraten. Thekla wurde zum Feuertod verurteilt, wurde jedoch durch einen heftigen Regenschauer gerettet und flüchtete, um Paulus zu folgen, den sie im Schutze der Familie des Onesiphorus außerhalb Ikonions fand. Der Apostel weigerte sich, Thekla zu taufen, da ein hübsches Mädchen später in Versuchung geraten könnte. Die beiden reisten zusammen nach Antiochia — was nicht erwähnt wird — und hier beleidigte Thekla einen reichen Antiochier, der versuchte, sie zu verführen. Während Paulus weiterzog, wurde Thekla des Sakrilegs für schuldig erklärt, den Kranz (mit dem Abbild des Kaisers) vom Kopf des Mannes gezogen zu haben und wurde wiederum zum Tode verurteilt. Während ihrer Hinrichtung erschien auf wundersame Weise ein Wassertank in der Arena, in den sie hineinsprang, um sich selbst zu taufen. In der Zwischenzeit hatte sie die Gunst einer Tryphaena, die ihre Tochter

Die Hl. Thekla. Zwanzigstes Jh. Hl. Barnabas Museum. Nordzypern.

[1] Eine Widmung der Bürger von Cyzicus (Erdek) für ihre Großzügigkeit gegenüber der Stadt blieb erhalten. Archäologische Museen Istanbul.

Überreste der Apsis der Kirche, die über der Höhlenkirche der Hl. Thekla errichtet worden war.

kürzlich verloren hatte, gewonnen. Die Königin Tryphaena[1] war eine wirkliche Persönlichkeit. Sie war die Witwe des König Kotys von Thrake, die Mutter Polemon II., des letzten Königs von Pontus und eine Großnichte des Kaisers Claudius. In der Arena führten verschiedene bizarre Versuche, Thekla zu töten, nicht zum Erfolg. Zu Beginn des letzten Spektakels, als Tryphaena in Ohnmacht fiel, brach der Statthalter, aus Angst vor dem Zorn des Kaisers, die Hinrichtung ab und begnadigte Thekla. Als Thekla hörte, daß Paulus sich in Myra aufhielt, zog sie sich Knabenkleider an und reiste, in der Hoffnung, daß sie in dieser Verkleidung bei ihm bleiben könnte, nach Lykien. Als sie sich trafen, war Paulus noch immer besorgt darüber, ob sie inzwischen verführt worden war. Thekla berichtete ihm von ihrer Selbsttaufe und den Rest der Geschichte. Von hier reiste Thekla nach Seleukia, wo sie bis ins hohe Alter lebte. Als sie von einigen jungen Männern 'mißhandelt' wurde, 'betete sie und der Fels öffnete sich, sie trat ein und er schloß sich hinter ihr'.

Theklas Schrein befindet sich ganz in der Nähe von Silifke (Seleukia am Kalykadnus[2]) in 'Meryemlik' und bestand während der byzantinischen Periode aus einer Höhlenkirche und einer großen Basilika, die auf ihr errichtet worden war. Die Höhle, in der Thekla ihre letzten Tage verbracht haben und durch die sie lebendig in die Erde hinabgestiegen sein soll, sei natürlichen Ursprungs. Im dritten Jh. wurde die Grotte in eine unterirdische Basilika mit einem Haupt- und Nebenschiffen sowie zwei Reihen dorischer Säulen verwandelt. Die Säulen stammten aus einem römischen Gebäude, das sich auf der Stätte befunden hatte und ein heidnisches Heiligtum gewesen sein soll. Die Grotte der Thekla wurde die nördliche Seitenkammer des südlichen Nebenschiffs. Als im vierten Jh. eine kleine Basilika darauf errichtet wurde, begann man, die Höhle als Krypta zu benutzen.

Als eine großräumige Basilika (die größte Kilikiens), mehr als 81 auf 43 Meter, in der zweiten Hälfte des fünften Jh. s. hier gebaut wurde, soll die Höhlenkirche ihre heutige Form erhalten haben. Ihre Säulen wurden umpositioniert, um die Säulen des darüberliegenden Gebäudes zu stützen. Die neue Basilika hatte zwei Lichtschächte, durch die die Besucher die Höhlenkirche sehen konnten. Ihre Konstruktion bestand aus einem Säulengang, einer Nartex, einem Hauptschiff und weiten Seitenschiffen. Sie hatte ein Holzdach. Die heutigen Überreste gehören zum südlichen Abschnitt der Apsis. Im Laufe der Zeit mußte der Raum zwischen den südlichen Säulen der Höhle zur Verstärkung ausgefüllt werden. Ihr Inneres, das auch reduziert wurde, ist mit Gold und farbigen Glasmosaiken geschmückt.

[2] Der Fluß Göksu, in dem der deutsche Kaiser Friedrich Barbarossa 1190 während dem dritten Kreuzzug ertrank.

LYSTRA

Während der ersten Missionsreise (Apg 14:6) reisten Paulus und Barnabas, die in Ikonion verfolgt worden waren, nach Lystra (Hatunsaray). Der erste Mann, den sie hier trafen, war gelähmt, 'ohne Kraft in den Füßen und hatte nie gehen können'. Als Paulus den Mann heilte, begann das Volk in lykaonischer Sprache zu rufen, daß der Gott Zeus und sein Götterbote Hermes in Menschenform in die Stadt gekommen seien, denn die anthromorphen heidnischen Götter, besonders Zeus verbunden mit Hermes, wurden in Phrygien (S.18) allgemein verehrt. Vor den Stadttoren stand der Tempel des Zeus. Da er bis heute noch nicht ausgegraben wurde, ist dies das einzige, was über ihn bekannt ist. Ein Steinaltar aus dem zweiten Jh., der die lateinische Inschrift 'Doppelt glückliches Lystra [Lustra], eine julianische Kolonie widmete den [Altar] dem göttlichen Augustus auf Anordnung des Stadtkonzils' trägt und auf dem Hügel gefunden wurde, half bei der Lokalisierung von Lystra. Der Priester brachte rasch mit Kränzen behangene Opferochsen, um die Besucher zu ehren. Schockiert baten die Apostel die Menge vergebens, sie nicht so zu behandeln. 'Von Antiochia und Ikonion aber kamen Juden und überredeten die Volksmenge. Und sie steinigten den Paulus und schleiften ihn zur Stadt hinaus, in der Meinung, er sei tot'. Es mußten jedoch einige Bekehrte anwesend gewesen sein, denn die Apostelgeschichte (14:20) berichtet: 'Als aber die Jünger ihn umringten, stand er auf und ging' nach Lystra, wo er noch eine Nacht verbrachte. Timotheus, dessen Großmutter Lois und dessen Mutter Eunike, die Paulus in seinem Brief an Timotheus (2 Tim 1:5) erwähnt, wurden vermutlich auf dieser Reise bekehrt. Am folgenden Tag verließen die Apostel die Stadt. Nachdem ihre Arbeit in Derbe getan war, kehrten sie nach Lystra zurück und zogen auf ihrer Rückreise weiter an die Mittelmeerküste.

Die Apostelgeschichte gibt wenig Auskunft über Paulus' Aktivitäten in Lystra während seiner zweiten Missionsreise. Er kam in Gesellschaft des Silas aus Derbe in Lystra an und traf 'Timotheus, den Sohn einer gläubig gewordenen Jüdin und eines Griechen' (Apg 16:1). Paulus wollte den jungen Burschen mit sich nehmen. Er ließ Timotheus, mit Rücksicht auf die Juden, beschneiden, denn er dachte, daß die Juden, denen er später das Evangelium verkünden wollte, vielleicht noch nicht von der Entscheidung des Konzils von Jerusalem bezüglich der Beschneidung gehört oder diese nicht akzeptiert hätten.

Obwohl nicht namentlich erwähnt, gehört Lystra wohl zu den Städten, die Paulus auf seiner dritten Reise auf dem Weg nach Ephesus besuchte, als er nach seiner Abreise aus Antiochia zuerst das galatische Land und dann Phrygien durchwanderte und alle Jünger stärkte (Apg 18:23).

DERBE

Die Apostelgeschichte berichtet, daß Paulus auf seiner ersten Missionsreise, nachdem er sich von der Verfolgung in Lystra erholt hatte, mit Barnabas nach Derbe (Kerti Höyük) kam. Außer dem Hinweis, daß sie 'viele Jünger gewonnen hatten', wurde über Paulus' ersten Aufenthalt hier nichts berichtet. In Zusammenhang mit seiner zweiten Reise, die Paulus in Antiochia am Orontes in Begleitung des Silas begann, wird Derbe namentlich erwähnt. Weder Derbe noch eine andere Stadt in Lykaonien wird bezüglich seiner dritten Reise gesöndert aufgeführt, obwohl die Apostelgeschichte (18:23) erwähnt: 'Nachdem er einige Zeit dort geblieben war [in Antiochia gegen Ende seiner zweiten Reise], zog er weiter, durchwanderte zuerst das galatische Land, dann Phrygien und stärkte alle Jünger'. Dies weist darauf hin, daß er Menschen besuchte, die er an diesen Plätzen bereits bekehrt hatte. Einer von Paulus' Gefährten auf seiner dritten Reise zwischen Griechenland und Alexandria Troas wurde als 'Gaius von Derbe' (Apg 20:4) identifiziert, doch dies erklärt nicht, wann oder von wem er bekehrt wurde oder wo und wann er Paulus traf.

Hügel von Derbe, nach Süden blickend.

ATTALEIA

Auf dem Rückweg von ihrer ersten Missionsreise kamen Paulus und Barnabas von Antiochia in Pisidien über Perge nach Attaleia (Antalya) und segelten von hier nach Antiochia am Orontes (Apg 14:25). Die Bibel erwähnt die Stadt kein weiteres Mal und gibt auch keine Informationen über Paulus' Missionsarbeit hier.

ALEXANDRIA TROAS

Alexandria Troas wurde von Alexanders General Antigonus, der nach Alexanders Tod eine Weile in Anatolien herrschte, um 310 v. Chr gegründet. Die Stadt wurde so genannt, um sie von Alexandria ad Issum (İskenderun) und Alexandria in Ägypten zu unterscheiden. Während seiner zweiten Missionsreise reiste Paulus, in Begleitung von Silas und Timotheus, durch phrygisches und galatisches Territorium nach Norden. Vermutlich zog er Richtung Dorylaeum (Eskişehir), wo die Grenze Mysiens auf Bithynien, die römische Provinz, in die er die christliche Botschaft tragen wollte, traf. Der Heilige Geist erlaubte ihnen jedoch die Weiterreise in diese Richtung nicht und so wendeten sie sich gen Westen nach Mysien und erreichten Alexandria Troas. Medien wird, mit Lydien und Indien, in 1 Makkabäer (8:8) als eine der besten Provinzen erwähnt, die von den Seleukiden nach ihrer Niederlage in der Schlacht von Magnesia (190 v. Chr.) von den Römern übernommen und an das pergamonische Königreich Eumenes II. weitergegeben wurden. Die Mysier konstituierten eine Sonderabteilung in der Armee des Seleukidenkönigs. Ein mysischer Kommandant namens Apollonius, der von Antiochus IV. Epiphanes nach Jerusalem gesandt wurde, und seine Verfolgung werden in der Bibel (2 Makk 5:24-26) erwähnt.

In Alexandria Troas hatte Paulus eine Vision, in der ein Makedonier, der in Wirklichkeit Lukas gewesen sein soll, vor ihm stand und sagte: 'Komm herüber nach Mazedonien und hilf uns!' Darauf hin nahmen sie im Hafen sofort ein Schiff und segelten nach Samothrake und Neapolis sowie weiter nach Philippi (Apg 16:8-12).

Während der zweiten Reise mußte Paulus Ephesus, aufgrund des Aufruhrs der Silberschmiede, in Eile verlassen und ging nach Makedonien und Griechenland. Er reiste zuerst auf dem See- oder Landweg nach Alexandria Troas und überquerte von hier die Ägäis. In seinem zweiten Brief an die Korinther (2:12-13) berichtet er bezüglich dieser Reise: 'Als ich dann nach Troas kam, um das Evangelium Christi zu verkünden, und mir der Herr eine Türe öffnete, hatte mein Geist dennoch keine Ruhe, weil ich meinen Bruder Titus nicht fand. So nahm ich Abschied und reiste nach Mazedonien'. Am Ende ihrer dortigen Missionstätigkeit kamen sie nach Alexandria Troas und blieben eine Woche lang in der Stadt. Damals fand die berühmte Episode der Wiederbelebung des Eutychus (Apg 20:7-12) statt. Die Stadt wird noch einmal in der Apostelgeschichte erwähnt. In seinem Brief an den Jünger Timotheus (2 Tim 4:13), den er ihm aus Rom sandte, fordert Paulus ihn auf, ihn dort zu treffen und den Mantel, die Bücher und Pergamente mitzubringen, die er in Alexandria Troas vergessen hatte.

Alexandria Troas war der letzte Zwischenhalt des Ignatius, als er als Gefangener unter der Herrschaft des Trajan (98-117) nach Rom eskortiert wurde. Bevor er nach Makedonien kreuzte, schrieb er Briefe an die Gemeinden in Philadelphia (Alaşehir) und Smyrna sowie einen persönlichen Brief an Polykarp. In seinen Briefen schreibt er, neben der wiederholten Warnung vor dem Judaismus und Doketismus (S. 125), daß Philo aus Kilikien und Rheua Agathopous aus Syrien sich mit ihm hier trafen. Sie brachten ihm die Neuigkeit, daß der Streit der Gemeinde Antiochias ein Ende gefunden hatte und daß sie planten, Delegierte zur Gratulation dorthin zu schicken.

Ruinen des äußeren Hafens von Alexandria Troas. Jenseits der Ägäis befindet sich Tenedos.

EPHESUS

Ephesus wird nicht nur mit Johannes und Paulus assoziiert, sondern mit weiteren namhaften Persönlichkeiten des frühen Christentums. Zu den berühmtesten unter ihnen zählen die Jungfrau Maria, Maria Magdalena, Apollos, Timotheus, Priszilla und Aquila. Obwohl sie vielleicht nicht die ersten christlichen Besucher von Ephesus waren, werden Paulus und Johannes als die Begründer des Christentums in dieser Stadt angesehen. Es wird angenommen, daß Johannes, der die Jungfrau mit sich brachte, früher als Paulus nach Ephesus kam und seine Missionstätigkeit begann. Daher ist es nicht verwunderlich, daß Paulus bei seiner Ankunft in Westanatolien viele Gemeinden vorfand, die sich in der Region bereits etabliert hatten.

Die ersten Christen in Ephesus kamen vermutlich aus der jüdischen Bevölkerung der Stadt, deren Vorfahren wohl jene waren, die von den Seleukidenkönigen hier angesiedelt worden waren. Im Rahmen der seleukidischen Politik muß es ihnen gestattet gewesen sein, gemäß der Gebräuche ihres Gesetzes zu leben. Diese Situation schien sich bis in die römische Periode bewahrt zu haben, jedoch nicht ohne Probleme. Einige Edikte verschiedener römischer Kaiser informieren uns darüber, daß es den Juden in Ephesus erlaubt war, die Tempelsteuer nach Jerusalem zu senden und sich am Sabbat vom Gericht fernzuhalten. Und dennoch beschwerten sich die Einheimischen darüber, daß die Juden die Vorteile des Stadtlebens in Anspruch nahmen, ohne die ionischen Götter zu verehren.

Paulus' zweite Reise, die in Antiochia am Orontes begann, führte ihn in Richtung Kleinasien (Provinz Asien) (Apg 16:6), dessen Hauptstadt Ephesus eine große kosmopolitische Stadt war, in der Paulus gerne das Evangelium verkündete. Nachdem er durch Lykaonien und Phrygien gewandert war, lenkte ihn der Heilige Geist über Alexandria Troas nach Makedonien. Auf seiner Rückreise von Griechenland machte er kurz in Ephesus Halt. Die Apostelgeschichte 18 berichtet, daß er mit einem Boot von Kenchreae, dem östlichen Hafen von Korinth nach Ephesus kam. Er wurde von Priszilla und Aquila, christlichen Gefährten, die in Korinth, seine engen Freunde geworden waren, begleitet. In Ephesus diskutierte er mit den Juden in der Synagoge. Obwohl er gebeten wurde, länger zu bleiben, verließ er Ephesus per Schiff in Richtung Caesarea, denn es war bereits Herbst und das Ende der Segelsaison nahte.

Als er Ephesus während seiner dritten Missionsreise besuchte, blieb Paulus für drei Jahre und machte die Stadt zum Stützpunkt seiner Missionarstätigkeit. Die Apostelgeschichte berichtet ausführlich über seinen langen Aufenthalt in Ephesus. Hier predigte er vor den Gläubigen, die bereits durch einen anderen Missionar

Säule, die vermutlich die Statue des Johannes im Tetrapylon auf der Arkadenstraße trug. Sechstes Jh. n. Chr. Ephesus. Der Sockel ist mit einem Kreuz und einem Vogel dekoriert. Die anderen drei Säulen, die die Statuen der anderen drei Evangelisten trugen, sind nicht erhalten geblieben.

namens Apollos lediglich mit 'der Taufe des Johannes' getauft worden waren. Die geschah zu einer Zeit als es mehr als ein Christentum gab und jeder Prediger glaubte, daß das Christentum, das er verkündete, die wahre Lehre sei. Nachdem er drei Monate lang in der Synagoge gepredigt hatte, mußte Paulus, aufgrund von Meinungsverschiedenheiten mit den einheimischen Juden, in die Lesehalle des Tyrannus umziehen. Die Missionsarbeit des Apostels, während dieses langen Aufenthalts, war vermutlich nicht nur auf die Stadt beschränkt, sondern deckte die gesamte Region ab. In Ephesus schrieb er wahrscheinlich die meisten Briefe. Einige Auskünfte über seine Aktivitäten in Ephesus stammen aus diesen Briefen, z.B. die Unterbrechung seines Ephesusbesuchs, um eine Seerundreise nach Korinth zu unternehmen. Dort wollte er die Gemeinde, die er auf seiner zweiten Reise gegründet hatte stärken und ihre Fragen beantworten. Obwohl er in seinem Brief an die Korinther (2 Kor 1:8) das Leid erwähnte, das ihm in der Provinz zugefügt worden war, beschrieb er keine weiteren Details. Es könnte sich um eine Inhaftierung gehandelt haben, die in den apokryphen Schriften des Paulus vorkommt. Er schrieb auch den Ephesern einen Brief, als er sich dort oder in Rom im Gefängnis befand.

Das wichtigste Ereignis, das sich während Paulus' Aufenthalt in Ephesus zutrug, war der Aufruhr der Silberschmiede. Demetrius, ein wohlhabendes Mitglied dieser Kunsthandwerker, wiegelte seine Kollegen auf, indem er ihnen berichtete, daß Paulus viele Leute verführte und aufhetzte 'mit seiner Behauptung, die mit Händen gemachten Götter seien keine Götter' (Apg 19:26). Diese Äußerung wurde von Demetrius als eine Beleidigung der Artemis angesehen und würde letztlich die Produktion der Miniatursilberschreine der Artemis, die an Pilger verkauft wurden, die diese der Göttin widmeten, gefährden. Die Aufregung, die sie in der Agora, wo sie ihre Verkaufsstände hatten, erzeugten, breitete sich auf die anderen Epheser aus und makedonische Gefährten des Paulus wurden im Theater ergriffen, vermutlich um gelyncht zu werden. Der Stadtschreiber mußte eingreifen und die Menge beruhigen. Er erklärte ihnen, daß die ergriffenen Männer nichts getan hätten, was Artemis beleidigen könnte und daß es besser wäre, wenn Demetrius seine Abschuldigungen bei Gericht vorbringen würde.

Wiederverwendetes Marmorstück mit dem Wort 'ASIARCHE'. Ephesus. Während des Aufruhrs der Silberschmiede: 'Als aber Paulus in die Volksversammlung gehen wollte, hielten ihn die Jünger zurück. Auch einige hohe Beamte der Provinz Asien [Asiarche], die mit ihm befreundet waren, schickten zu ihm und rieten ihm, nicht ins Theater zu gehen' (Apg 19:30-31).

Falls sie für den Aufruhr bestraft würden, für den es offensichtlich keinen Grund gäbe, so würden die Römer sie alle bestrafen. In Folge wurde Paulus gezwungen, die Stadt zu verlassen und er ging nach Alexandria Troas, von wo aus er Makedonien und Griechenland besuchte. Auf seiner Rückreise von Alexandria Troas per Schiff hielt er nicht in Ephesus, sondern in Milet an, wohin er die Ältesten von Ephesus rief.

In der Apostelgeschichte 21 dachten die Juden in Jerusalem, als sie 'den Epheser Trophimus mit ihm zusammen in der Stadt' sahen, Paulus hätte ihn in den Tempel gebracht und begannen eine Demonstration, die Paulus' Verhaftung verursachte. Dieses Ereignis führte schlußendlich zu seinem Martyrium in Rom.

In seinem Brief an die Gemeinde von Ephesus ermahnt Johannes die Christen dort, da sie ihre 'erste Liebe verlassen' (Offb 2:4) hätten, lobt sie aber für ihre Verabscheuung des Treibens der Nikolaiten (S. 121). Es ist nicht sicher, ob diese Sekte mit 'Nikolaus von Antiochia' aus der Apostelgeschichte (6:5), einem der sieben Diakone in Verbindung stand. Johannes gibt keine Auskunft über seine Anschuldigung, lobt jedoch jene, die der Lehre der Nikolaiten nicht erlegen waren. Er schreibt deutlicher über sie in seinem Brief an die Gemeinde von Pergamon. Die Sekte war jedoch kurzlebig und nach dem 2 Jh. n. Chr. gab es keine Hinweise mehr auf sie.

Sogenanntes Gefängnis des Paulus.
Ephesus. Der westlichste Turm der
hellenistischen Feste, die vom Gründer der
Stadt, Lysimachus (306-281 v. Chr.),
erbaut wurden.

Das Gefängnis des Heiligen Paulus

Obwohl Paulus in seinen Briefen an die Gemeinden in Griechenland, Makedonien und Anatolien regelmäßig von den Verfolgungen, die er erlitt berichtete, ist es schwierig zu erraten, worin diese Verfolgungen genau bestanden und wo er sie erlebte. Es ist nicht bekannt, ob seine Worte über 'die Not,... die in der Provinz Asien über uns kam', eine Arretierung miteinschließen.

Laut den apokryphen Schriften des Paulus legten die rasenden Bürger die Füße des Paulus in Eisen und sperrten ihn im Gefängnis ein, bis er den Löwen als Beute vorgeworfen werden sollte. Eubula und Artemilla, die Gattinnen zweier wichtiger Männer in Ephesus, die seine treuen Anhänger waren und ihn bei Nacht besuchten, baten um die Gnade der göttlichen Reinwaschung. Sie wurden von Engeln eskortiert, deren inneres Leuchten überfloß und die Dunkelheit der Nacht erhellte und durch Gottes Kraft öffneten sich die eisernen Fußfesseln des Paulus. So konnte er, der den Löwen als Beute zugedacht war, ans Ufer gelangen, sie mit der heiligen Taufe weihen und sich in seine Ketten zurückbegeben, ohne daß die Gefängniswachen es bemerkt hätten. Spätere christliche Überlieferungen assoziierten den westlichsten Turm der Festen auf dem Berg Koressus (Bülbül dağı), aufgrund seiner Nähe zum Ägäischen Meer, mit dieser Taufe.

Das Haus der Mutter Maria

Das Haus der Mutter Maria liegt auf der Spitze des Berges Solimus (Aladağ) und ist in der türkischen Sprache als 'Panaya Kapulu'[1] oder 'Meryemana' bekannt.

Die Schriften geben keinerlei Auskunft über den späteren Lebensabschnitt der Jungfrau. Eine bekannte christliche Überlieferung, die mindestens auf das Konzil von Ephesus (431) zurückgeht, behauptet, daß sie mit dem Apostel Johannes nach Ephesus kam, dort lebte und starb. Es gibt auch keine Informationen darüber, wo Johannes während der unruhigen Zeiten in Palästina zwischen 37 und 48 war, als die Christen nach Antiochia, Phönizien und Zypern flohen. Es ist sehr wahrscheinlich, daß er die Jungfrau während dieser Periode nach Ephesus brachte und hier seine ersten Missionstätigkeiten begann. Die Bibel berichtet, daß Jesus, als er seine Mutter und den Jünger, den er liebte, während der Kreuzigung sah, 'sagte er zu seiner Mutter: Frau, siehe, dein Sohn! Dann sagte er zu dem Jünger: Siehe, deine Mutter! Und von jener Stunde an nahm sie der Jünger zu sich' (Joh 19:26-27).

Eine späte kanonische Überlieferung besagt, daß die Jungfrau in Ephesus im Alter von 63 Jahren starb. Ein sehr wichtiges Beweismaterial ist die Passage von Johannes von Damaskus, geschrieben im achten Jh., die berichtet, daß die Kaiserin Pulcheria, die Schwester Theodosius II., 458 n. Chr. an den Bischof von Jerusalem schrieb und ihn bat, den Körper der Jungfrau in die Hauptstadt zu überführen. Er war aber nicht in der Lage, dies zu tun, denn gemäß einer zuverlässigen Quelle war sie in Gethsemane begraben worden, wo die Apostel das Grab jedoch drei Tage später leer vorfanden. Weil die frühen Schriftsteller, wie Eusebius und Hieronymus, das Grab in Gethsemane nicht erwähnen, könnte diese Geschichte eine Einschiebung in den Text des Johannes von Damaskus sein. Die Jungfrau soll während ihres Aufenthalts in Ephesus das Heilige Land mehrmals besucht haben und als sie krank wurde, bereiteten die Apostel, während ihres letzten Besuchs, auf dem Berg Olive ein Grab für sie vor. Sie erholte sich jedoch und kehrte nach Ephesus zurück.

Obwohl die christliche Überlieferung ab dem fünften Jh. wiederholt, daß die Mutter Maria eine Zeit lang in Ephesus lebte und dort starb, wird ihr genauer Wohnort nie erwähnt. Aufgrund einer Vision der Katharina Emmerick wurde der Standort in der Mitte des neunzehnten Jh. s. entdeckt. Diese behinderte deutsche Frau, die zwölf Jahre lang ihr Bett nicht verlassen hatte und niemals in ihrem Leben auch nur in die Nähe von Ephesus kam, lokalisierte das Haus der Mutter Maria auf einem Berg nahe Ephesus und beschrieb es im Detail.

[1] Ein halb türkischer halb griechischer Name, der 'Tor' oder 'Haus der *Panagia* (der Allheiligen)' bedeutet.

Die im Jahre 1891 organisierte Suche fand ein Gebäude genau an der Stelle, die sie beschrieben hatte. Das Gebäude soll aus dem fünften oder sechsten Jh. stammen, könnte aber auf die Ruinen eines früheren gebaut worden sein. Es handelte sich um einen Platz, wo sich die orthodoxen Griechen der Nachbarschaft und von weiter entfernt lange Zeit traditionsgemäß trafen, um das Entschlafen der Jungfrau zu feiern, die nach ihrer Meinung an diesem Platz starb. Dieser Glaube war über Generationen weitervererbt worden und könnte sehr alt sein. Kurz nach seiner Entdeckung genehmigte der Erzbischof von Smyrna das Feiern der Messe in diesem Gebäude und erklärte es zu einem Pilgerort. Obwohl Katharina Emmerick auch den Standort des Grabes der Jungfrau beschrieben hatte, waren die Bemühungen, es zu suchen vergeblich.

Das Entschlafen. Detail einer Ikone. Neunzehntes Jh. Museum von Sinop. Die Überlieferung berichtet, daß die Mutter Maria im Alter von sechzig (oder zweiundsiebzig) Jahren mit ihrem Sohn zusammen sein wollte. Auf ihren Wunsch wurden auch die Apostel zu ihr gebracht. Hinter der Totenbahre hält Christus ihre Seele in Form eines Säuglings in Windeln. Der Hl. Paulus steht am unteren Ende der Bahre und neben ihm befindet sich Johannes. Hinter dem Kopf der Jungfrau schwingt Petrus ein Weihrauchfaß. Am Boden trennt ein Engel die Hände des Juden Athonios ab, der laut einer apokryphen Geschichte versucht hatte die Bahre umzustürzen.

Die Kirche der Mutter Maria

Diese Kirche ist bekannt als die erste, die der Mutter Maria geweiht wurde. Die früheste Kirche wurde vermutlich in der Mitte des vierten Jh.s. aus den Ruinen einer römischen Basilika, die vermutlich aus der Zeit des Hadrian (117-138) stammte, gebaut. Die Schriften, die besagen, daß in dieser Kirche die ökumenischen Konzile von 431 und 449 n. Chr. stattfanden, wurden durch eine hier gefundene Inschrift aus dem sechsten Jh. bestätigt. Neben der Verdammung der Lehre des Nestorios versicherte das dritte ökumenische Konzil, daß die Jungfrau Maria *Theotokos* die Mutter Gottes war und ihre letzten Lebensjahre in Ephesus verbracht hatte. Die erste Kirche an diesem Ort könnte um 350 gebaut worden sein. Im Osten wurde im fünften Jh. eine sorgfältig gearbeitete Gruppe von Bauten, aus Wohnräumen, einem Bad und einem gewölbten Empfangsraum bestehend, errichtet und diente als Bischofspalast.

Das einzige bedeutende Gebäude, das nach dem Einfall der Perser 614 n. Chr. erbaut wurde, war eine kreuzgewölbte Kirche aus Ziegeln. Sie war nur halb so groß wie das vorhergehende Gebäude. Als sie in Ruinen zerfiel, wurde sie durch eine kleinere Basilika mit Stützpfeilern, die zur Friedhofskirche dieses Stadtviertels wurde, ersetzt. Ära wurde eine neue Kirche erbaut, deren Überreste heute noch erhalten sind. Ihr Eingang befand sich in der Apsis der vorhergehenden Kirche und daher ist sie als 'Doppelkirche' bekannt.

Apsis der Kirche der Mutter Maria in Ephesus. Mitte der byzantinischen Periode.

Die Johannesbasilika

Aus den apokryphen Werken des Hl. Johannes geht hervor, daß Domitian (81-96) nach Johannes sandte, als er von seinen Predigten in Ephesus hörte: 'Er wurde zu Domitian gebracht und gezwungen, Gift zu trinken, das ihm nichts antat; sein Bodensatz tötete jedoch einen Kriminellen, an dem es ausprobiert wurde; Johannes erweckte ihn wieder zum Leben; er erweckte auch ein Mädchen, das von einem unreinen Geist ermordet worden war. Domitian, der sehr beeindruckt war, verbannte ihn nach Patmos'. Nach Domitians Tod wurde Johannes, unter Nerva (96-98), freigelassen. Das Schiff, das er bestieg, erlitt Schiffbruch und der Apostel rettete sich selbst, indem er sich mit einem Stück Korkeiche treiben ließ und so in Milet landete. Von Milet, wo ihm später eine Kirche gewidmet wurde, ging er nach Ephesus. Spätere Überlieferungen behaupten, daß er sein Leben dort verbracht und das vierte Evangelium, das unter seinem Namen bekannt ist, sowie seine Episteln dort geschrieben hätte. Obwohl er anscheinend 'die restlichen Städte' der Region besuchte, wurden lediglich Laodikea und Smyrna namentlich genannt. Er könnte während seines Aufenthalts in Smyrna Polykarp als Bischof bestimmt haben.

Als Johannes bei Jesus sein wollte, bat er seine jungen Gefährten, sein Grab

Das Tor der Burg des Heiligen Johannes. Der Ayasuluk Hügel soll im siebten Jh. von Festen gegen die Sassaniden und Araber umgeben gewesen sein. Das Tor enthielt wiederverwendetes Material aus dem Stadion von Ephesus. Die Stücke, die Reliefe von Achilles enthielten, wie er Hektors Körper hinter seinem Wagen herschleift, sind nicht erhalten geblieben. Der trojanische Held wurde als christlicher Märtyrer angesehen, und das führte zu dem Namen des Eingangs: 'Tor der Verfolgung'.

auszuschaufeln, legte sich selbst hinein und gab seinen Geist auf. Am nächsten Morgen wurden nur seine Sandalen gefunden, und die Erde über dem Grab war durch den Atem des Johannes aufgewühlt worden.

Dies erinnerte sie an Jesu Worte an Petrus (Joh 21:22-23): 'Wenn ich will, daß er bis zu meinem Kommen bleibt, was geht das dich an? Du aber folge mir nach! Da verbreitete sich unter den Brüdern die Meinung: jener Jünger stirbt nicht'. Somit entstand die Legende, daß er nicht gestorben war, sondern hier schlief. Eine spätere Überlieferung fügte hinzu, daß ein Staub, der *manna* genannt wurde, aus dem Grab emporstieg und dazu benutzt wurde, Krankheiten zu heilen.

Das Jahr, in dem der erste Schrein über dem Grab des Johannes errichtet wurde, ist nicht bekannt. Der Ayasuluk Hügel, wo er beerdigt wurde, wurde bereits als römischer Friedhof benutzt. Der Schrein auf dem öden Hügel wurde zur Zeit des Konstantin im Andenken dem Johannes geweiht. Im frühen fünften Jh. wurde er durch eine kreuzförmige basilikale Kirche und letztendlich im frühen sechsten Jh.

Johannes im Tempel der Artemis, wie aus der französischen Inschrift hervorgeht. Buchmalerei. Französisches Manuskript aus dem dreizehnten Jh. The Trinity College. Cambridge. Das Bild stellt die Geschichte aus den apokryphen Werken des Johannes dar, in der der Apostel in den Tempel der Artemis geht und die Priester herausfordert. Nach seiner Predigt 'zerfiel der Altar der Artemis in viele Teile' und die Hälfte des Tempels brach zusammen und begrub die Priester unter seinen Balken. Die Menschen, die das Christentum annahmen, zerstörte die andere Hälfte.

148

durch eine großartige, gewölbte Basilika ersetzt, die, auf einem kreuzförmigen Plan beruhend, von Justinian gebaut wurde. Prokopius sagt, daß sie 'ähnlich und in jeder Weise mit dem Tempel der Apostel in der königlichen Stadt vergleichbar' war und bezieht sich dabei auf die Kirche der heiligen Apostel in Konstantinopel.

Es ist möglich, daß ihr Bau vor der Herrschaft des Justinian dem Großen (527-565) begonnen wurde und der Kaiser lediglich das Hauptschiff spendete, wo die Säulen sein und Theodoras Monogramm tragen. Die Vollendung des Baus mag wohl über 35 Jahre gedauert haben. Die Forschung hat enthüllt, daß nicht nur Material aus dem Artemis-Tempel des vierten Jh. s. v. Chr., sondern auch Stücke des hellenistischen Apollon-Tempels in Claros zu ihrem Bau verwendet wurden. Ihr beeindruckendstes Merkmal war die massive Apsis, die durch die östlichen Stützpfeilern der Kreuzung mit einem aufsteigenden Halbkreis von Sitzen, dem *Synthronon*, verbunden war. Durch die Konstruktion eines Aquädukts, das Wasser auf den Hügel bringen sollte, wurde die Kirche zum Mittelpunkt einer angesiedelten Gemeinschaft.

Ruinen der Johannesbasilika, nach Westen Richtung Selçuk blickend. Rechts befindet sich der Platz des Altars und der Krypta, die das Grab des Johannes enthalten haben soll.

Die Grotte der Siebenschläfer

Eine Höhle nördlich des Berges Pion ist traditionsgemäß als die Grotte sieben junger Männer bekannt, die sich vor den Verfolgungen unter Decius (249-251) in sie geflüchtet hatten. Der Kaiser hatte angeordnet, daß alle Bürger den Göttern zu opfern haben und in Folge eine Bescheinigung darüber erhalten würden. Die sieben Burschen, namens Maxianus, Malchus, Martianus, Konstantin, Dionysius, Johannes und Serapion, weigerten sich und wurden vor den Kaiser gebracht. Letzterer gab den Burschen bis zu seiner Rückkehr von Ephesus Zeit, ihren Glauben zu verwerfen und seinen Befehlen zu gehorchen. Nach seiner Rückkehr erfuhr er, daß die jungen Männer nun in einer Höhle leben und schlafen würden. Er befahl, die Höhle zuzumauern, sodaß sie vor Hunger und Durst sterben würden. Die Burschen schliefen ungefähr 200 Jahre, bis sie 448 aufwachten, als ein Erdbeben die Mauer vor dem Eingang zerstörte, und sie sandten einen aus, um Brot zu kaufen. Dieser wurde jedoch eingesperrt und vor den Statthalter gebracht, da er versucht hatte, mit einer alten Münze zu bezahlen. Da er annahm, daß die Münze aus einem Schatz stammte, ging der Statthalter mit dem Bischof zu der besagten Höhle, wo sie ein versiegeltes Dokument fanden, das erklärte, wie die sieben Burschen gemartert worden waren.

Als Kaiser Theodosius II. die Neuigkeiten vernahm, reiste er nach Ephesus. Er packte einen der Männer und sagte: 'Dich zu sehen ist als ob ich sähe, wie der Herr Lazarus zum Leben erweckte'. Maximianus antwortete ihm: 'Glaube uns, es geschieht zu deinem Heil, daß Gott uns am Tage vor der großen Wiederauferstehung zum Leben erweckte, so daß du ohne den geringsten Zweifel an die Auferstehung vom Tod glauben wirst. Wir sind wahrlich auferstanden und am Leben'. Die Burschen priesen darauf hin Gott, beugten ihr Häupter und starben. In dieser Nacht erschienen sie dem Kaiser und sagten, daß sie bis dahin 'in der Erde gelegen waren und aus der Erde auferstanden, um von ihm in die Erde zurückgelegt zu werden, von wo der Herr sie wieder auferstehen ließe. Theodosius befahl, die Grotte mit vergoldeten Steinen zu verzieren und erließ, daß alle Bischöfe, die sich zum Glauben an die Auferstehung bekannten, freigesprochen werden sollten'.

Die Geschichte soll im Zusammenhang mit der Kontroverse über die Auferstehung des Körpers dem Christentum angepasst worden sein. Die Höhle, wo sie geschlafen hatten und begraben wurden, wurde zu einem Schrein, der Pilger anzog. Er wurde mit einer Kapelle und zahlreichen Grabanlagen geschmückt. Die Burschen wurden heilig gesprochen.

Die Siebenschläfer. Buchmalerei, spätes sechzehntes Jh. *Zübdetü't Tevarih*, 'Die legendäre Chronik des Lebens der Propheten'. Museum für türkische und islamische Kunst. İstanbul. Die Geschichte wird auch im Koran erzählt und ihr Inhalt folgt generell der christlichen Überlieferungen. Die wichtigste Erweiterung der islamischen Version ist die Erwähnung eines Hundes, der den jungen Männer folgt und der ihnen, als sie ihn fortjagen wollen, in der Sprache der Menschen erklärt, daß auch er ein Gottesgläubiger ist. Die moslemische Überlieferung, die besagt, daß die Geschichte in der griechischen Stadt 'Efes', die nach der moslemischen Eroberung 'Tarsus' genannt wurde, handelte, endet in der Schaffung einer weiteren Grotte der Siebenschläfer ('Ashabikehf'), mehr als 15 km nordwestlich der Stadt. Eine dritte Grotte der Siebenschläfer liegt in der Nähe von Kahramanmaraş.

ASSOS

Die Stadt wird nur einmal in der Bibel erwähnt. In der Apostelgeschichte (20:13) berichtet Lukas, daß Paulus am Ende seiner dritten Missionsreise in Alexandria Troas nicht an Bord des Schiffes ging, sondern es vorzog, die mehr als 50 Kilometer nach Assos zu Fuß zu gehen, wo er sich den anderen wiederanschließen würde. Der Grund für diese kurze Absonderung des Apostels wird nicht erwähnt. Er könnte gewünscht haben, seine Gedanken zu ordnen und sich auf seine letztes Ziel, Rom, zu konzentrieren. Von Assos segelten sie, mit Pausen in Lesbos und Samos, nach Milet.

Strabo berichtet, daß sich die Tjekker nach dem trojanischen Krieg in Hamaxitus, der Heimat des Smintheus, dem Gott der Mäuse und Krankheiten, niederließen. Hamaxitus liegt in der Nähe von Assos, wo noch heute die Ruinen des hellenistischen Tempels des Apollon Smintheon stehen. Die Tjekker waren eine Gruppe der Seevölker, die gemeinsam mit den Philistern nach Kanaan kamen und sich dort ansiedelten. Sie könnten den Mäusekult nach Kanaan gebracht haben. In 1 Samuel (6:4) entschieden die Philister, die unter Pestbeulen und Mäusen litten, da sie die Bundeslade hatten, letztere zurückzugeben. Das Sühnegeschenk, das sie mitsandten, bestand aus fünf goldenen Beulen und fünf goldenen Mäusen. Jesaja (66:17) erwähnt in seinen Prophezeiungen, daß der Gott Israels die zerstören wird, 'die Schweinefleisch, Würmer und Mäuse verzehren'.

Aristoteles hielt sich zwischen 347 und 344 v. Chr. als Gast ihres Tyrannen in der Stadt auf und schrieb seine *Philosophischen Schriften*. Eine interessante Bemerkung, die sich auf den Aufenthalt des Philosophen bezieht, stammt aus dem Essay *Im Schlaf* von Clearchus von Soli (Zypern), der zwei Jahrzehnte nach seinem Meister schrieb. Sei es erfunden oder wahr, in diesem Aufsatz trifft Aristoteles einen jüdischen Weisen in Assos und unterhält sich mit ihm. Zu dieser Zeit waren nach Ansicht der frühen griechischen Philosophen und Historiker die Juden priesterliche Weise, die nur aus dem Osten kommen konnten. Die Geschichte könnte durch die Existenz von Juden in dieser Gegend inspiriert worden sein, z.B. die Verbannten in Sefarad (Sardes) (Obd 20).

TROGYLLIUM

Während der dritten Missionsreise des Paulus hielt das Schiff, das ihn und seine Gefährten auf ihrem Weg von Samos nach Milet beförderte, in Trogyllium an (Apg 20:15). An dieser Stelle betrug der Abstand zwischen Samos und dem Vorgebirge, das aus dem anatolischen Festland hervorragte, nur etwa einen Kilometer. Antike Karten zeigen Trogyllium an verschiedenen Stellen des Vorgebirges. Auf einigen Karten bezeichnet der Name das Vorgebirge selbst. Spätere Pilger benannten einen Ankerplatz an der südlichen Küste den 'Hafen des Paulus'.

Inschrift aus der Westmauer des Theaters in Milet, die auf die Engelsverehrung hinweist. Drittes Jh. n. Chr. oder früher. Die identische griechische Inschrift auf jeder Tafel bedeutet: 'Erzengel, beschütze die Stadt Milet und die, die in ihr leben'. Es wird auch ein durch ein mysteriöses Symbol angedeuteter Planet angefleht, ohne daß der Name des Erzengels erwähnt würde. Die einzelne Zeile unter den Tafeln wiederholt denselben Spruch. Die allgemeine sumerische Klassifikation der sieben Planeten bestand aus: Sonne, Saturn, Mond, Mars, Venus, Merkur und Jupiter, die in der antiken hebräischen Astrologie durch die Engel Uriel, Raphael, Raguel, Michael, Suriel, Gabriel und Jerachmiel symbolisiert werden.

MILET

In der Apostelgeschichte (20) besuchte Paulus auf seiner dritten Missionsreise, auf dem Weg von Alexandria Troas nach Jerusalem, Milet. Er rief die Ältesten von Ephesus nach Milet und predigt ihnen: Er erzählte seinen Zuhörern in seiner Abschiedsrede, was ihn bei seiner Rückkehr erwarten würde: 'Nun aber weiß ich, daß ihr mich nicht mehr von Angesicht sehen werdet' (Apg 20:25). Obwohl es nicht erwähnt wird, besuchte Paulus während seines langen Aufenthalts in Ephesus vermutlich die Stadt, oder die Christen von Milet hörten seine Predigten in Ephesus. Auf jeden Fall wird angenommen, daß Paulus den Christen von Milet keine unbekannte Persönlichkeit war.

Die apokryphen Werke des Johannes berichten, daß das Schiff, auf dem der Apostel sich nach seiner Freilassung in Patmos eingeschifft hatte, Schiffbruch erlitt, und er auf einem Stück Korkeiche dahintreibend, Milet erreichte, wo ihm zu Ehren eine Kirche errichtet wurde. Von hier aus ging er nach Ephesus.

Eine Inschrift, die in einem Steinblock der Westmauer des Theaters eingemeißelt ist, zeigt, daß die Engelsverehrung, wegen der die Christen von Kolossae von Paulus gerügt wurden (S. 161), auch in dieser Stadt praktiziert wurde. Die Anbringung

der Inschrift an dieser bestimmten Stelle bedurfte sicherlich einer Genehmigung durch die Obrigkeiten und zeigt den hohen sozialen Status, den die Juden in der Stadt hatten. Ein weiterer Beleg für die Existenz einer jüdischen Gemeinde in Milet wurde im antiken Theater gefunden. Obwohl aus der späteren römischen Periode stammend, lautet eine Inschrift, die in griechischer Sprache auf einer Sitzreihe angebracht wurde: 'Der Platz der Juden, die auch Gottesverehrer waren'. Wie auch immer die Gelehrten diesen Satz auslegen mögen, er beweist, daß die Juden in Milet soziale Unterhaltung nicht mieden, sondern sogar ein Privileg besaßen, denn die vorderen Sitze (fünf Reihen) waren für sie reserviert. Dies war sicherlich das Resultat ihres hohen, offiziellen Ansehens bei der Bevölkerung.

Das berühmte Orakel von Milet könnte im dritten Jh. n. Chr. noch aktiv gewesen sein, denn die frühe christliche Literatur weist darauf hin, daß bei einem feierliches Opfer, das Diokletian und Galerius gespendet hatten, die Auguren behaupteten, nicht die üblichen Zeichen auf den Lebern der Opfertiere feststellen zu können, da einige anwesende Christen sich bekreuzigt hatten. Diokletian befragte das Orakel des Apollon von Milet. Der Gott antwortete, daß die falschen Orakel durch die Christen verursacht worden waren. In Folge wurde 303 die christliche Kathedrale gegenüber dem kaiserlichen Palast in Nikomedia (Izmit) niedergerissen und am nächsten Tag wurde eine Edikt veröffentlicht, das erklärte, daß alle Kirchen zerstört, alle Bibeln sowie liturgischen Gegenstände konfisziert und alle Versammlungen zum Zwecke der Göttererehrung verboten würden. Einige Monate später erklärte ein zweites Edikt, daß der Klerus verhaftet würde, doch die Gefängnisse könnten nicht alle aufnehmen und im Herbst würde ein Amnestie erlassen, jedoch unter der Bedingung der Opferung an heidnische Götter.

Als Ezechiel (27:17) über die Handelsbeziehungen von Tyrus mit Israel schreibt, berichtet er, daß Israel unter anderem mit Weizen (aus 'Minnith') handelte. Es wurde behauptet, daß Weizen aus Milet gemeint gewesen sei.

Milet ist die Heimat von Isidorus, einem der beiden Architekten, die die Hagia Sophia (532-537 n. Chr.) errichteten.

Marmorsitzreihe im Theater von Milet mit der Inschrift: 'Der Platz der Juden, die auch Gottesverehrer waren'. Späte römische Periode.

PATARA

Als die Zeit zur Abfahrt gekommen war, trennten wir uns von ihnen, fuhren auf dem kürzesten Weg nach Kos, am anderen Tag nach Rhodos und von dort nach Patara (Apg 21:1).

Die ist die einzige Stelle, an der Patara erwähnt wird. Nachdem er in Milet gepredigt hatte, nahm der Hl. Paulus am Ende seiner dritten Missionsreise ein

Schiff und reiste über Kos und Rhodos nach Patara. Hier fanden der Apostel und seine Gefährten ein Schiff mit dem Bestimmungshafen Tyrus und segelten weiter.

Es gibt nur wenig Informationen über den Beginn des Christentums in dieser Region. Die Existenz größerer und kleinerer jüdischer Gemeinden wird durch den Brief, den der römische Konsul in der Mitte des zweiten Jh. s. v. Chr. an die Städte unter ptolemäischer Kontrolle sandte, belegt. In diesem Brief, der an Adressaten wie Myndos, Karien, Pamphylien, Lykien, Halikarnassus, Phaselis, Side und Knidos ging, informierte sie Rom über die Erneuerung der freundschaftlichen Allianz durch die Juden und daß Rom beschlossen hatte, 'Könige und Länder schriftlich anzuweisen, nichts gegen die Juden zu unternehmen, gegen sie, ihre Städte und ihr Land keinen Krieg zu führen und ihre Gegner nicht zu unterstützen' (1 Mak 15:19-24).

Neben seinen Nutzholzwäldern und geschützten Häfen hatte Lykien seiner Bevölkerung nicht viel zu bieten und das städtische Leben konzentrierte sich auf Siedlungen, wie Patara, die einen guten Hafen hatten. Sie war jedoch auf den Seehandelsverkehr zwischen der Levante und der Ägäis angewiesen. Aufgrund der Beliebtheit des Transports zu Wasser gewannen diese Häfen in den Augen Roms an Wichtigkeit, wie die riesige Kornkammer, die einige Zeit nach Paulus' Besuch in der Stadt errichtet wurde, beweist.

MYRA

Im Jahre 60 n. Chr. wechselte Paulus, auf seinem Weg nach Rom, in Andriake, dem Hafen der Stadt Myra (Apg 27:5-6), das Schiff. Zu der Zeit, als das Schiff, auf dem sich Paulus befand, in den Hafen segelte, lag Myra noch auf der Spitze des abschüssigen Hügels einige Kilometer im Landesinneren, der sich heute hinter dem Theater erhebt. Doch schon damals begann sich die Stadt in die Ebene an seinem Fuße auszubreiten. Die Stadt liegt heute verschüttet und wurde niemals ausgegraben. Einige Spuren eines antiken gepflasterten Weges haben überlebt. Auf der Spitze ist so gut wie nichts erhalten geblieben.

Der Hafen wurde an der Mündung des Flusses Androkus angelegt. Hier fand der Zenturio ein Getreideschiff, das von Alexandria kam und nach Italien fuhr und so wechselten sie hier das Schiff.

In den apokryphen Werken des Paulus kommt der Apostel auch nach Myra, bevor er nach Sidon geht. Hier vollbringt er einige Wunder und trifft Thekla, die ihm aus Antiochia[1] nachgereist war.

---

[1] Es wird nicht erwähnt, um welches Antiochia es sich handelt.

Der Hl. Nikolaus. Neunzehntes Jh. Museum von Sinop.

Um 300 griff Methodios, ein lykischer Bischof, die vergeistigte Lehre der Wiederauferstehung des Origenes an. Er soll in den letzten Jahren der Verfolgungen durch Diokletian gemartert worden sein.

Der Heilige Nikolaus

Am westlichen Ende des Dorfes Demre steht die Kirche des Hl. Nikolaus. Er ist der Schutzheilige von Griechenland und Rußland sowie der Kinder, Seefahrer, Händler und Gelehrten. Er wird noch heute von zu Unrecht Eingesperrten, von Reisenden zum Schutz vor Dieben und von in Seenot Geratenen angerufen.

Nikolaus, der später als Bischof von Myra Ruhm erlangte, wurde um 300 n. Chr. in der nahe gelegenen Stadt Patara geboren. Er ist einer der beliebtesten Schutzheiligen der griechischen und römischen Kirche. Über sein Leben ist nicht viel bekannt. Laut Eudemus von Patara wurde er während der Verfolgungen eingesperrt und später freigelassen. Er nahm am ersten Konzil von Nicäa (325) teil, wo er die Orthodoxie verteidigte und auf die Nase des Arius einschlug, sodaß dessen Knochen knirschten. Sein Name war jedoch nicht auf der Liste der ersten Teilnehmer. Er soll am Freitag und an Fastentagen die Mutterbrust verweigert haben. Als er erwachsen wurde, verteilte er sein Erbe unter den Armen. Der bekannteste Akt seiner Großzügigkeit war die Rettung dreier Schwestern, die er mit Aussteuern versorgte, da sie ansonsten der Prostitution verfallen wären. Sein Symbol sind gelegentlich drei Goldsäcke. Sein heimliches Ausleeren der Goldsäcke bestätigt die Lehre des Matthäus (6:1-4) über das Almosengeben und führte zur heimlichen Beschenkung der Kinder im Dezember.

In der Geschichte der gepökelten Kinder entdeckte er, daß ein Gastwirt Kinder stahl, tötete, in Stücke schnitt und in einem Faß in Salz einlegte, um sie zu verkaufen. Er erweckte die Kinder wieder zum Leben. Auf bildlichen Darstellungen wird er manchmal mit drei Kindern in einem Faß dargestellt. Dem Hl. Georg wird ein ähnliches Wunder zugeschrieben.

Eines seiner Merkmale ist ein Anker, denn er ist der Schutzpatron der Seefahrer, die er vor dem Sturm beschützt. Als er starb, wurde er in der Kirche begraben, in der er gewirkt hatte. Im Jahre 1087 wurde sein Sarkophag aufgebrochen und einige seiner Überreste sollen nach Bari in Italien gebracht worden sein. Latinische Soldaten des ersten Kreuzzuges und eine russische Geschichte berichten von einem ähnlichen Fortschaffen der Knochen.

KNIDOS

Knidos war das letzte Stück Festland, das in Zusammenhang mit Paulus' Reise von Caesarea nach Rom erwähnt wurde. Er wurde in Andriake, dem Hafen Myras, auf ein Schiff aus Alexandria gesetzt, das der Küste entlang nach Knidos segelte. Aufgrund des Gegenwindes dauerte es mehrere Tage, bis sie Knidos erreichten. Das anhaltend rauhe Wetter, das sich zusehends verschlimmerte, hielt sie davon ab, dort vor Anker zu gehen (Apg 27:7).

Die Karier schienen, wie ihre lykischen Nachbarn, seit ihrer frühen Geschichte von der See abhängig gewesen zu sein. In der späten Bronzezeit machten sie wahrscheinlich einen Teil der Seevölker aus. Es wird behauptet, daß die Philister, die als Peleter erwähnt werden und in König Davids Armee dienten (2 Sam 15:18), Karier gewesen seien. In 2 Könige 11 gehören die 'Hundertschaftsführer der Karer' und 'die Karer' zu denen, die den siebenjährigen Joasch, den Sohn des Königs Ahasja, auf den Thron setzten, indem sie die Mutter des Königs töteten.

ADRAMYTTIUM

Adramyttium (Edremit) ist eine kleine Küstenstadt in der Ägäis. Sie wird unter jenen Städten aufgeführt, die Gold für den Tempel in Jerusalem sammelten, obwohl ihr Anteil sehr gering war, was sich aus einer eingeschränkten jüdischen Bevölkerungszahl im Jahre 62 schließen läßt, als die Stadt Zentrum der Gerichtssitzungen war. Sie wird in der Bibel nur einmal, und zwar als Bestimmungsort des Schiffes erwähnt, das der Hl. Paulus als Gefangener in Caesarea auf seiner Reise nach Rom bestieg, wo er gemartert werden sollte. In der Apostelgeschichte (27:1) weist Lukas darauf hin, daß Paulus, unter der Aufsicht des Zenturio Julius, gemeinsam mit anderen Gefangenen ein Schiff bestieg, das aus Adramyttium gekommen war und dorthin zurückfuhr. Nach einem Halt im phönizischen Hafen von Sidon, wo es Paulus erlaubt war, seine Freunde zu sehen, segelte das Schiff gegen Norden in Richtung anatolischer Halbinsel und entlang der kilikischen und pamphylischen Küste bis nach Myra in Lykien. Die ursprüngliche Absicht des Zenturio war es vermutlich, Adrymittium zu erreichen und nach Makedonien zu kreuzen, von wo er über Philippi auf der Via Egnatia, die von Byzanz nach Brundisium an der Adria verlief, weitergezogen wäre.

HIERAPOLIS

Darum soll euch niemand verurteilen wegen Speise und Trank oder wegen eines Festes, ob Neumond oder Sabbat (Kol 2:16).

Obwohl die Bibel zwischen dem Apostel Philippus (Apg 1:13), einer der Zwölf und Philippus, einem der sieben Diakone (Apg 6:5) unterscheidet, scheint die spätere christliche Überlieferung sie als eine Person angesehen zu haben.

Johannes (1:43) berichtet, daß Philippus aus Betsaida in Galiläa kam. Er wird mehrere Male als jener erwähnt, an den sich einige Griechen wandten, als sie Jesus sehen wollten (Joh 12:20-22). Beim letzten Abendmahl sprach Jesus: 'Wenn ihr mich erkannt habt, werdet ihr auch meinen Vater erkennen'. Und es war Philippus, der darauf hin fragte: 'Herr, zeig uns den Vater; das genügt uns' (Joh 14:7-9). Hier findet die biblische Information über Philippus ein Ende. In späteren Überlieferungen predigt er das Evangelium in Phrygien in Begleitung seiner beiden jungfräulichen Töchter und stirbt in Hierapolis, ohne daß ein Martyrium erwähnt wird.

Die apokryphen Werke des Paulus erwähnen, daß Philippus in die Stadt Hierapolis Ophioryme (Schlangenstraße) kam, wo vermutlich der gnostische Kult der Ophiten, die die Eucharistie mit Schlangen zelebrierten, betrieben wurde. Diese sonderbare Irrlehre behauptete, daß die Schlange im Garten Eden nicht der Feind des Mannes war, sondern ihm die Gelegenheit gab, sich vom Teufel zu befreien, indem sie ihn dazu verführte, vom Baum der Weisheit zu kosten. Hier kämpfte er gegen den Drachen, bekehrte viele Menschen und wurde mit seinen Töchtern gemartert. Auf seinem Grab wurde eine Kirche errichtet.

Der andere Philippus wird in der Apostelgeschichte (21:8) auch als 'Evangelist' und als 'einer von den Sieben' bezeichnet, bei dem Paulus nach seiner Rückkehr von seiner dritten Reise in Caesarea blieb. Die Bibel berichtet über ihn, daß er Samaria evangelisierte und 'vier Töchter, prophetisch begabte Jungfrauen', hatte.

Jüngere Ausgrabungen brachten die Ruinen einer Anzahl von Kirchen ans Licht, die die Heiligkeit der Stadt, während der christlichen Ära, belegen. Polykrates von Ephesus berichtete, daß der Apostel Philippus seinen letzten Lebensabschnitt in dieser Stadt verbracht hatte und daß eine Inschrift auf eine Kirche hinweist, die zu Ehren des Philippus erbaut wurde: 'Eugenius der Letzte, Erzdiakon, der für (die Kirche des) (den) heiligen und glorreichen Apostel und Theologen Philippus verantwortlich war'. Es wurde behauptet, daß sich die Inschrift auf die große Basilika im älteren Viertel der Nekropolis im Westen bezog und daß sie an der vermeintlichen Stelle seiner Grabesstätte erbaut worden war. Ein zweite Standort-Alternative für

(gegenüber) Ruinen des sogenannten Martyriums des Hl. Philippus in Hierapolis, nach Süden blickend. Im Hintergrund befindet sich der Berg Salbakus (Baba dağı, 2308 m).

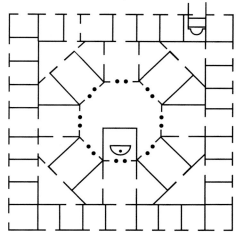

Plan des Martyriums des Hl. Philippus, nach Süden blickend (nach G. Bean).

HIERAPOLIS

Philippus' Martyrium ist der achteckige Schrein außerhalb der Stadtmauern.

Dieser war vermutlich im fünften Jh. errichtet, irgendwann im sechsten Jh. durch ein Feuer zerstört und niemals wieder aufgebaut worden. Es wurde jedoch eine kleine Kapelle an der Westseite des Schreins errichtet. Sie bestand aus einer zentralen, achteckigen Kammer, die ein *Synthroton*, halbkreisförmige Sitzreihen, für den Klerus hatte und von rechteckigen Räumen umgeben wurde. Letztere sollen für Pilger, die von fernen Ländern kamen, bestimmt gewesen sein.

Inschriften deuten auf das 'Volk der Juden', die Siedlungen der Juden, die in Hierapolis wohnten, und die 'Archive der Juden' hin. Im späten zweiten und frühen dritten Jh. n. Chr. hatten Frau und Kinder eines Publius Aelius Glykon in den Inschriften auf seinem Grab, das er selbst vorbereitet hatte, angewiesen, daß der Sarkophag jährlich zum Fest des ungesäuerten Brotes geschmückt werden sollte. Zu diesem Zweck hinterließ er dem ehrwürdigen Präsidenten der Gilde Purpurfärber eine beträchtliche Summe, sodaß die Zinsen für Kränze verwendet werden konnten. Er vermachte auch der Gilde der Teppichweber Geld, damit das Grab am Passahfest ähnlich geschmückt werden konnte. Der Besitzer des Grabes war ein Jude, der offensichtlich der heidnischen Tradition folgte. Im Laufe der Zeit wurden Juden von der christlichen Kirche aufgenommen im Talmud so kommentiert wird: 'Der Wein von Perugitha (Phrygien) und die Wasser von Diomsith schnitten die Juden von den Zehn Stämmen ab. Rabbi Eleazar ben Arak besuchte die Stätte. Er wurde von ihnen angezogen und sein Wissen verschwand'. Als der Rabbi jedoch nach Israel zurückkehrte, konnte er kein Hebräisch mehr lesen und nicht mehr richtig schreiben.

Mit einem Christogramm dekorierter Keilstein in der sogenannten Kirche des Hl. Philippus in der Nekropole von Hierapolis.

Hauptsstraße von Hierapolis. Das Domitian-Tor.

KOLOSSAE

In seinem Brief an die Kolosser, den Paulus in Rom oder Ephesus schrieb, berichtet er, daß die Bewohner der Stadt die göttliche Gnade durch den Jünger Epaphras, der ein Kolosser war, kennenlernten (Kol 1:7; 4:12 Phlm 23). Epaphras trug die christliche Botschaft auch in zwei andere Städte des Lykos-Tals, Laodikea (Eskihisar) und Hierapolis (Kol 4:12).

Die besondere Form der Ketzerei, die in Paulus' Brief an die Kolosser erwähnt wird, wird durch eine Inschrift aus der frühen christlichen Periode an der Mauer des Theaters in Milet (S.153) bestätigt. Diese schien aus einer Mischung aus Judaismus, Engelskult und Asketik bestanden zu haben. Der Apostel erwähnt Vorschriften bezüglich der Ernährung und Festtagen, die sich aus den jüdischen Zeremonien ableiten (Kol 2:16), Hinweise auf Engelsmächte, die mit himmlischen Gewalten identifiziert wurden (Kol 1:16; 2:15,18), und eine Form der Irrlehre, die 'Gnostizismus'[1] genannt wurde.

Paulus' Brief (Phlm 10-22) an Philemon bezieht sich auf einen Kolosser namens Onesimus: Er war ein Sklave, der seinem Herrn davonlief, da er vermutlich gestohlen hatte. Onesimus wurde von Paulus bekehrt und zu seinem alten Meister zurückgeschickt, jedoch nicht nur als Sklave, sondern auch als christlicher Bruder. Paulus zeigt seine Absicht, Onesimus nachzureisen, mit den Worten: 'Bereite zugleich eine Unterkunft für mich vor!'

Die byzantinischen Listen erwähnen den Bischof regelmäßig als aus Chonai und nicht aus Kolossae stammend. Die kaum erkennbaren Ruinen der Kirche des Hl. Michaels befinden sich an der Nordseite des Flusses, wo auch die Nekropolis liegt. Die Stadt war als Chonai (Honaz) bekannt und lag im Randgebiet des Berges Kadmus (Honaz dağı, 2.570 m). Laut Überlieferung vereinten die Heiden

---

[1] Griechisch *Gnosis* oder 'Wissen'. Ein allgemeiner Begriff, der sich auf die religionsphilosophischen Richtungen bezieht, die nach der Erkenntnis Gottes streben. Zwischen 80 und 150 n. Chr. gab es mehr als sechzig solcher Sekten.

das Wasser zweier Flüsse und lenkten sie auf die Kirche zu, um diese zu zerstören. Der Erzengel Michael erschien und rettete seine Kirche, indem er mit seinem Stab den Felsen spaltete, auf dem die Kirche stand. Denn es entstand ein Tunnel oder 'Trichter'[2] im Felsen, durch den das umgeleitete Wasser floß.

Neben der antiken Literatur belegen die erhaltenen Inschriften, daß der Engelskult eine Form des anatolischen Christentums war. Damit verbunden war die Verehrung des Erzengels.

Chonai war als der Geburtsort des berühmten Staatsmanns und Historikers Nicetas Choniates (1150-1215) bekannt. Er wurde durch sein Werk *Historia* berühmt, in dem er eine detaillierte und bewegende Beschreibung der Eroberung Konstantinopels (1204) durch die latinischen Soldaten des vierten Kreuzzugs gibt.

[2] Griechisch *chone* oder 'Trichter'.

Der Hl. Michael von Chonai. Wandmalerei, Mitte des elften Jh.s. Karanlık (Dunkle) Kirche. Freilichtmuseum von Göreme. Kappadokien.

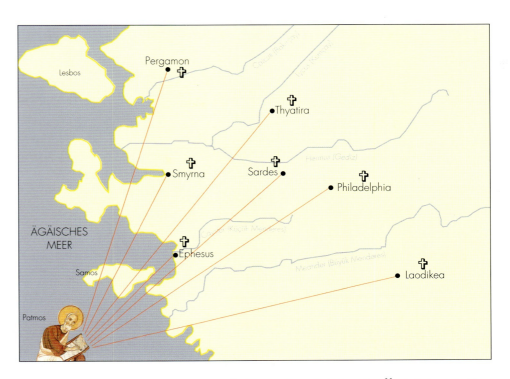

Karte der Sieben Gemeinden der Offenbarung.

DER HL. JOHANNES UND DIE STÄDTE DER SIEBEN GEMEINDEN DER OFFENBARUNG

Während die christlichen Gelehrten, die ihre Studien auf Syntax und Grammatik stützten, noch immer die Anzahl jener diskutieren, die daran beteiligt waren, identifiziert die christliche Überlieferung das vierte Evangelium, das Johannes-Evangelium und die Offenbarung mit einer einzigen Person, dem Johannes. Johannes trägt die Beinamen 'Apostel', 'Geistlicher', 'Theologe' oder 'Evangelist'. Er wird auch als 'der Jünger, den Jesus liebte' (Joh 19:26; 21:20), bezeichnet. Er war ein galiläischer Fischer und der Sohn des Zebedee.

Er wurde unter der Herrschaft des römischen Kaisers Domitian (81-96) nach Patmos verbannt. Die apokryphen Schriften des Johannes berichten, daß der Kaiser Domitian 'von Johannes Predigten in Ephesus hörte und nach ihm sandte'. Der Apostel mußte vor den Augen des Kaisers Gift trinken, was ihm jedoch nichts antat. Er erweckte auch einen Verbrecher zum Leben, der durch das Gift getötet worden war. Tief beeindruckt verbannte Domitian ihn nach Patmos. Auf Patmos empfing er die

Offenbarung, die im Buch der Offenbarung oder der Apokalypse (vom griechischen Wort für 'unverhüllt' oder 'offenbart') aufgezeichnet wurde.

Die Offenbarung fällt in die beliebte Kategorie der Schriften zwischen 200 v. Chr. und 100 n. Chr., die die Ereignisse offenbaren, die das Ende der Welt verkündigen werden und bieten jenen Trost, die an ihrem Glauben, trotz Verfolgung, festhalten, indem sie ihnen den ewigen Segen am Ende der Zeit versprechen. Die Offenbarung wurde zu einer Zeit geschrieben, als die apostolische Missionswelle zu Ende ging und die Christen, die des Wartens auf das zweite Kommen müde geworden waren, abtrünnig wurden. Die Briefe an die 'Sieben Gemeinden Kleinasiens', Ephesus, Smyrna, Pergamon, Thyatira, Sardes, Philadelphia und Laodikea (am Lykos), bilden den Beginn des Buches. Sieben wurde als die perfekte Anzahl gewählt, die sehr häufig in der biblischen Literatur vorkommt. Die Auswahl der Städte könnte willkürlich gewesen sein, denn es wurde behauptet, daß die Kirche von Thyatira zu dieser Zeit noch gar nicht gegründet worden war. Doch der Apostel schrieb ihr mit prophezeiendem Geist. Zu dieser Zeit bestanden bereits andere frühe Gemeinden in der Region, wie Milet oder Kolossae. Seine sieben Engel oder Bischöfe zu diesem frühen Datum zeigen, daß jede dieser Gemeinden um einen Bischof organisiert war.

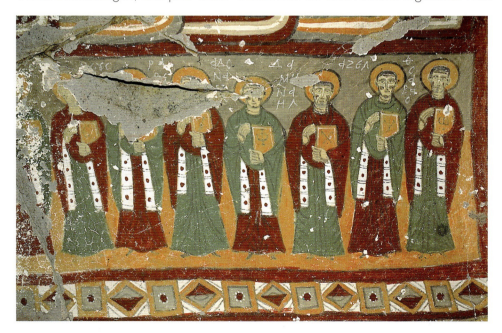

Einige der vierundzwanzig Ältesten aus der Vision der Huldigung vor dem Thron Gottes des Apostel Johannes (Off 4). Wandmalerei. Ende des neunten Jh.s. Yılanlı (Schlangen-) Kirche. Peristrema (Ihlara) Tal. Kappadokien.

SMYRNA

In den apokryphen Werken des Johannes sandten die Menschen aus Smyrna (Izmir), die von seinem Wirken in Ephesus gehört hatten, dem Apostel eine Botschaft. Sie besagte, daß falls der Gott, den er predigte, nicht mißgünstig wäre und ihn nicht mit Voreingenommenheit belastet hätte, so solle er nicht nur auf einem Platz verweilen, sondern in ihre Stadt kommen, sodaß sie seinen Gott kennenlernen könnten. Die überlieferte Ernennung von Polykarp zum Bischof könnte während dieses Besuchs stattgefunden haben. Die Worte des Polykarps in seinem Brief an Philippi in Makedonien, 'zu der Zeit, bevor wir selbst unser Wissen über Ihn erhalten hatten', zeigen, daß die Evangelisierung Smyrnas später stattfand als die Philippis oder anderer Regionen.

Smyrna ist der Adressat einer der Briefe, die Johannes auf Patmos an die Sieben Gemeinden Kleinasiens schrieb. In diesem Brief bezieht sich der Apostel auf die Verschmähung durch solche, 'die sich als Juden ausgeben', die aber nur 'eine Synagoge des Satans' (Offb 2:9) sind. Ignatius besuchte Smyrna, als er von Antiochia am Orontes nach Rom gebracht wurde und er schrieb der Stadt aus Alexandria Troas oder später während seiner Reise einen Brief. In seinem Brief bringt er seine Dankbarkeit für den Empfang, den sie ihm gegeben hatten, zum Ausdruck und warnt sie vor dem Doketismus. Er sagt, daß letzterer zu 'Phantomen ohne Substanz' werden würde, falls sie die Existenz Christi bejahen würden. Dieser Brief ist auch einer der ersten, der die religiösen Mahlzeiten, oder die 'Liebesfeste', die in der frühen christlichen Kirche praktiziert wurden, im engen Zusammenhang mit der Eucharistie erwähnt. Ignatius' Brief an Smyrna (4:5) bezieht sich auch auf die Spannung zwischen den Christen und den Juden. Zusammen mit seinem Brief sandte Ignatius einen persönlichen Brief an Polykarp, den Bischof der Stadt.

Den Beleg für die Existenz der Juden in Smyrna liefert eine Inschrift, die hier gefunden wurde und die aus der Regierungszeit Hadrians (117-138) stammt. Es handelt sich um eine Liste der Namen derer, die an der öffentlichen Arbeit in Smyrna teilnahmen und eine Gruppe enthält, die als 'frühere Judäer' bezeichnet werden, vermutlich eine Gruppe von Juden, die ursprünglich aus Judäa kam. Johannes' Diagnose der einheimischen Juden wird durch die Ereignisse der folgenden Jahrhunderte, wie die Geschichten über das Martyrium des Polykarp und des Pionius, bestätigt. In diesen Geschichten befanden sich die jüdischen Bewohner von Smyrna unter den anderen Menschen und dies bedeutete Kontakt mit dem heidnischen Götzenkult.

Während der Herrschaft des Dekian um 250 wurde der christliche Älteste, Pionius in der Agora von Smyrna, deren Ruinen heute noch gut erhalten sind, gemartert. Außer seiner Inhaftierung und seinem Tod ist über sein Leben nichts bekannt. Bei seiner Verhandlung warnte Pionius seine Zuhörer vor derselben Gefahr, indem er sagte: 'Ich habe verstanden, daß die Juden einige von euch in ihre Synagogen eingeladen haben. Gebt acht, daß ihr nicht einer noch größeren, vorsätzlichen Sünde verfällt... Wir haben unsere Propheten nicht getötet, noch haben wir Christus betrogen und gekreuzigt'. Er wurde zuerst an ein Kreuz genagelt und dann verbrannt.

Das Innere der Kirche des Hl. Polykarp in İzmir.

Der Heilige Polykarp

Außer seinem Martyrium ist nur wenig bekannt über das Leben des Hl. Polykarp (69-155). Frühe christliche Überlieferungen sehen ihn als einen Jünger des Apostel Johannes an, der ihn auch für sein Amt in Smyrna bestimmte. Polykarps Behauptung während seines Martyriums, daß er Christus 86 Jahre lang gedient habe, zeigt, daß er vermutlich schon als Kind getauft worden war. Er soll nach Rom gereist sein, um Papst Anicetus wegen des Datums des Osterfestes (das christliche Passahfest) zu konsultieren. Während die anatolische Überlieferung der der apostolischen Tradition folgte und am 14. April (Nisan), ungeachtet des Wochentages[1], feierte, folgte Rom seinem eigenen Brauch, der auch als apostolisch angesehen wurde, und zelebrierte Ostern am darauffolgenden Sonntag. Obwohl der Papst die Befolgung des anatolischen Kalenders zurückwies, hatte er nichts dagegen, daß anatolische Kirchen ihn einhielten. Polykarp schrieb bekannterweise einen Brief an die Kirche Philippis in Makedonien. In seinem Brief erinnert er die Philipper an ihre Christenpflichten und warnte sie vor Irrlehren. Ignatius traf Polykarp auf seiner Reise nach Rom und schickte ihm einen persönlichen Brief aus Alexandria Troas.

[1] Quartodezimanismus. Er hatte seine Wurzeln im Evangelium des Johannes, wurde jedoch von den westlichen Kirchen als 'Judisierung' verpönt.

Die Beschreibung des Martyriums des Polykarp wird als die früheste erhaltene authentische Darstellung eines christlichen Martyriums außerhalb des Neuen Testaments angesehen. Es handelt sich dabei auch um die früheste erhaltene christliche Literatur, in der die Worte 'Märtyrer', das auf Griechisch wörtlich 'Zeuge' bedeutet, und 'Martyrium' im heutigen Sinne verwendet wurden. Die Geschichte des Martyriums des Hl. Polykarp wurde in Form eines Briefes von der Gemeinde in Smyrna an die Gemeinde von Philomenion (Akşehir) berichtet, um gelesen zu werden und die Erinnerung an Polykarp in der christlichen Welt aufrechtzuerhalten.

Smyrna war eine der römischen Städte, in der Christen gemeinsam mit gemeinen Verbrechern getötet wurden, indem sie wilden Tieren vorgeworfen oder verbrannt wurden. Als Johannes von Patmos an die Gemeinde von Smyrna schrieb und sagte, daß die Christen hier zehn Tage lang in Bedrängnis sein würden (Off 2:10), spielte er vermutlich auf ein Spektakel solcher Art an. Bei einem solchen Schauspiel, das während des Großen Sabbats[2] abgehalten wurde, verärgerte die noble Haltung eines christlichen Jugendlichen namens Germanikus die heidnische und jüdische Zuhörerschaft und sie forderten, daß Polykarp in die Arena gebracht und bestraft werden sollte. Diesen Beweis ausgenommen, ist nicht bekannt, warum er inhaftiert wurde.

Obwohl er sich sträubte, Smyrna zu verlassen, brachten seine Freunde Polykarp auf einen Bauernhof und später auf einen weiter entfernt gelegenen Hof auf dem Lande. Hier hatte er, drei Tage vor seiner Festnahme, während dem Gebet eine Vision, in der die Flammen sein Kissen zu Asche verbrannten.

Einer seiner Knechte gestand unter Folter den Aufenthaltsort Polykarps und er wurde eingesperrt und ins Stadion gebracht. Die Bemühungen Herods, dem Polizeikommandanten, und des Statthalters, ihn zu überreden, seinem Glauben abzuschwören, waren umsonst. Der Wunsch der Versammlung, ihn den Löwen vorzuwerfen, konnte nicht erfüllt werden, denn an diesem Tag waren die Raubtierkämpfe schon vorüber. So forderten sie sein Verbrennen bei lebendigem Leibe. Als das Feuer entfacht war, 'nahmen die Flammen die Form eines Hohlraumes an, wie ein Schiffssegel im Wind'. Nach einer Weile realisierten die Zuschauer, daß das Feuer Polykarp nichts antat und er wurde durch einen Schwertkämpfer erstochen. Die Juden versuchten, seinen Körper zu behalten, damit die Christen keinen Kult damit betreiben konnten. Doch der Zenturio verbrannte ihn, um einen Streit zu vermeiden. Die Christen sammelten jedoch seine Überreste ein. Dies ist der früheste Beleg für die Aufbewahrung der Relikte der Märtyrer, um die Jahrestage der Martyrien, die 'himmlischen Geburtstage' der Heiligen, zu zelebrieren.

Obwohl der Name des damaligen Kaisers nicht erwähnt wird, trug sich dieses Ereignis unter der Herrschaft des Antonius Pius (138-161), der hohen Priesterschaft (Asiarch) des Philippus von Tralles und dem Prokonsulat des Lucius Statius Quadratus in Smyrna zu.

Die Geschichte bringt durch die Erwähnung des Dachbodens, wo Polykarp eingesperrt wurde und seiner Ankunft in Smyrna auf einem Esel sowie durch die Bezeichnung des Polizeikommandanten als Herod, durch Polykarps Gebet, bevor der Scheiterhaufen angezündet wurde und andere ähnliche Feinheiten die Parallelen zwischen Polykarps Martyrium und der Kreuzigung zur Geltung.

---

[2] Obwohl er nicht identifiziert werden kann, war er wohl ein Feiertag, an dem Juden und Heiden frei hatten.

PERGAMON

Pergamon wurde in der Mitte des dritten Jh. s. v. Chr., nachdem die Kämpfe zwischen Alexanders Generälen ausgefochten waren, als unabhängiges Königreich eingerichtet. Ihre Unterstützung Roms während der Schlacht von Magnesia (190 v. Chr.) wurde ihnen laut 1 Makkabäer (8:8) mit 'Medien, Indien, und Lydien' und vermutlich einigen anderen seleukidischen Territorien nördlich des Taurus entlohnt. Obwohl sie stolz auf ihre griechischen Vorfahren und bestrebt waren, die griechische Kultur in ihrem Reich zu etablieren, waren die Könige von Pergamon nicht an königlichen Dynastie-Ideologien interessiert, wie es die Seleukiden oder Ptolemäer waren. Eine prächtige Geschichte, die von Joseph aufgezeichnet wurde, berichtet von einer jüdischen Gesandtschaft, die im zweiten Jh. vom Hohen Priester Hyrkanus I. nach Rom geschickt wurde. Die Boten erhielten eine senatorische Erklärung, die den damaligen seleukidischen König vor jeglichen Untaten gegen die Juden warnte. Als die jüdischen Gesandten Pergamon besuchten, wurde ihr Anliegen geehrt und durch ein Dekret bestätigt. Die Oberen von Pergamon wiesen auch darauf hin, daß ihre guten Beziehungen mit den Juden auf die Zeit Abrahams, 'den Vater aller

Marmoraltar, der vermutlich den 'unbekannten Göttern' im Tempel der Demeter geweiht war. Römische Periode. Pergamon (Akropolis, mittlere Stadt). Paulus berichtet daß er in Athen umherging und einen Altar mit der Inschrift, 'EINEM UNBEKANNTEN GOTT' fand, der vermutlich dem abgebildeten sehr ähnlich war und er predigte: 'Was ihr verehrt, ohne es zu kennen, das verkünde ich euch' (Apg 17:23). Für seine Zuhörerschaft hatte der Begriff 'unbekannter Gott' nichts Monotheistisches an sich, sondern beschrieb einen Gott, dessen Rituale unwissenderweise übergangen worden waren. Um die vergessenen Gottheiten zu besänftigen, errichteten die Heiden solche Altäre.

Ruinen des Tempels des Serapis, in Pergamon (Bergama) erbaut unter der Herrschaft des Hadrian (117-138). Eine dem Johannes geweihte Kirche wurde im fünften oder sechsten Jh. errichtet.

Hebräer' zurückging. Diese Tatsache war bereits in den Archiven der Stadt aufgezeichnet worden. Die Existenz von Juden in der Stadt wurde durch eine verlässlichere Quelle belegt. Die jüdische Existenz wurde zum ersten Mal um 60 v. Chr. aufgezeichnet, als die Stadt unter jenen erwähnt wurde, die Gold an den Tempel in Jerusalem sandten. Die geringe Summe deutet jedoch auf die beschränkte Größe der jüdischen Gemeinschaft in Pergamon hin.

Pergamon wird in der christlichen Literatur zum ersten Mal in der Offenbarung des Johannes erwähnt, als er einen seiner sieben Briefe an ihre Gemeinde sandte. Johannes muß sich sehr mit der Bedrohung durch den Kaiserkult beschäftigt haben, denn zu Beginn seines Briefes schreibt er: 'Ich weiß, wo du wohnst; es ist dort, wo der Thron des Satans steht' (Offb 2:13). Der Hinweis auf den Thron könnte eine Anspielung auf die Obrigkeit gewesen sein. Falls er etwas Konkretes im Sinne hatte, so waren es vermutlich die Statuen der Göttin Roma, die Personifizierung der Macht des Römischen Reiches, und Augustus als der Gott, der im Zentrum des Temenos des Athena-Tempels stand. Falls einer jedoch andere Repräsentanten für den Thron des Satans suchte, so fand sich in der Stadt eine reiche Sammlung heidnischer Schreine: der große Altar[1], dessen Reliefe mit Kampfszenen der griechischen Götter mit den Giganten geschmückt waren, die Tempel der Athena,

[1] Renoviert und im Pergamon Museum von Berlin ausgestellt.

des Dionysos, der Demeter, der Hera und von anderen auf der Akropolis und das Asklepieion in der Ebene. Johannes' Hinweis auf die Lehre Bileams bezieht sich offensichtlich auf heidnische Praktiken und in diesem Fall war der üblichste Ritus das Essen von Fleisch, das den heidnischen Göttern geopfert worden war. Einige der Christen Pergamons schienen mit der Lehre der Nikolaiten, einer Sekte, die heidnische Elemente mit der christlichen Lehre verband, geliebäugelt zu haben (S.121).

Obwohl Pergamon in der Apostelgeschichte nicht erwähnt wird, lag es als gut bevölkerte Stadt wohl innerhalb des missionarischen Tätigkeitsfelds des Paulus. Es lag sehr nahe bei Ephesus und war mit der Stadt durch eine der ersten Straßen, die die Römer in Anatolien bauten, verbunden. Ephesus hatte eine kosmopolitische Bevölkerung mit einer starken jüdischen Gemeinschaft, was typisch für die Städte war, in denen Paulus bevorzugt das Evangelium predigte. Auch Christen aus Pergamon könnten Paulus in Ephesus besucht haben oder könnten zumindest von ihm gehört haben, besonders als er während seiner dritten Reise drei Jahre in Ephesus verweilte. Die Apostelgeschichte (20:11) berichtet, daß Paulus, nachdem der Aufruhr der Silberschmiede sich gelegt hatte, nach Makedonien reiste. Die logischste Route führte auf dem Landweg nach Alexandria Troas und von dort weiter per Schiff. Diese Reise könnte Paulus durch Pergamon geführt haben.

Galenus (130-199), ein berühmter Arzt und Philosoph aus Pergamon, schrieb auch über das Christentum, nachdem er nach Rom gezogen war, und wurde der Privatarzt des Sohnes des Kaisers Markus Aurelius, Commodus. Seine Schriften geben uns einen Einblick in die Sichtweise der Intellektuellen seiner Zeit bezüglich des christlichen Lehre. Obwohl das Christentum in dieser Periode seine jüdischen Wurzeln bereits abgeschüttelt hatte, sah Galen die beiden Religionen gemeinsam an. Für ihn war das Christentum eine der philosophischen Schulen, deren Bestreben es war, Menschen in Richtung Wahrheit und Tugendhaftigkeit zu lenken, und brachte es in der griechisch-römischen Welt unter.

Die frühe christliche Literatur berichtet von drei Martyrien in Pergamon, vermutlich 250, und im selben Jahr wurde Pionius, ebenfalls von Quintilianus, in Smyrna gemartert. Die drei Christen, die sich weigerten, den Göttern zu opfern, wurden zum Tode verurteilt. Carpus, ein Bischof von Thyatira, Papylus, der Diakon Thyatiras und eine Frau namens Agathonike wurden bei lebendigem Leibe im Amphitheater der Stadt in der Ebene verbrannt. Das Wort 'Märtyrer' bedeutete 'Zeuge' und war ein Bestandteil der Gesetzessprache des griechischen Gerichts.

Pergamon erholte sich niemals von dem Schlag, den es durch die Goten Ende des dritten Jh. s. erfuhr. Die einzig bedeutende Bautätigkeit nach diesem Datum war die Umwandlung des Serapis-Tempels in eine christliche Basilika. Eine weitere Kirche wurde auf dem Asklepieion errichtet. Im zwanzigsten Jh. wurden zwei kleine Kirchen aus wiederverwendeten Fragmenten auf den Ruinen des Athena-Tempels und auf der Terrasse des Theaters gebaut.

THYATIRA

Die Kirche von Thyatira ist eine der Adressaten der Briefe des Johannes an die Sieben Gemeinden Kleinasiens. Obwohl die antike Geschichte Thyatiras im Vergleich mit der anderer Städte Westanatoliens unbedeutend war, ist der Brief des Johannes an die Gemeinde hier der längste.[1]

Es ist nicht bekannt, ob Johannes' Bild von Christus 'mit Augen wie Feuerflammen und Beinen wie Golderz' als biblisches Klischee oder als Anspielung auf die Gilde der Bronzeschmiede, für die die Stadt berühmt war, benutzt wurde. Johannes' Brief berichtet, daß die Gemeinde die Aktivitäten einer Frau namens 'Isebel' tolerierte. Es ist nicht bekannt, ob dies ihr wahrer Name war, doch der Zusammenhang ist klar. Die Allegorie leitet sich von der phönizischen Gattin des biblischen Königs Ahab ab, die die heidnischen Kulte in Jerusalem wiederbelebte (1 Kön 16:31; 2 Kön 9:22; 30-37). Die Isebel in Thyatira führte offensichtlich einige Christen vom Pfad Christi ab und verführte sie dazu 'Unzucht zu treiben und Fleisch zu essen, das den Götzen geweiht ist'. Obwohl sie gewarnt wurde, ließ sie nicht von ihrer Unzucht ab.

In der Apostelgeschichte (16:11-15) trifft Paulus in Philippi 'eine Frau namens Lydia, eine Purpurhändlerin aus der Stadt Thyatira', eine Gottesfürchtige, die das Christentum akzeptiert und ihn einlädt, sich in ihrem Haus aufzuhalten.

Es ist bekannt, daß Thyatira zu Beginn des dritten Jh. s. dem Montanismus verfiel. Dies war eine apokalyptische Bewegung, die durch Montanus und zwei Prophetinnen in ihrem spirituellen Zentrum Pepuza[2] in Phrygien initiiert wurde. Diese Irrlehre glaubte daran, daß der Heilige Geist rasch über die Kirche kommen werde und daß das 'neue Jerusalem' in Pepuza entstehen würde. Die Bewegung breitete sich Richtung Nordafrika aus, wo Tertullian (160-225), der Bischof von Karthago, ihr berühmtester Anhänger wurde.

Während der Verfolgungen wurden in Pergamon, Zentrum der Gerichtssitzungen, um 250 Carpus, ein Bischof von Thyatira, und Papylus, der Diakon von Thyatira, gemartert.

Sozon, der Bischof von Thyatira, wird unter denen erwähnt, die am ersten Konzil von Nicäa (325) teilnahmen.

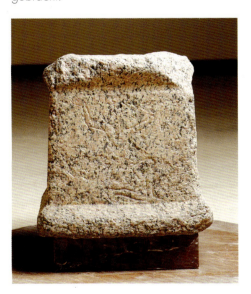

Rosafarbener Granitsockel aus Thyatira. Archäologische Museen İstanbul. Neues Königreich (1567-1085 v. Chr.). Auf der Vorderseite befindet sich zwischen Hieroglyphen der dominierende Gott der Luft ŞU. Er steht über dem chthonischen Gott Ged und hält die Himmelsgöttin Nut mit seinem erhobenen Arm in die Luft. Die inschritt auf den anderen drei Seiten ist verwittert. Der Sockel wurde vermutlich während der römischen Ära nach Thyatira gebracht.

[1] Es wurde behauptet, daß die Kirche von Thyatira zu dieser Zeit noch gar nicht gegründet worden war und das der Apostel ihr mit prophezeiendem Geist schrieb.

[2] Noch nicht identifiziert, vermutlich Dionysopolis (nahe Denizli).

SARDES

Die Verbannten Jerusalems, die in Sefarad sind, besetzen die Städte des Negeb (Obd 20).

Der früheste Hinweis auf die Existenz der Juden in Sardes findet sich bei Obadja (20), dessen Buch im fünften v. Chr. geschrieben worden sein soll. Wenn er von der Wiederherstellung des Königreichs des Juden spricht, inkludiert der Prophet die in 'Sefarad' (Aramäisch für Sardes) lebenden Verbannten Jerusalems als jene jüdische Bevölkerung, die Negeb wiedergewinnen würde. Negeb war der halbwüstenartige südliche Teil Judas. Es gibt keine Informationen darüber, wie und wann die Verbannten hierher kamen.

Einige der 2.000 jüdischen Familien, die gegen Ende des dritten Jh. s. v. Chr. vom Seleukidenkönig Antiochus III. von Mesopotamien nach Phrygien und Lydien gebracht wurden, könnten sich in Sardes angesiedelt haben. Die Stadt war die Residenz von Zeuxis, an den Antiochus III. seinen Brief bezüglich dieser Ansiedlung sandte. Obwohl sie vielleicht nicht die Bürgerschaft inne hatten, waren die Juden von Sardes bekannterweise eine Art autonome Gemeinschaft von Fremden mit Wohnsitzrecht in der Stadt und dem Recht, ihre eigenen rechtlichen und religiösen Angelegenheiten selbst zu regeln. Dies verlieh ihnen einen offiziellen Status ohne ihnen ihre Identität zu rauben. Zur Mitte des ersten Jh. s. v. Chr. hatten die Juden einen eigenen Versammlungsplatz in der Stadt, der ein Vorläufer der Synagoge gewesen sein könnte, die später ausgegraben wurde. Sardes war nicht die einzige Stadt, in der die Beziehung zwischen den Juden und den Einheimischen angespannt war. Im Jahre 50 v. Chr. schrieb L. Antonius, der Statthalter Asiens, an Sardes, um seine Obrigkeiten anzuweisen, den Juden zu erlauben, ihre Streitigkeiten durch ein eigenes Gericht zu regeln. Unter der Herrschaft des Augustus, um 12 v. Chr., befahl der Prokonsul von Asien, C. Norbanus Flaccus, in Übereinstimmung mit den kaiserlichen Verordnungen, den Leuten von Sardes, die Juden nicht davon abzuhalten, Geld für religiöse Zwecke nach Jerusalem zu senden.

Die Synagoge von Sardes ist die größte antike Synagoge, die jemals ausgegraben wurde und war die, nach der Synagoge in Masada, frühest bekannte. Zu der Zeit, als sie gebaut wurde, vermutlich gemeinsam mit denen in Rom oder Dura Europus, enthielt diese Synagoge einen der wichtigsten Schreine der jüdischen Diaspora. Ihre Größe zeigt, daß die jüdischen Bewohner von Sardes politisch machtvolle Leute gewesen sein müssen, um ein solches Gebäude bekommen und unterhalten zu haben. Das Gebäude soll ursprünglich eine Basilika gewesen sein, die ein Teil des Gymnasiums war, dessen Bau nach dem Erdbeben von 17 n. Chr. begonnen wurde. Dieses Erdbeben wurde von Plinius als das schlimmste seit Menschengedenken bezeichnet. Das Gebäude wurde der jüdischen Gemeinde wohl in der zweiten Hälfte des zweiten Jh. s. gegeben. Ausgrabungen haben gezeigt, daß die Synagoge weiter benutzt wurde, bis Sardes von den Sassaniden im frühen siebten Jh. zerstört wurde. Die frühesten

Hof mit Springbrunnen der Synagoge in Sardes, nach Südwesten blickend.

Inschriften dieser Synagoge stammen aus dem späten zweiten Jh. n. Chr., die letzten aus dem vierten und fünften Jhh.

Die Synagoge soll ihre heutige Form in der ersten Hälfte des vierten Jh. s. erhalten haben. Sie beginnt mit einer Kolonnadenhalle, die sich in eine der Kolonnadenstraßen von Sardes öffnete. Dieser Hof war mit Mosaiken gepflastert, die die Namen diverser Spender enthielten, und hatte einen Marmorspringbrunnen, der der Reinigung der Hände diente.

Drei Türen führten von diesem Hof in eine rechteckige Versammlungshalle, die zweistöckig gewesen sein soll. Ihre Wände waren überreichlich mit Mosaiken und farbigen Marmortafeln dekoriert. Eine von ihnen, die im Zentrum von vier kurzen Stützpfeilern stand, besagte in griechischer Sprache 'Samoe, Priester und *Sophodidaskalos'* (Lehrer der Weisheit), und markierte vermutlich die Stelle, an der dieser Rabbi lehrte oder predigte. Das Ende der Halle hatte eine Anzahl von runden Bänken, auf denen die Ältesten der Gemeinschaft saßen. Der Boden davor war mit einem halbrunden Mosaik mit zwei Pfauen und einer Weinbergschnecke, die aus einem Gefäß kriecht, und mit einer griechischen Inschrift bezüglich seines Spenders geschmückt. Davor stand ein Tisch — ein ungewöhnliches Accessoire für

173

Artemis-Tempel (drittes bis zweites Jh. v. Chr.) und Kirche M (viertes Jh. n. Chr.) in Sardes, nach Westen blickend.

eine Synagoge — von dem aus vermutlich Zitate jüdischer Schriften rezitiert wurden. Die Tischbeine waren mit wiederverwendeten, römischen Adlern, die Blitze in ihren Klauen hielten, verziert.

Weder die Adler noch das Paar wiederverwendeter Löwenstatuen[1], die den Tisch flankierten, waren fehl am Platz, denn beide Tiere waren in den frühen Anpassungen jüdischer Art an das griechische Repertoire enthalten.

Im ersten Jh., als Johannes einen seiner sieben Briefe an die Gemeinde hier adressierte, war Sardes eine blühende Stadt unter römischer Herrschaft und ein juristischer Sitz des römischen Statthalters.

Johannes beginnt seinen Brief direkt mit einer Verwarnung der Gemeinde von Sardes. Denn es gab dort Sündenfall: 'Ich kenne deine Werke. Dem Namen nach bist du tot. Werde wach und stärke, was noch übrig ist, was schon im Sterben lag' (Off 3:2). Um eine solche harte Anschuldigung zu verdienen, muß die Gemeinde von Sardes völlig den heidnischen Lehren und Riten erlegen gewesen sein.

[1] Der Löwe, als Symbol des Stammes von Juda, der auch mit Daniel assoziiert wird, ist das Tier, das in der Bibel am häufigsten vorkommt.

Die bekannteste Figur des frühen Christentums in Sardes ist Melito, der Bischof der Stadt im späten zweiten Jh. Er schrieb viele Bücher und Verträge und wurde als erster Christ vermerkt, der in das Heilige Land reiste, um eine genaue Aufzeichnung des Alten Testaments zu erhalten.

Er war ein Quartodezimaner (S.166), wie auch der Apostel Johannes und Polykarp. Er war einer der ersten christlichen Schreiber, die die Juden bitterlich angriffen und sie alle für den Tod Christi verantwortlich hielten. Er starb wohl um 185 n. Chr.

Ausgrabungen haben einige Kirchenruinen ans Licht gebracht. Die älteste von diesen ist vermutlich die Kirche M, die in einer Ecke des Artemis-Tempels liegt und in der zweiten Hälfte des vierten Jh. s. erbaut wurde. Der Grund für die Auswahl dieses Standpunktes war vermutlich sowohl der Wunsch nach Weihung eines heidnischen Ortes als auch die Existenz eines nahe gelegenen Friedhofs.

Kreuze und Worte in griechischer Form aus dem Südpfosten der Haupt(ost)tür des Artemis-Tempels in Sardes. Viertes bis fünftes Jh. n. Chr. Die Worte, die sorgfältig in die Marmoroberfläche eingeritzt wurden, bedeuten *Fos* oder 'Licht' (oben) und *Zoe* oder 'Leben' (unten). Die Beliebtheit von Torwegen für Inschriften, die den Herrn preisen und den Ort reinigen, soll sich aus der wörtlichen Interpretation des Deuteronomiums (6:9) oder (11:20) abgeleitet haben. An diesen Stellen werden die Hebräer angewiesen, solche Worte 'auf die Türpfosten deines Hauses und in deine Stadttore' zu schreiben. Die Kreuze könnten den Eifer der Christen anzeigen, die heidnischen Tempel zu weihen. Diese Praktik begann nach dem Edikt des Theodosius I. (378-395), der die heidnische Verehrung verbot, modern zu werden.

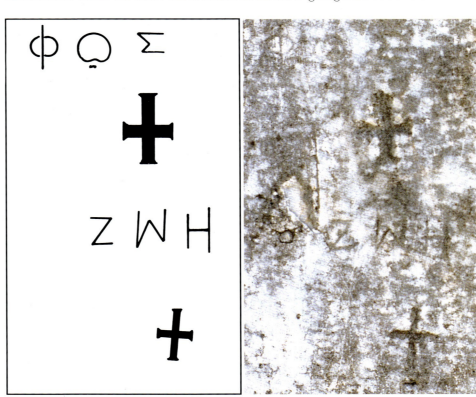

PHILADELPHIA

Der Apostel Johannes adressierte einen seiner sieben Briefe an die Gemeinde in Philadelphia. In seinem Brief lobt er die Christen Philadelphias, ungeachtet ihrer 'nur geringen Kraft', kompromißlos am Glauben festgehalten und den Namen Christi nicht verleugnet sowie dem Druck der Obrigkeiten Roms widerstanden zu haben. Johannes beschuldigt die Juden der Stadt, die Gesellschaft des Satans zu sein und sagt, daß sie am Ende Christus erkennen werden. Er benachrichtigt die Gläubigen darüber, daß Christus' zweites Kommen nahe sei und daß jene belohnt werden, die dem Beispiel Christi folgen.

Obwohl Philadelphia in der Nähe von Ephesus liegt, wo Paulus auf seiner dritten Reise drei Jahre verbrachte, wird es in der Apostelgeschichte nicht erwähnt. Die Christen in Philadelphia haben wahrscheinlich dennoch seine Predigten gehört und ihn gekannt.

Die Stadt wurde von Ignatius auf seinem Weg nach Smyrna besucht, als er als Gefangener nach Rom gebracht wurde. In dem Brief, den er ihnen aus Alexandria Troas schrieb, versucht Ignatius ihre Fehler auszugleichen und er warnt sie vor der Spannung zwischen den beschnittenen jüdischen Christen und den heidnischen Christen. Er drängt auf Einigkeit und Gehorsam gegenüber dem Bischof als wirksamstes Mittel. Er sagt, daß die Verfolgungen in Antiochia in Syrien (am Orontes) eine Ende fanden und schlägt vor, daß die Gemeinde von Philadelphia dem Beispiel der anderen Gemeinden folgen und einen Diakon schicken sollte, um der dortigen Gemeinde zu gratulieren.

Der Brief über das Martyrium des Polykarps an Philomelium (Akşehir) erwähnt die Stadt ebenso als eine von denen, wo die Christen verfolgt wurden, indem er berichtet: 'einschließlich denen von Philadelphia war er der zwölfte, der in Smyrna den Märtyrertod fand'.

LAODIKEA

Die Tatsache, daß das Gold, das für den Tempel in Jerusalem bestimmt war und vom römischen Prokonsul Lucius Valerius Flaccus 62 v. Chr. beschlagnahmt wurde, mehr als 200 Pfund[1] wog, zeigt die Existenz der Juden in der Stadt zu diesem frühen Datum und ihren Reichtum. Nach einigen Jahren schrieben die Einheimischen an Gaiucus Robinus, den damaligen Prokonsul Asiens, daß sie in Übereinstimmung mit seinem Befehl den Juden erlauben, ihre Bräuche einzuhalten und sie als Freunde

[1] Die Geschichte wird in *Pro Flacco* von Cicero erzählt, der den Statthalter als Anwalt verteidigte, als dieser später in Rom verfolgt wurde.

ansehen. Die Stadt war vermutlich eine aktives Bankenzentrum, denn Cicero berichtet, daß er plante, seine Wechsel hier einzulösen, als er 51 v. Chr. durch diese Region reiste und in der Stadt Recht sprach.

Es ist nicht gewiß, ob Paulus in diese Gegend kam, als er im Verlauf seiner zweiten Reise auf seinem Weg nach Bithynien durch 'Phrygien und das galatische Land' (Apg 16:6) reiste. Doch es ist sehr wahrscheinlich, daß er auf seiner dritten Reise durch das Lykos (Çürük su)-Tal wanderte. Die Apostelgeschichte (18:23) spricht von seinen Wanderungen durch 'das galatische Land und Phrygien' und in 19:1 von seiner Wanderung durch das Hochland, um nach Ephesus zu kommen. Dies sollte höchstwahrscheinlich als Route über Apamea (Dinar), Kolossae und Laodikea am Lykos (Eskihisar) zur Ägäischen Küste interpretiert werden. Doch seine Worte, 'und für die Gläubigen in Laodizea…alle anderen, die mich persönlich nie gesehen haben' (Kol 2:1), bringen klar zum Ausdruck, daß die Kolosser ihn nie persönlich gesehen hatten. Er ist wohl auf einer der Reisen durch ihre Städte gezogen oder besuchte sie während seines langen Aufenthalts in Ephesus im Verlauf seiner dritten Reise. Paulus' Worte in seinem Brief an die Kolosser (Kol 4:16) zeigen, daß es sich dabei um einen Rundbrief handelte, der zugleich an die Kirche von Laodikea adressiert war.

Die Stadt ist der Bestimmungsort einer der Briefe des Apostels an die Sieben Gemeinden. In seinem Brief tadelt er sie, indem er sagt, daß die Gemeinde weder kalt noch heiß, sondern lau ist. Er tadelt sie dafür, daß sie damit prahlt, reich und gesättigt zu sein und gar nicht weiß, daß sie arm, blind und nackt ist.

Marmorner Sarkophag aus Laodikea. Zweites Jh. n. Chr. Archäologisches Museum İzmir. Seine Front trägt die Büsten seiner Besitzer, umrahmt von einem Kranz von Eichenblättern getragen durch Nikai und einen Eros.

Er rät ihr das Gold Christi, das im Feuer geläutert wurde, weiße Kleider und Salbe für ihre blinden Augen zu kaufen (Offb 3:14-22). Der Brief enthält ortsbezogene Anspielungen. Laodikea war reich und berühmt für seine Gewänder. Es ist nicht bekannt, ob die Farbe der berühmten schwarzen Wolle aus Färbung oder von schwarzen Schafen stammt. Sie wurde direkt zu Kleidern dieser Periode verwoben, wie den *Paragaudae* mit purpurnen Bordüren, den *Chalmyden* oder kurzen Umhängen und den *Paenulae* (2 Tim 4:13). Sie waren eine Art saumloser, wasserabweisend gewobener Mantel mit nur einem Kragenloch für den Kopf. Dieser wurde schließlich das kirchliche Meßgewand. Der Rat an die Gemeinde, 'und kaufe Salbe für deine Augen, damit du sehen kannst', könnte durch den berühmten 'phrygischen Puder' gegen Augenleiden, der hier hergestellt wurde, inspiriert worden sein. Ihr Wasser könnte wirklich lauwarm gewesen sein. Der noch erhaltene Wasserturm und die Überreste eines Aquädukts enthalten gebrannte Tonrohre, die durch Kalkablagerungen verstopft sind. Das Wasser kam direkt aus dem Süden, zuerst über ein Aquädukt und dann, näher bei der Stadt, durch steinerne Röhren. Es könnte von heißen Quellen gestammt haben und sich unterwegs auf lauwarme Temperatur abgekühlt haben. Auch wenn es ursprünglich kalt gewesen sein sollte, so wärmte die Sonne es zweifellos, bis es lau und schal war.

Eusebius berichtet von einer österlichen Kontroverse in Laodikea um 164-166; zu dieser Zeit wurde Bischof Sagaris, der einen phrygischen Namen trug, gemartert. Die Synode, die im Jahre 367 in der Stadt abgehalten wurde, war, obwohl nur ein regionales Konzil, äußerst wichtig für die Geschichte des Kanons des Neuen Testaments und für die Entwicklung der christlichen Kirche im allgemeinen. Die strikten Maßnahmen des Konzils gegen die Montanisten (S.171) und die quartodezimanischen Christen (S. 166) und ihre Vorschriften für die Gottesverehrung brachten den endgültigen Triumph der orthodoxen Einheitlichkeit über die phrygischen Eigenheiten zum Ausdruck.

Im Jahre 380 wurde Laodikea zum Treffpunkt eines weiteren Kirchenkonzils. Obwohl nicht ökumenisch, ist dieses Konzil als Beleg dafür interessant, daß der Judaismus die heidnischen Christen immer noch anzog. Die Kanones, die im Konzil entworfen wurden, untersagten die Einhaltung des Sabbats und anderer jüdischer Bräuche, wie den Gebrauch der *Tefillin* und den Engelskult. Letzterer hatte mit dem Judaismus nichts zu tun, sondern war eine gnostische Besonderheit der Region (S. 161). Es mag kein Zufall gewesen sein, daß das Buch der Offenbarung, neben der äußerst häufigen Erwähnung von Engeln, eine ähnliche Warnung enthält. Als Johannes sich vor dem Engel niederwirft, um ihn anzubeten, sagt dieser (Offb 22:8-9): 'tu das nicht! Ich bin nur ein Knecht wie du und deine Brüder...Gott bete an!'

MAGNESIA AM MÄANDER

Magnesia am Mäander (Menderes Manisası) wurde so genannt, um es von seinem Namensvetter auf den Ausläufern des Berges Sipylus (Manisa dağı, 1517 m) im Norden, Magnesia am Sypilus (Manisa) und von einem dritten in Thessalien zu unterscheiden. Es war für seinen Tempel der Artemis *Leucophryene* oder 'weiße Augenbraue', die während des Baus erschienen sein soll, berühmt. Die Informationen über die Existenz von Juden hier stammen von Joseph. Der Historiker berichtet, daß, als der Prokonsul von Asien, Gaius Rabirius, die Bevölkerung von Laodikea, Tralles und Magnesia am Mäander in der zweiten Hälfte des ersten Jh. s. bat, den Juden die Einhaltung ihrer eigenen Bräuche und des Sabbats zu erlauben, seine Anfrage von den beiden letzten Städten zurückgewiesen wurde.

Wie die Gemeinde von Ephesus, so sandten auch die magnesischen Christen eine von ihrem Bischof Damas angeführte Delegation nach Smyrna, um Ignatius zu treffen. In dem Brief, den er an die Gemeinde von Magnesia aus Ephesus geschrieben hatte, warnte Ignatius sie davor, einen Vorteil aus der Jugend und Unerfahrenheit des Bischofs zu ziehen und betonte die Notwendigkeit, die Einigkeit durch vollkommenen Gehorsam gegenüber der Autorität des Bischofs zu bewahren. Die Beziehung zwischen den Juden und den Christen der Stadt war wohl angespannt, denn er warnt die Christen davor, nicht dem Judentum zu verfallen. Dieses Problem betonend, sagt er: 'Falls wir noch immer das Judentum praktizieren, ist dies ein Zeichen dafür, daß wir das Geschenk der Gnade nicht verdient haben. An Jesus Christus zu glauben und weiterhin jüdische Riten einzuhalten ist eine Absurdität. Der christliche Glaube achtet nicht auf den Judaismus, doch der Judaismus achtet auf das Christentum[1].

Es sollte nicht vergessen werden, daß Judentum und Christentum bis dahin nicht völlig verschiedene Religionen waren. Viele Menschen hatten wohl eine 'doppelte Mitgliedschaft' bis zu der Zeit des vierten Evangeliums, als die Christengläubigen aus den Synagogen exkommuniziert wurden (Joh 9:22; 16:2).

TRALLES

Die antike Literatur berichtet, daß die Beziehung zwischen den Einheimischen von Tralles und den Juden im ersten Jh. v. Chr. nicht freundlich war. Obwohl es in der Apostelgeschichte oder in anderen frühen biblischen Schriften nicht erwähnt wird, muß Tralles (Aydın), das an der Hauptstraße zwischen Zentral- und Südanatolien und der Westküste lag, eine frühe christliche Gemeinschaft gehabt und Paulus und

---

[1] Das früheste Auftreten des Wortes in der Literatur als Hauptwort.

TRALLES

Johannes gekannt haben. Eine Überlieferung sieht den Apostel Philippus sogar als den ersten Bischof der Stadt an. Die Inschriften von Tralles erwähnen Capitolina, eine Gottesverehrerin der jüdischen Gemeinde, die der sozialen Oberschicht angehörte.

Als die Gemeinde von Tralles vernommen hatte, daß Ignatius durch Smyrna reisen würde, entsandte sie ihren Bischof Polybius, um ihn zu begrüßen. Ignatius schrieb den Christen von Tralles, als Antwort auf diesen Besuch, einen Brief aus Smyrna. In seinem Brief erwähnt er seine übliche Empfehlung, den Bischof wie Jesus Christus zu respektieren und er bittet sie, sich auf die Bedrohung durch die Anhänger des Doketismus zu konzentrieren, die behaupteten, daß die Erscheinung des Herrn eine optische Illusion und bloßer Schein sei.

Die Geschichte über das Martyrium des Polykarp enthält, daß zu dieser Zeit Philip von Tralles der Hohe Priester (Asiarch) war.

Obwohl es nichts mit der Entwicklung des Christentums direkt zu tun hat, trug der Architekt Anthemius, ein Bürger von Tralles, durch den Bau der Kirche der Hl. Sofia (532-537) zu einer unterschiedlichen Erscheinung der neuen Religion bei.

Mit Opferstierköpfen dekoriertes Sarkophagfragment aus Marmor. Museum von Aydın.

EDESSA

Obwohl die Archäologie aufdeckte, daß die Geschichte von Edessa (Urfa), 'der gesegneten Stadt', nicht weiter als bis zur seleukidischen Gründung um 300 v. Chr. zurückreichte, flochten frühe christliche Schriftsteller einige der biblischen Legenden in die Geschichte ihrer eigenen Stadt ein. Sie waren vermutlich auf Haran eifersüchtig, daß, obwohl es im Vergleich mit ihrer Stadt klein und unbedeutend war, dennoch häufig in der Bibel erwähnt wurde. Eine der bekanntesten dieser Geschichten ist, daß Nimrod 'Edessa, eine Stadt Mesopotamiens, errichtete, nachdem er aus Babylon ausgewandert war, und daß er in ihr herrschte, die zuvor Erech genannt worden war' und die Orhay (Edessa) ist. 'Orhay' oder sein Griechisch von 'Orrhoe' könnten sich von *hurru* oder den Höhlenbewohnern (Orro, griechisch Osrhoene) der Gegend abgeleitet haben, die das stärkste ethnische Element der Region zur Mitte des zweiten Jahrtausends darstellten. In späteren jüdischen, moslemischen und ostchristlichen Überlieferungen wird Nimrod als der Feind Abrahams angesehen. Nachdem der Held einmal mit Edessa assoziiert worden

Das Becken des 'Halil-ür-Rahman' oder des 'von Gott Geliebten' mit dem Heiligen Karpfen. Dieses Epitheton wird von Moslems für Abraham in Edessa (Urfa) verwendet.

war, führte dies zu der Überlieferung, daß auch Abraham hier gelebt haben soll. Jakob, Jitro, Elija und Jona zählen zu den Persönlichkeiten der Bibel, die mit der Stadt und ihrer Umgebung allgemein in Zusammenhang gebracht werden.

Edessa ist als das erste Königreich bekannt (ungefähr ein Jahrhundert vor der Zeit Konstantins), daß das Christentum als seine offizielle Religion annahm. Die frühe christliche Literatur erwähnt den Austausch von Briefen zwischen Jesus und Abgar V. Uchama oder 'dem Schwarzen', König von Edessa (Urfa). Die Briefe, die in Aramäisch (Syriacus) und Griechisch herausgegeben wurden, wurden später zu Talismanen. In einer Version der Geschichte sandte Jesus dem König ein Tuch, auf das sein Abbild gedruckt war und Abgar wurde dadurch von seiner Krankheit geheilt. Der Apostel Thomas sandte Thaddäus (aramäisch *Addai*) einen der 'zweiundsiebzig', die in Lukas (10:1) erwähnt werden, nach Edessa, wo er im Haus des Juden Tobias wohnte. Laut Überlieferung war Thaddäus ein Jude von Galiläa, geboren in Caesarea Philippi (Paneas), 'wo der Fluß Jordan entsteht'. Abgar wurde in einem Traum versichert, daß dies der von Jesus versprochene Apostel war. In Folge heilte Thaddäus den König und indem er viele Untertanen des Königs bekehrte, gründete er die erste Gemeinde in Edessa. Später wurde Thaddäus mit dem Apostel Thaddäus (Mt 10:3; Mk 3:18), der auch bei Lukas (6:16) als Judas, Sohn des Jakobus, erwähnt wird und einer der Zwölf Apostel war, identifiziert, denn letzterer predigte auch im Osten den Partisanen, Persern und anderen. Eine Form des Ostaramäischen, als Syracius bekannt und ursprünglich der Dialekt von Edessa, wurde zwischen dem dritten und dreizehnten Jh. für die christliche Literatur verwendet und spielte eine Rolle bei der Übermittlung klassischen Wissens an die Araber. Es wurde von vielen Gemeinschaften, hauptsächlich Christen, in Südostanatolien gesprochen. Die Bibel könnte in Edessa in diese Sprache übersetzt worden sein. Die wichtigste Persönlichkeit Edessas im vierzehnten Jh. war der Hl. Ephraim. Er verbrachte seine letzten Jahre in Edessa. Laut Überlieferung lebte er in einer Höhle und verdiente seinen Unterhalt als Badeaufseher und lehnte alle angebotenen Positionen ab. Er könnte an der berühmten Schule von Edessa gelehrt und gegen die Irrlehren von Bardaisan, Markian und Mani geschrieben haben. Ihm wird auch die Gründung eines der ersten christlichen Krankenhäuser im Osten zugeschrieben. Als er starb, bat er darum, nicht mit den Bischöfen und Reichen, sondern den Armen begraben zu werden. Edessa nahm auch an den religiösen Auseinandersetzungen teil, die im vierten Jh. begannen. Die Arianer schienen nach dem Tod Konstantins in der Stadt aufzublühen.

Im Laufe der Zeit eignete sich das wachsende Edessa den Wohlstand Harans an. Nach der Plünderung Harans durch die Mongolen im Jahre 1259 ergriff es die Gelegenheit, sein Wasser abzuzapfen und besiegelte für alle Zeiten das Schicksal seines flußabwärts gelegenen Rivalen.

Thaddäus. Wandmalerei, Mitte des zehntes Jh. s. Karanlık (Dunkle) Kirche. Göreme. Kappadokien.

Abraham in den Flammen.
Buchmalerei. Spätes sechzehntes Jh.
Zübdetü't Tevarih, 'Die legendäre
Chronik des Lebens der Propheten'.
Museum für türkische und islamische
Kunst. İstanbul. Außerhalb der Flammen
befindet sich Nimrod, ein Wächter, der
Teufel und ein Katapult, der dazu
verwendet wurde, Abraham vom
Schloß zu schleudern. Die moslemische
Überlieferung besagt, daß letzterer sich
weigerte Idole zu verehren und daher
zum Tode durch Verbrennen im
glühenden Feuerofen verurteilt wurde.
Er war jedoch so heiß, daß sich ihm
niemand nähern konnte. Der Teufel —
im Bild schwarz dargestellt — lehrte
Nimrod, wie die Situation gemeistert
werden konnte und so wurde Abraham
mit Hilfe eines Katapults in das Feuer
geworfen. An der Stelle, wo er
unbeschädigt landete, bildete sich ein
Becken und die brennenden
Holzscheite verwandelten sich in einen
geheiligten Karpfen. Die beiden
erhaltenen Säulen, die jene gewesen
sein sollen, an die der Patriarch
gebunden worden war, tragen
korinthische Kapitelle.

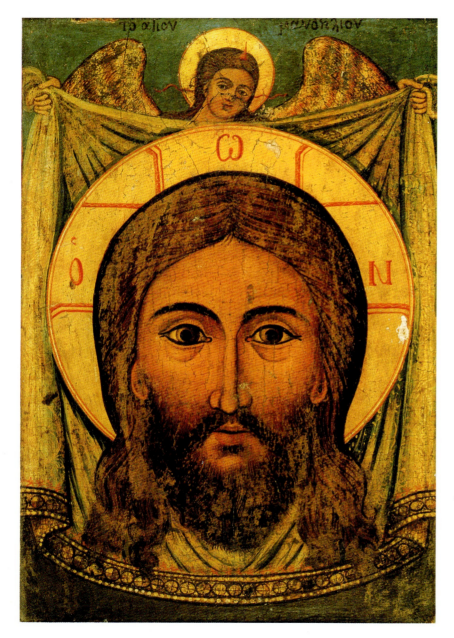

Heiliges Tuch. Ikone. Achtzehntes Jh. Aya Sofya (Hagia Sophia) Museum. İstanbul. Die christliche Tradition besagt, daß die erste Ikone von Christus selbst kreiert wurde. Es handelte sich um ein Portrait, das ohne menschliches Zutun (*Acheiropoietos*) entstanden sein und den König Abgar von Edessa geheilt haben soll. Nach einer kurzen Zeit brachte der König das Bild über einem der Stadttore an. Sein Urenkel, der ein Heide war, wollte das heilige Bild zerstören. Der damalige Bischof richtete jedoch eine Nische ein, in die es gehängt und in die es mit einer brennenden Lampe eingemauert wurde. Das heilige Bild und die noch brennende Lampe wurden in der Mitte des sechsten Jh. n. Chr. entdeckt, als der persische König, Chosroes I., Edessa eroberte. Das Bild war ganz. Es war auf die Innenseite der Fliese gedruckt worden, was es verborgen hielt. Somit waren die ersten Ikonen — auf Tuch und auf Fliese — kreiert worden. Die Ikonen des Heiligen Tuches erinnern an dieses Ereignis, indem sie das Gesicht Christi, repräsentiert auf einem Stück Tuch oder einer Fliese, zeigen. Die Überlieferung berichtet, daß die Ikone in Edessa von Konstantin VII. Porphyrogenitus (913-959) und Romanus I. (920-944) gekauft und nach Konstantinopel gebracht wurde. Hier wurde es in die Kirche der Jungfrau von Pharos im Großen Palast gehängt. Nach der Plünderung der Stadt durch die lateinischen Soldaten des vierten Kreuzzuges im Jahre 1204 ging die Ikone verloren. Das Design auf einem Stück Tuch wurde im Griechischen als *Mandylion* oder als Heiliges Tuch bekannt. Manchmal werden zwei Engel, die sich zu beiden Seiten des Gesichts befinden und das weiße Tuch halten, hinzugefügt.

Die Taufe der Apostel. Wandmalerei.
Zehntes Jh. n. Chr. Tokalı Kirche.
Freilichtmuseum Göreme. Kappadokien.

KAPPADOKIEN

Sind das nicht alles Galiläer, die hier reden? Wieso kann sie jeder von uns in seiner Muttersprache hören: Parther, Meder und Elamiter, Bewohner von Mesopotamien, Judäa und Kappadozien, von Pontus und der Provinz Asien, von Phrygien und Pamphylien…wir hören sie in unseren Sprachen Gottes große Taten verkünden (Apg 2:7-12).

Das Zitat aus der Apostelgeschichte zeigt, daß, obwohl Griechisch im ersten Jh. die allgemeine Sprache geworden war, die Kappadokier und andere Völker noch immer ihre einheimischen Sprachen, die in Palästina nicht bekannt waren, benutzten. Es zeigt auch, daß die anatolischen Juden der Diaspora, einschließlich der Juden in Kappadokien, nach Jerusalem pilgerten. In der Bibel wird Kappadokien auch unter den fünf Provinzen Anatoliens erwähnt, an die Petrus' erster Brief adressiert war (1 Petr 1:1). Ein Teil Kappadokiens gehörte zur römischen Provinz Galatien und in der Vergangenheit glaubten einige Gelehrte, daß Paulus folglich Kappadokien besuchte und mit seinem Brief an die Galater auch die kappadokischen Christen ansprach. Die aktuelle und allgemeine Meinung ist, daß Paulus nur Südgalatien besuchte und sein Brief somit nur an die Christen dieser Region adressiert war.

Der Name dieser Gegend soll von dem Wort 'Katpatuka' abstammen, das auf der Liste der Länder gefunden wurde, die an die Perser unter der Herrschaft des Darius I. (522-486 v. Chr.) Tribut bezahlten. Es soll 'Land der schönen Pferde' bedeutet haben. Der ältere Plinius erwähnt in seiner *Naturgeschichte* den Fluß Cappadox (Delice), einen NebenFluß des Halys (Kızılırmak), als Ursprung des Namens. Die antiken Literaturquellen weisen auf die Bewohner der Region als Syrer und manchmal als Weißsyrer, *Leukosyriai*, hin, um sie von jenen zu unterscheiden, die südlich der Tauruskette lebten.

Der Ursprung des Christentums in dieser Region ist unbekannt. Laut Überlieferung wurde 'der Apostel von Armenien', Gregor der Erleuchter (240-326) während eines Exils in Kappadokien zum Christen erzogen und bekehrte bei seiner Rückkehr nach Armenien den König Tiridates (238-314). Und dennoch bleibt Kappadokien in den frühen christlichen Schriften unerwähnt und es gibt auch keine archäologischen Beweismittel, die mit dem Christentum in Verbindung stehen und die in diese Zeit zurückreichen. Die Forschung hat gezeigt, daß die meisten der bekannten Kirchen dieser Region als ländliche Martyrien entstanden sind, wo der Jahrestag der

Basilius der Große. Wandmalerei. 1315-1321. Kariye Museum (frühere Erlöserkirche des Klosters in Chora). İstanbul.

Hinrichtung des Märtyrers gefeiert werden sollte. Dies geschah hauptsächlich während der Verfolgungen unter Decian um 250 und später.

Kappadokien, das bis dahin nur Pferde und Sklaven hervorbrachte, wurde zur Heimat berühmter Bischofe, die die Fahne des nicänischen Glaubensbekenntnisses trugen und eine wichtige Rolle bei der Gestaltung des heutigen Christentums spielten. Dazu zählen Basilius der Große, Gregor von Nyssa[1], und Gregor von Nazianz[2], bekannt als die kappadokischen Väter. Ihr sozialer und erzieherischer Hintergrund machte sie zu den Führern ihrer Zeit und sie organisierten die klösterliche Bewegung in Kappadokien.

Der Heilige Basilius der Große

Basilius (330-379) und Gregor (340-394) waren Brüder und wurden in eine wohlhabende und einflußreiche Familie der pontischen Region geboren. Basilius wurde in Caesarea Cappadocia, Konstantinopel und Athen in der heidnischen und christlichen Kultur ausgebildet. Er wählte ein asketisches Leben und begann am Fluß Iris (Yeşilırmak) in der Nähe von Neocaesarea (Niksar) als Eremit zu leben und verschrieb sich selbst der Gründung einer klösterlichen Gemeinschaft, gemäß strenger Regeln, die er selbst entworfen hatte. Durch seine Richtschnur versuchte er, orthodoxe Mönche davor zu bewahren, aufgrund ihres asketischen Lebens den Ansprüchen der weltlichen Gesellschaft und der Zivilisation gegenüber gleichgültig zu werden. Ein solches Verhalten wird auch in der Synode von Gangra (Çankırı) im Jahre 340 n. Chr. mißbilligt: 'Falls du immer alleine lebst, wessen Füße wäschst du dann?' Im Jahre 364 gab er auf Geheiß des Bischofs Eusebius von Caesarea (Palästina) seine Zurückgezogenheit auf, um die Orthodoxie gegen den Arianismus zu verteidigen. 370 wurde er zum Bischof von Caesarea (Kayseri) gewählt und hielt dieses Amt für den Rest seines Lebens inne. Kurz nachdem er sein Amt angetreten hatte, wurde er vom arianischen Kaiser Valens besucht, der erfolglos versuchte, ihn zur Unterstützung des Arianismus zu bewegen. Seine geistliche Karriere war stark der Verteidigung des christlichen Glaubensbekenntnisses gewidmet. Dieses war im Konzil von Nicäa (325) klar gegen die arianische Irrlehre formuliert worden, die mit dem Konzil von Konstantinopel (381), kurz nach dem Tod Basils, ein offizielles Ende fand.

[1] Lag vermutlich irgendwo zwischen Archelais (Aksaray) und Tyana (Kemerhisar).

[2] Das Dorf Nenezi in der Nähe von Aksaray.

(vorige Seite) Der Aufruf der ersten Apostel. Simon (Peter) und Andreas sowie Jakob und Johannes. Zehntes Jh. n. Chr. Tokalı Kirche. Freilichtmuseum Göreme. Kappadokien.

Gregor von Nazianz. Wandmalerei 1315-1321. Kariye Museum (frühere Erlöserkirche des Klosters in Chora). İstanbul.

Neben seinem missionarischen und literarischen Wirken richtete er bekannterweise Krankenhäuser und Herbergen für die Armen ein. Sein Werk *Längere und kürzere Regeln*, das für die Führung des klösterlichen Lebens geschrieben wurde, bildet immer noch die Basis der Vorschriften, die in der Östlichen Kirche befolgt werden. Obwohl streng, vermied Basil in seinen Richtlinien die extreme Genügsamkeit der Wüsteneremiten und betrachtete Asketik als ein Mittel zum perfekten Dienst an Gott, der im Gemeinschaftsleben unter Gehorsam erreicht werden sollte.

Der Hl. Gregor von Nyssa

Gregor (340-394) war der Bruder von Basilius dem Großen und der Bischof von Nyssa. Über sein Leben ist nur wenig bekannt. Im Jahre 371 wurde er von seinem Bruder zum Bischof von Nyssa geweiht. Ihr Vater war von einer Gruppe von Bischöfen, die durch die Region reisten, um am Konzil von Nicäa (325) teilzunehmen, bekehrt worden. Nach einigen Jahren wurde ihr Vater der erste Bischof von Nyssa. Gregor war eine der Schlüsselfiguren im ersten Konzil von Konstantinopel (381) und als redegewandter Prediger bei staatlichen Gelegenheiten in der Hauptstadt bekannt. Er war trotz allem mehr ein Gelehrter als ein Mann der Tat. Einige seiner Werke sind heute noch erhalten.

Der Hl. Gregor von Nazianz

Gregor von Nazianz (330-389) wurde in Caesarea Palaestinae, Alexandria und Athen, wo er mit Basilius dem Großen Freundschaft schloß, ausgebildet. Er bevorzugte die Abgeschiedenheit eines Klosters in Isaurien dem Bistum, das ihm unterstellt wurde. Nach dem Tod des Kaisers Valens, der die Arianer bevorzugt hatte, wurde Gregor zum Verfechter des Nicänischen Glaubensbekenntnisses und nahm seinen Platz im ersten Konzil von Konstantinopel (381) ein. Er verbrachte den Rest seines Lebens, aufs Land zurückgezogen, mit Studien. Er wird als einer der besten Interpreten der Theologie von Trinidad angesehen, die zuerst im Konzil von Nicäa (325) formuliert worden war. In seinen Schriften erwähnt er einen Besuch des Pilgerortes der Hl. Thekla nahe Seleukia am Kalykadnus (Silifke).

DIE ÖKUMENISCHEN KONZILE

Grabstein, eingebettet in die Mauer der Karavanserai von Kadınhan auf der antiken Straße von der Nähe Laodikeas Catacecaumene (Ladik) bis nach Ikonion (Konya). Er gehört Abras, dem Priester des Novatian. Die Novatianer waren gegen die rasche Wiederaufnahme abtrünnig gewordener Christen in die Kirche. In einem speziellen Edikt machte Konstantin der Große die Novatianer von der Bestrafung wegen Ketzerei frei.

Das Christentum, das als obskure Sekte in Judäa seinen Anfang nahm, das seine jüdischen Wurzeln überlebte und sich von ihnen frei machte, entwickelte sich in der kosmopolitischen Welt der griechisch-römischen Heidenkulte. Seinem natürlichen Verlauf folgend, entstanden daraus verschiedene lokale christliche Fraktionen, wie die Donatisten, Novatianer, Paulikianer, Marcioniten, Doketiten, Montaniten, Meletianer, Arianer und viele andere. Die Zwistigkeiten, die der letzten Gruppe anhafteten, entstanden aus dem Konzept der Verehrung eines Wesens, das auch ein Mann war. Dieses Konzept wurde noch komplexer durch die Hinzufügung des dritten göttlichen Elements, des Heiligen Geists.

Ab der Herrschaft Konstantins des Großen (324-337, Alleinherrscher) war es möglich geworden, allgemeine Konzile einzuberufen, die als ökumenisch[1] bezeichnet wurden, um auf solche Fragen Antworten zu finden. Es wurde angenommen, daß, falls alle Bischöfe sich versammelten, der Heilige Geist auf sie herabkommen und ihre Entscheidungen lenken würde. Die Anzahl und Art der Teilnehmer und die Beschlüsse dieser Versammlungen wurden jedoch oftmals von den Politkern der jeweiligen Periode entschieden, die vom König manipuliert wurden. Es fanden sieben Kirchenkonzile statt, bevor die Unstimmigkeiten zwischen den römischen (westlichen) und griechischen (östlichen) Christen die Einberufung weiterer Konzile, die von der gesamten Kirche anerkannt würden, verhinderten. Ausgenommen des letzten, das sich mit dem Ikonoklasmus befasste, war das Hauptanliegen der Konzile, die Fragen über die Person Jesus oder den Heiligen Geist zu beantworten oder die bereits definierten Dogmen gegen ketzerische Anschauungen, wie den Aranismus, Monophysitismus und andere, wieder geltend zu machen. Zusätzlich zu diesen wichtigen Fragen wurden auch die Richtlinien der Kirchendisziplin festgelegt. Neben diesen Konzilen, gab es jene, die von der römischen Kirche als ökumenisch angesehen wurden, denn die römische Kirche sah sich selbst als die einzig legitime christliche Gemeinde der ganzen Welt an. Diese Konzile wurden von den Vertretern der griechisch-orthodoxen Kirchen nicht wahrgenommen und wurden von ihnen, wie auch von der anglikanischen Kirche, nicht als wirklich ökumenisch angesehen.

[1] Griechisch *Oekumene* oder 'bewohnte Welt'.

Das erste Konzil von Nicäa (325)

Die Lehre über die Person Jesus hatte sowohl die gemeinen Gläubigen als auch die Theologen seit Anbeginn des Christentums beunruhigt, wurde jedoch erst zur Zeit des Konstantins aktuell. Eine Auseinandersetzung über die wahre Lehre der Person des Jesus, die zwischen einem libyschen Priester namens Arius und Alexander, dem Bischof von Alexandria begann, entwickelte sich zu einem scharfen Streit und spaltete den Klerus in zwei antagonistische Parteien. Arius behauptete, daß es nur eine Person gab, Gottvater, und nicht drei verschiedene, gleichwertige und gemeinsam ewige Personen in Gott. Der Sohn war nicht genau derselben Natur wie der Vater, daher nicht gleichwertig und somit Gottvater unterzuordnen. Jesus war der Sohn und damit die höchste Kreatur, eine Art Halbgott, geschaffen für die Errettung der Welt. Er hatte einen menschlichen Körper, doch keine menschliche Natur. Doch seine übermenschliche Natur war nicht gleichwertig mit Gott. Arius' Gegner waren hingegen der Auffassung, daß Gott und Sohn aus 'der gleichen Materie' oder *Homoousios* waren.

Für Konstantin war es frustrierend zu einer Zeit, als er den neuen Glauben als ein Mittel zur Erlangung von Einigkeit in seinem Reich ansah, von solchen Streitigkeiten zu hören. Es war nicht das erste Mal, daß der Frieden in seinem Imperium unter einer Irrlehre litt, denn er war bereits durch die Donatisten[1] aus Nordafrika schon um 313 gestört worden. Es handelte sich hierbei jedoch um eine regionale Irrlehre, die Ägypten nicht betraf. Ägypten war der Hauptlieferant von Getreide für Byzanz oder das Neue Rom (Nova Roma). Es war Konstantin unmöglich zu verstehen, warum die Christen über etwas diskutierten, was in den Evangelien nicht erwähnt wurde und bereits in der Vergangenheit lag. Die Neuigkeiten aus Ägypten waren so beunruhigend, daß er seine Reise dorthin in Antiochia am Orontes abbrach und nach Nikomedia zurückkehrte. Er entschied nach Ostern 325, ein Konzil aller Bischofe in Ankyra (Ankara) einzuberufen, denn es konnte von den zwei Hälften seines Reiches aus leicht erreicht werden. Später verlegte er das Konzil jedoch nach Nicäa (İznik), wo er persönlich teilnehmen und seinen Verlauf kontrollieren konnte.

Das Konzil von Nicäa wurde aufgrund der großen Anzahl von Teilnehmern als das erste ökumenische Konzil angesehen. Um dies zu erreichen, wurden die Unkosten der Teilnehmer vom Staat übernommen und sie wurden vom staatlichen Transportservice

Nicäa und der See Ascania. Aus der *Tabula Peutingeriana* (Peutinger Karte). Drittes bis viertes Jh. n. Chr.

---

[1] Eine kompromißlose christliche Sekte, die die Obrigkeit von Rom ablehnte. Konstantin gelang es nicht, die Irrlehre zu bewältigen und überließ die Donatisten dem Urteil Gottes.

Unterirdische Grabkammer in der Nähe von İznik. Viertes Jh. n. Chr. Ursprünglich befand sich ein Blumenkorb zwischen den Pfauen. Der Pfau symbolisierte in der Antike Unsterblichkeit, da sein Fleisch angeblich nicht verfaulte. In der Scheibe befand sich ein Christogramm.

umsonst befördert. Bis auf einige Bischöfe, die aus dem latinischen Westen kamen, waren alle Teilnehmer griechische Bischöfe und kamen hauptsächlich von den Kirchen aus der südlichen Hälfte des Imperiums. Gregor von Nyssa und Jakob von Nisibis (Nusaybin) waren zwei der Teilnehmer. Die spätere christliche Überlieferung fügte einige wichtige Bischöfe, wie Nikolaus von Myra, hinzu.

Die Versammlungen begannen im kaiserlichen Palast am 20. Mai 325 am See Ascania (İznik) mit der Eröffnungsrede des Konstantin, der die Bischöfe dazu drängte, Einigkeit und Frieden zu erlangen. Der Sieg über die arianische Irrlehre wurde durch das Eingreifen Konstantins erreicht. Das Glaubensbekenntnis, das der Kaiser und die bedeutenden Bischöfe übereinstimmend vorschlugen, war stark anti-arianisch. Es behauptete, daß der Sohn 'von derselben Materie' wie der Vater sei. Seine Worte konnten von den Arianern auf ihre Weise interpretiert werden. Obwohl die Zahl der Teilnehmer wohl zwischen 220 und 250 lag, unterzeichneten laut

Überlieferung 318[2] von 320 Bischöfen dieses Glaubensbekenntnis. Die Opposition bestand aus zwei libyschen Bischöfen, die sich nicht mit dem Hauptthema beschäftigten, sondern mit einem Kanon, der sie der Kontrolle Alexandrias unterwarf. Sie wurden jedoch getadelt und, wie Arius, der als Beobachter des Konzils zugegen war, exiliert. Dies war das erste Mal, daß Christen sich gegenseitig, aufgrund ihrer unterschiedlichen Glaubensmeinungen, verfolgten. Die Versammlung endete mit einem vorzüglichen Bankett. Während der Sitzungen und danach wurde die Flagge der nicänischen Causa von Athanasius, bis zu seinem Tod 373, getragen. Er hatte seine Wüsteneremitage verlassen, um für die Orthodoxie zu kämpfen und begleitete Bischof Alexander als Diakon zum Konzil und stand ihm zur Seite. Es würde jedoch einige Jahrzehnte bis zum Verschwinden des Arianismus dauern. Arius soll, laut seinen Feinden, in einem Waschraum in Konstantinopel gestorben sein, wo seine Gedärme — aufgrund einer Vergiftung — platzten. Dieses Ende sahen seine Feinde als Gottes Vergeltung an.

Das Konzil diskutierte auch einige Fragen der Kirchendisziplin. Bis dahin feierten die Kirchen im Westen und Alexandria Ostern an einem Sonntag, die anderen Kirchen im Osten berechneten es jedoch nach einem jüdischen Kalender. Es wurde entschieden, daß Ostern immer an einem Sonntag zelebriert werden sollte und niemals am selben Tag wie ein jüdisches Fest. Das Konzil bestätigte auch die spezielle Autorität des Bischofs von Antiochia über Syrien und die von Alexandria über ganz Ägypten. Den Kirchen von Antiochia und Alexandria wurden umfassendere Rechte eingeräumt als den anderen Gemeinden, da sie sich den Erfolg der apostolischen Gründung zuschreiben konnten.

Das erste ökumenische Konzil erzielte keine Einigkeit in der Kirche, verhinderte jedoch das offene Aussprechen von Problemen, zumindest bis zum Tod des Konstantin. Trotz all seiner Bemühungen enttäuschten Konstantin die Ergebnisse des ersten ökumenischen Konzils von 325. Gregor von Nyssa (340-394) fasste die Situation in der Hauptstadt folgendermaßen zusammen:

'Falls du einen Mann um eine Änderung bittest, so wird er dir ein Stück Philosophie über die Eingeborenen und die nicht Eingeborenen darbieten; fragst du nach dem Preis eines Brotlaibes, antwortet er, 'Der Vater ist größer und der Sohn untergeordnet'; fragst du, ob das Bad gerichtet ist, ist die Antwort, daß der Sohn aus nichts gemacht wurde'.

Die Probleme kamen während der Herrschaft des nachfolgenden Kaisers unverzüglich ans Tageslicht. Die pro-arianische Einstellung und Politik des Sohnes und Nachfolgers Konstantins, Konstantius I. (337-361) entfremdete die orthodoxen Christen und um 360 wurde in Antiochia eine neue (halbarianische) Formel entwickelt, die versicherte, daß die Essenz des Sohnes 'wie' die des Vaters (*homoiousios*) ist, was dem Nicänischen Glaubensbekenntnis stark ähnelte. Der Kaiser entschied, daß das Nicänische Glaubensbekenntnis der Hauptgrund für die Auseinandersetzungen war und die vage Formulierung

---

[2] Die symbolischen 318 Väter, die am Konzil teilnahmen, wurden von der frühen Christenheit häufig angefleht. Die Zahl, die die Summe der Primärzahlen von 7 bis 7^2 repräsentiert, soll in der Geschichte eine besondere Bedeutung gewonnen haben, denn Abraham musterte seine 'ausgebildete Mannschaft, dreihundertachtzehn Mann' (Gen 14:14) aus, um Lot zu retten. Die Zahl könnte im antiken Nahen Osten einen umfassenderen Gebrauch gehabt haben, z.B. als Taduhepa, die Tochter von Tushratta, König der Mitanni, nach Ägypten reiste, um Amenophis III. (1390-1352 v. Chr.) zu heiraten, wurde sie von 317 Hofdamen begleitet, mit ihr selbst als vierter 318.

'wie' besser für die Erzielung eines Kompromisses geeignet war. Diese Hoffnung war jedoch zu optimistisch.

Sein Nachfolger Julius (der Abtrünnige) (361-363) versuchte das Heidentum wiederzubeleben und hoffte, daß die verschiedenen christlichen Fraktionen weiterhin streiten und einander vernichten würden. Er sah das Christentum als Abtrünnigkeit vom Judentum an und hatte vor, den Tempel in Jerusalem, der von Titus im Jahre 70 n. Chr. zerstört worden war, wiederaufzubauen. Die Christen sahen das Verschwinden der Opferkulte und den Fall Jerusalems als das Ende des Judentums an. Während seiner persischen Expedition entschied Julius, den Tempel auf seine eigenen Kosten zu bauen und er sandte seinen Freund Alypius, um den Wiederaufbau zu überwachen. Die Arbeit wurde jedoch unterbrochen und aufgegeben. Die antike Literatur erwähnt Katastrophen wie Feuerbälle, die unter dem Fundament herausplatzten oder Feuer, das vom Himmel auf das Gebäude und die Arbeiter fiel. Während einige Kaiser nach Julius pro-arianisch oder arianisch waren, waren andere entgegengesetzter Meinung. Die Christen erlitten während der Herrschaft von Regenten anderen Glaubens starke Verfolgungen. Daß die Orthodoxie am Ende die Schlacht gewann, lag mehr an der Tatsache, daß die Christen seit Beginn des Christentums Christus als Gott verehrt hatten, als an den Bemühungen des orthodoxen Klerus oder der Kaiser.

Orthodoxe Christen, die unter der Herrschaft Arians, dem Nachfolger Konstantins des Großen, vor den Arianern flohen. Die Predigten des Hl. Gregor von Nazianz. 880-886 Jh. Nationalbibliothek. Paris.

Theodosius I., der Große, der der Irrlehre ein Ende bereitete, grüßt den Hl. Gregor von Nazianz, den Führer der triumphierenden orthodoxen Kirche. Buchillumination. Die Predigten des Hl. Gregor von Nazianz. 880-886 Jh. Nationalbibliothek. Paris.

Das erste Konzil von Konstantinopel (381)

Obwohl das erste Konzil von Nicäa den arianischen Glauben verdammte und das Dogma bestätigte, daß Vater und Sohn aus derselben Materie bestanden, glaubten einige Gelehrte, daß der Heilige Geist, die dritte Person der Dreieinigkeit, sich in seiner Substanz von den beiden anderen Personen unterschied und eine Art 'Kreatur' der zweiten Person war. Diese Irrlehre wurde Macedonianismus genannt.

Im Mai 381 berief Theodosius I. (378-395) ein zweites ökumenisches Konzil in der Kirche der Hl. Irene in Konstantinopel ein, um die Natur des Hl. Geistes zu definieren. Er hatte ein Jahr zuvor das Christentum als die offizielle Religion seines Reiches anerkannt. Der Kaiser hatte seine Aufgaben sorgfältig erfüllt und die Kirchen bereits darüber unterrichtet, daß das Ziel des Konzils die erneute Bestätigung des Nicänischen Glaubensbekenntnisses sein würde. Dieses Mal kamen aus Rom keine Vertreter. Das Konzil bestätigte den nicänischen Glauben in dem Sinne, daß es die Schlüsselworte 'aus derselben Materie' oder *homoousios* wieder geltend machte und ebenso, daß der Heilige Geist von derselben Materie wie der Vater und der Sohn war. Dieses Konzil beendete den Arianismus, der sich bereits in kleinere

Kyrill von Alexandria. Wandmalerei.1315-1321. Kariye Museum (frühere Erlöserkirche des Klosters in Chora). İstanbul.

Gruppen gespalten hatte, innerhalb der Reiches. Er bestand bei den Goten weiter, die wie viele andere arianische Missionen durch Ulfila (311-383), den Übersetzer der gotischen Bibel, bekehrt wurden und dies unter Vandalen und Lombarden.

Die wichtigste Entscheidung, die die Kirchenhierarchie betraf, war — zum Verdruß Alexandrias — 'dass der Bischof von Konstantinopel auf den Bischof von Rom folgen würde, da es sich um das Neue Rom handelte'. In Folge nahm Konstantinopel den Platz Alexandrias ein, das bis dahin den zweiten Rang hinter Rom eingenommen hatte, und rückte somit auch vor Antiochia und Jerusalem.

Das Konzil von Ephesus (431)

Eine andere Frage, die die Kirche während des letzten Viertels des vierten Jahrhunderts beunruhigte, war die Interpretation der Beziehung zwischen der göttlichen und menschlichen Natur Christi. Das erste Konzil von Nicäa (325) hatte gegenüber Arius erklärt, daß 'Christus wahrlich Gott ist' und alle hatten dieser Aussage zugestimmt. Im ersten Konzil von Konstantinopel (381) wurde, neben der Wiederholung dieser Klausel, das bereits akzeptierte Dogma, daß 'Christus wahrlich Mensch ist' auf Geheiß von Anatolien und Syrien hinzugefügt, was eine Betonung der Menschlichkeit Christi bedeutete.

Zu Beginn des fünften Jh.s erzeugte die Definition, daß Christus sowohl Gott als auch Mann oder 'ganz Gott und ganz Mann' war, einige Fragen. Hatte Christus eine gespaltene Persönlichkeit und falls nicht, war er zwei Personen? Diese Frage wurde zum Anlaß eines bitteren Streites zwischen Alexandria und Antiochia. Obwohl keine dieser theologischen Schulen, in Übereinstimmung mit dem religiösen Hintergrund ihrer theologischen Schulen, die Einheit Christi abstritt, waren sie unweigerlich gezwungen, eine der Naturen Christi zu Gunsten der anderen abzuschwächen.

Die alexandrinische Schule, die von dem Patriarchen Kyrill geleitet wurde und fest an die Erlösung glaubte, betonte die göttliche Natur Christi. Die Schule von Antiochia sah Christus als den idealen Menschen und als das christliche Modell der Menschheit und betonte folglich seine menschliche Natur, ohne Christus seiner Erlöserrolle zu berauben. Der Gründer der antiochenischen Theologie war Theodor von Mopsuestia (Misis nahe Adana). Als die Ereignisse eine unwiderrufliche Wende nahmen, wurde seine Flagge von Nestorius hochgehalten. Nestorius wurde in Germanicia (Maraş) geboren und außer daß er ein Mönch und regelmäßiger Prediger in der Kathedrale von Antiochia war, ist nicht viel über sein Leben bekannt. Im Jahre 428 wurde Nestorius zum Patriarchen von Konstantinopel ernannt.

Nestorius glaubte und predigte, daß Christus zwei unterschiedliche Naturen besaß, eine menschliche und eine göttliche. Ansonsten könnte man nicht von Gott als von 'einem zwei oder drei Monate alten Kind' sprechen. Mit dem dritten Jh. war auch die Erwähnung der Jungfrau mit dem Epitheton 'Mutter Gottes' oder Theotokos besonders in den östlichen Ländereien des Reiches üblich geworden und breitete sich auf Konstantinopel und den Westen aus. In Antiochia wurde dieser Beiname nicht häufig verwendet und für ein Mitglied der theologischen Schule Antiochias, die die vollständige Menschlichkeit Christi verteidigte, wies er darauf hin, daß die göttliche Natur von einer Frau geboren worden war und dies wurde als störend empfunden. In der Hauptstadt versammelte Nestorius jene, die die Jungfrau Maria 'Mutter Gottes'[1] oder 'Mutter des Menschen' nannten und schlug vor, daß sie 'Mutter Christi'[2] genannt werden sollte, denn dieser Begriff, der auch in den Evangelien verwendet wurde, repräsentierte sowohl den Gott als auch den Menschen. Kurz nach diesen Vorträgen wurde Nestorius von Kyrill von Alexandria der Ketzerei beschuldigt.

Der theologische Streit hatte jedoch zugleich einen stark politischen Unterton, denn Kyrill war von der Überlegenheit seines apostolischen Bistums von Alexandria gegenüber der Kirche Konstantinopels, die das jüngste unter den bedeutenden Bischofstümern war, überzeugt. Dazu kam die lange anhaltenden theologische Rivalität zwischen Antiochia und Alexandria. Im Jahre 429 zeigte Kyrill Nestorius wegen Ketzerei an, beschuldigte ihn der Verleugnung der Göttlichkeit Christi und appellierte somit an die Gefühle der orthodoxen Christen. 431 mußte Theodosius II. ein Konzil in Ephesus einberufen, um eine Lösung für dieses Problem zu finden.

Das Treffen begann in der Kirche der Jungfrau Maria, deren Ruinen heute noch erhalten sind. Kyrill übernahm den Vorsitz und beschuldigte Nestorius, gelehrt zu haben, daß Christus lediglich ein erleuchteter Mensch gewesen sei. Kyrills Agenten hatten das Gerücht verbreitet, daß Nestorius den Titel 'Mutter Gottes' ablehnte, weil er nicht daran glaubte, daß Jesus Gott war. Kyrill und seine Partei warteten nicht auf die Ankunft des Patriarchen von Antiochia, Johannes, der auf Nestorius' Seite stand, sondern erklärten Nestorius sofort zum Ketzer und exkommunizierten ihn. Rom unterstützte diese Entscheidung. Der Patriarch von Antiochia hielt, nach seiner Ankunft in Ephesus, ein weiteres Konzil ab und exkommunizierte Kyrill. Theodosius II. sah sich, obwohl er Nestorius bevorzugte, gezwungen, beide Führer abzusetzen. *Kyrill* kaufte sich mit Geldern der Kirche aus dem Gefängnis frei und

---

[1] Griechisch *Theotokos* oder 'Gottesgebärerin'.

[2] Griechisch Chrestotokos oder 'Christusgebärerin'.

kehrte nach Alexandria zurück. Nestorius wurde in sein Kloster nahe Antiochia, im Jahre 435 nach Petra und einige Jahre darauf in die libysche Wüste verbannt, wo er 450 starb.

Nach kurzer Zeit begann man die Alexandriner die Monophysiten[3] zu nennen. Die Anhänger von Nestorius wurden zuerst als Duophysiten[4] und später als Nestorianer bezeichnet. Die gemäßigten Theologen und Politiker dieser Periode versuchten die alexandrinische und die antiochenische Schule zusammenzubringen. Kyrill von Alexandria und Johannes, der Patriarch von Antiochia, arrangierten, unter dem Druck der Hauptstadt, einen prätentiösen Waffenstillstand. Dieser Friede hielt nicht lange an und fand ein Ende, sobald die alten Bischöfe von neuen abgelöst wurden; denn Johannes starb 442 und Kyrill 444. Um den Frieden zwischen der Kirche von Alexandria und den von Antiochia herzustellen, hatte Kyrill, nur zwei Jahre nach dem Konzil, eine Formel der Wiedervereinigung erklärt, die auch mit der antiochenischen Theologie übereinstimmte. Um seine früheren Anhänger nicht zu beleidigen, akzeptierte er die Phrase 'Vereinigung von zwei Naturen', die später zu 'einer Natur nach der Vereinigung' wurde. Eine Zeit lang hatte jede Partei als der Situation zustimmend zu erscheinen, wenn auch unfreiwillig. Im Jahre 449 sah sich Theodosius II. gezwungen, ein weitere Versammlung in Ephesus einzuberufen. Dieses Mal endete sie mit der Bestätigung der monophysischen Causa. Dieses Treffen wurde von Papst Leo I., dem 'Großen als Räubernest', *Latrocinium*, bezeichnet und war folglich als das 'Räuberkonzil' bekannt.

Der Nestorianismus fand jedoch fruchtbaren Boden außerhalb der Imperiums. Bereits im sechsten Jh. gab es 'syrische Christen' und 'Assyrer' in weit entfernten Ländern, wie Indien, Zentralasien und China. Die Kirche des Ostens wurde allgemein als nestorianische Kirche bezeichnet, obwohl ihre Lehre niemals der Nestorianismus war. Sie gründeten eine theologische Schule in Nisibis (Nusaybin) und ein Patriarchat in Seleukia Ctesiphon am Tigris. Sie wurden von den persischen Königen, den Feinden der Byzantiner, beschützt. Im Laufe der Zeit wendeten sich einige der römischen Kirche zu, während andere sich von der monophysitischen Lehre angezogen fühlten, die das Gegenteil des Nestorianismus war. Heute lebt eine beschränkte Anzahl von nestorianischen Christen im Irak und in benachbarten Ländern.

Am Ende des vierten Jh. s. war das Christentum in drei Hauptkirchen gespalten: Die Kirche des Westens (Rom und Konstantinopel), die Kirche des Ostens (Persien) und die Kirche in Afrika (Ägypten und Äthiopien).

[3] Griechisch *mono*, 'ein' und *physis*, 'Natur'.

[4] Griechisch *duo*, 'zwei' und *physis*, 'Natur'.

Das Konzil von Chalcedon (451)

Papst Leo I., der Große, bat Theodosius II., ein Konzil einzuberufen, um die orthodoxe Lehre noch einmal zu definieren und somit dem kirchlichen Chaos ein Ende zu setzen. Seine Bitte wurde zurückgewiesen. Kurz nach Theodosius' Tod wurde seine Schwester Pulcheria, die den Senator und Veteranen Marcian (450-457) heiratete, Kaiserin und berief, auf Wunsch des Papstes, ein großes Konzil in der Kirche der Hl. Euphemia[1] in Chalcedon (Kadıköy) ein. Die Teilnahme von mehr als sechshundert Bischöfen an diesem Konzil zeigt das Ausmaß des Mißfallens, das das Räuberkonzil in den östlichen Provinzen erzeugt hatte. Dies war das größte der sieben ökumenischen Konzile und das zweitwichtigste nach dem ersten Konzil von Nicäa. Das Konzil bestätigte erneut, daß Christus eine Person mit zwei Naturen, einer göttlichen und einer menschlichen, war. Es war jedoch unmöglich, die Beziehung zwischen den beiden Naturen zu definieren und dies war der Grund der Kontroverse. In Folge wurden sowohl der Nestorianismus, der das menschliche Element in Christus überbetonte, als auch der Monophysitismus, der die göttliche Natur Christi auf Kosten der menschlichen überbewertete, verdammt. Das Resultat befriedigte weder Alexandria noch Antiochia.

Eine der Entscheidungen, die auf dem Konzil, während der Abwesenheit der römischen Delegierten, gefällt wurden, war die Erhebung Konstantinopels auf dieselbe Stufe wie Rom: 'Das Bistum von Konstantinopel soll die gleichen Privilegien genießen wie das Bistum des alten Rom'. Somit hatte Rom nur noch eine nominelle Überlegenheit. Mit anderen Worten, während der Bischof von Rom in der universellen Kirche ein höheres Maß an Ehre genoß, erhielt der Bischof von Konstantinopel, der augenscheinlichen Hauptstadt dessen, was vom römischen Reich übriggeblieben war, die gleichwertige Autorität. Dieser Kanon, der 'Kanon der Achtundzwanzig', wurde von Rom stark angefochten und wurde zu einem der Gründe, die schließlich im Jahre 1054 zur Trennung der Kirchen des Ostens und Westens führten. Die neue Position, die der Kirche von Konstantinopel verliehen worden war, entfremdete, gemeinsam mit nationalen und politischen Faktoren, auch Ägypten, Syrien und Palästina dem Imperium.

Kurz nach dem Konzil wählten die ägyptischen Monophysiten in Alexandria ihren eigenen Patriarchen, getrennt von dem, der ihnen von der Hauptstadt zugeteilt worden war. Somit unternahmen sie den ersten Schritt zur Gründung der ägyptischen Kirche, die als Koptische Kirche[2] bekannt werden würde. Als die moslemischen Armeen, die an die einzige Person von Allah glaubten, im siebten Jh. erschienen, unterwarf sich die koptische Kirche ihnen bereitwillig.

[1] Nach einer Jungfrau benannt, die 303 gemartert wurde.

[2] Griechisch *coptic* oder 'ägyptisch'.

Konstantinopel und Chalcedon (Kadıköy). Aus der *Tabula Peutingeriana* (Peutinger Karte). Drittes bis viertes Jh. n. Chr. Die Stadt wird mit der Säule des Konstantin ('Çembelitaş') identifiziert. Sie trägt seine Statue und die Statue des Zeus von Olympia, eines der Sieben Weltwunder, das er in die Hauptstadt gebracht hatte. Jenseits des Bosporus liegt Chalcedon.

Das zweite Konzil von Konstantinopel (553)

In der folgenden Periode gingen die Auseinandersetzungen und Kämpfe zwischen den Chalcedoniern und den Monophysiten weiter, während einige christliche Theologen neue Schemen suchten, um den monophysitischen Osten (Ägypten, Syrien und Palästina) in die Kirche zu integrieren. Bis Justinian (527-565) auf den Thron kam, tolerierten die meisten byzantinischen Kaiser die Monophysiten, und dies entfremdete die westliche Kirche.

Die Herrschaft des Justinian (527-565) wurde durch Siege auf beiden Seiten, im Osten und Westen, gekennzeichnet. In der Hauptstadt baute er die Sophienkirche, die noch heute eines der ältesten und größten Gebäude der christlichen Welt ist. Die Lehre der heidnischen, griechischen Philosophie wurde nicht mehr toleriert, außer in christlichen Institutionen. Im Jahre 529 verfügte er, daß die Platonische Akademie in Athen für immer geschlossen wurde. Er wollte den Westen wiedergewinnen und hierfür war die Akzeptanz der chalcedonischen Causa unentbehrlich. Als christlicher römischer Kaiser und Vizeregent von Gott auf Erden fühlte er sich dazu verpflichtet, die Einheitlichkeit des Glaubens bei seinen Untergebenen durchzusetzen und Kirche und Staat unter seiner Kontrolle fest zu vereinen. Irrlehren, speziell die der Monophysiten, mußten ausgelöscht werden. Eine zu strenge Behandlung Ägyptens hätte jedoch den Getreidetransport in seine Hauptstadt beeinträchtigen können.

Die Monophysiten waren nicht glücklich über das vorhergehende Konzil von Chalcedon (451), aufgrund der Tatsache, daß es zwar die orthodoxe Definition erneut bekräftigt hatte, aber die drei wichtigsten Nestorianer der damaligen Zeit, deren Werke den Monophysiten äußerst mißfielen, freigesprochen hatte. Sie forderten ein weiteres Konzil, das, indem es die chalcedonische Definition wieder geltend machen würde, die Propositionen oder 'Kapitel'[1], geschrieben von diesen drei Theologen, verdammen würde: Theodor von Mopsuestia (Misis), Theodoretus von Kyrrhus (in Syrien) und Ibas von Edessa (Urfa). Das Konzil, das in Konstantinopel einberufen wurde, fand in der Sophienkirche statt; Justinian nahm nicht daran teil. Die Briefe, die er an die Teilnehmer sandte (nur zwei Dutzend von 168 Teilnehmern kamen aus dem Westen oder Afrika), informierten diese, was er zu hören hoffte. Das Treffen endete mit der erwarteten Entscheidung. Die Fehler in den Schriften dieser drei Theologen wurden anerkannt und bestimmt, daß es nicht richtig war, die Toten zu verfluchen. Das Ergebnis änderte nichts an den Problemen zwischen den Chalcedoniern und den Monophysiten. Letztere kreierten ein unterirdisches Episkopat, das bis heute unter den Jakobinern, Kopten und Äthiopiern, die Chalcedon ablehnen, fortbesteht. Theodoret of Cyrrhus (in Syria) and Ibas of Edessa (Urfa).

---

[1] Hiernach wurde das Problem 'Drei-Kapitel-Kontroverse' benannt.

Der Kaiser Heraklius, das Wahre Kreuz tragend. Detail einer Buchmalerei. Fünfzehntes Jh. n. Chr. Kopie aus *Geschichte der Kreuzzüge und des Königreichs Jerusalem* von Wilhelm von Tyrus. Britische Bibliothek. London. Er soll es entlang der *Via Dolorosa* zur Kirche des Hl. Sepulkra, die er restauriert hatte, getragen haben.

Das dritte Konzil von Konstantinopel (680-681)

Heraklius[1] I. (610-641) übernahm ein Imperium, das an seine Feinde im Norden (die Awaren und Slawen) und im Westen (die Sassaniden, die bald von den Sarazenen verdrängt würden) Boden verlor. Er fürchtete, daß monophysitische Christen, die von der westlichen Kirche isoliert waren, sich mit den östlichen Feinden des byzantinischen Imperiums zusammenschließen würden. Um eine Lösung für die Auseinandersetzungen zwischen den antagonistischen Gruppen zu finden, berief er das sechste ökumenische Konzil ein. Die vorhergehenden Kompromißformeln zur Defintion der Natur Christi wurden verworfen und die Lehren des Konzils von Chalcedon (451) wurden als wahr anerkannt. Um Frieden in die Kirche zu bringen, wurde, auf Anregung des Kaisers Heraklius kurz vor seinem Tod, eine neue Formel vorgeschlagen, die die Frage nach den Naturen umging, indem sie behauptete, daß Christus zwar , wie in Chalcedon bestätigt 'zwei Naturen', aber nur einen 'gemeinsamen Willen' habe. Obwohl sein Vorschlag im Osten akzeptiert wurde, lehnte Rom ihn ab und somit erzielte er in Folge nicht die Einheit, die Heraklius sich erwartet hatte.

Die Behauptung wurde als unvereinbar mit der Realität der menschlichen Natur Jesu angesehen und um die monotheletische Lehre, auch Monotheletismus[2] genannt, zu regeln, berief Konstantin IV. (668-685) das dritte Konzil von Konstantinopel ein. Die Versammlungen wurden in der *Trullos*, 'Gewölbehalle', des Großen Palastes abgehalten und am Ende wurde die Lehre des 'gemeinsamen Willens' verworfen und der chalcedonische Glaube bestätigt.

[1] Seine berühmteste Heldentat war die Niederwerfung der Sassaniden und das Wiederanbringen des Heiligen Kreuzes in der Kirche des Hl. Sepulkra in Jerusalem im Jahre 630. Es war von den Sassaniden 614 mitgenommen worden.

[2] Griechisch *mono*, 'ein', *thelein*, 'zum Willen'.

Das zweite Konzil von Nicäa (787)

Das zweite Konzil von Nicäa wurde nicht durch eine Lehre über die Natur Jesu, sondern durch die ikonoklastische Kontroverse verursacht. Es ist das siebte und letzte der Konzile, die von der katholischen und der orthodoxen Kirche anerkannt wurden.

Diese Kontroverse begann im achten Jh. und gewann in den östlichen Ländern des Imperiums immer mehr an Ernst. War es recht, bildliche oder skulpturierte Darstellungen von Jesus und den Heiligen anzufertigen und solchen Abbildern direkt zu huldigen? Die Verteidiger der Bilderverehrung behaupteten, dass, falls Jesus wirklich ein Mann war, es logisch sei, daß er in erkennbarer Form abgebildet werden könnte. Als es den Juden verboten wurde, Abbilder von Gott zu schaffen, wurde ihnen der folgende Grunde dafür (Dt 4:12) genannt: 'Eine Gestalt [Gottes] habt ihr nicht gesehen'. Gott zeigte sich selbst in Jesus in sichtbarer Form, und es würde sich demnach um eine Verleugnung der Inkarnation handeln, falls das Kreieren von Abbildern verboten wäre. Der monophysitische Osten dachte, daß die Menschlichkeit Christi untrennbar war von seiner Göttlichkeit und die Bemühung,

Hagia Sophia Museum (frühere Sophienkirche). İznik. Die Kirche war die Stätte des zweiten Konzils von Nicäa. Die Ruine auf dem Bild stammt etwa aus dem Jahre 750.

den *Aleptos* oder Unbegreifbaren zu repräsentieren, war somit nutzlos. Das Zeichnen eines Bildes von Jesus diente der Trennung seiner Menschlichkeit von seiner Göttlichkeit.

Der Konflikt bezüglich der Bilder blieb ein dogmatisches Argument, bis 726 Leo III. (717-741), der als der 'Isaurier' (von Germanicia, Maraş) bekannt war und den Ikonoklasmus durchsetzte. Der Grund für seine Ablehnung der Bilder ist nicht klar. Er hatte sich vielleicht die Unterstützung seiner Armee sichern wollen, die hauptsächlich aus Anatolien stammte, wo der ikonoklastische Glaube sehr stark war und vom Judaismus und Islam beeinflußt wurde. Sein Edikt erzwang die Entfernung aller Ikonen aus den Kirchen. Die Kontroverse, die er ins Leben rief, dauerte über hundert Jahre und trug zur Entfremdung der byzantinischen Kirche von der Kirche Roms bei. Die ikonoklastische Staatspolitik wurde während der Herrschaft seiner Nachfolger Konstantin V. (741-745) und Leo IV. (775-780) beibehalten.

Die Zerstörung der Bilder, *Eikons*, hielt bis zur Regentschaft Irenes (780-797) nach ihres Gatten Tod, als Kaiserin an Stelle ihres jungen Sohnes, Konstantin VI., an. Irene war eine eifrige Verfechterin der Ikonen und wollte die heiligen Bilder wieder anbringen. Der Großteil der Armee war jedoch noch ikonoklast und sie mußte daher behutsam vorgehen. Sie entschied, ein zweites Konzil in Nicäa einzuberufen. Es wurde in der Sophienkirche abgehalten, deren restaurierte Ruinen noch erhalten sind. Neben anderen Dingen erklärte dieses Konzil, daß Ikonen Verehrung (griechisch *Proskynesis*), aber nicht Anbetung (griechisch *latreia*), die Gott allein gebührte, verdienten und die Ikonoklasten wurden verdammt. Diese Aussage wurde von Papst Adrian I. bestätigt, wurde jedoch im Westen, zum Teil aufgrund einer inkompetenten Übersetzung, im allgemeinen nicht akzeptiert. Die beiden Worte *proskynesis* und *latreia* wurden zum Beispiel gleich übersetzt und somit forderte das Konzil die Christen auf, die Ikonen in derselben Weise anzubeten, wie sie Gott anbeteten. Mit diesem Konzil wurde die Trennung von Rom und Konstantinopel, die vom vierten ökumenischen Konzil in Chalcedon (451) angeregt worden war, vollkommen. Die römisch-katholische Kirche und die orthodoxe Kirche des Ostens gingen getrennt ihrer Wege.

Die politischen und ökonomischen Fehlentscheidungen Irenes und ihrer Nachfolger verursachten eine Bewegung zu Gunsten des Ikonoklasmus zwischen 814 und 843. Die Verehrung von Ikonen wurde inzwischen von den Mönchen des Klosters des Studios in Konstantinopel unter ihrem Abt Theodor (759-826) gepflegt. Die Kaiserin Theodora, die, nach dem Tod ihres ikonoklasten Gatten Theophilos (829-42) als Regentin für Michael III. herrschte, berief ein Konzil in Konstantinopel ein, das die Verfügungen des siebten ökumenischen Konzils des Jahres 787 bekräftigte und brachte am ersten Sonntag der Fastenzeit die Ikonen durch eine Prozession in der Sophienkirche zum letzten Mal wieder an. Dieses Ereignis wurde als der 'Triumph der Orthodoxie' bekannt. Obwohl beim Volk im allgemeinen nicht sehr beliebt, waren die ikonoklasten Kaiser erfolgreiche Soldaten und ohne sie wäre die Lebensdauer des byzantinischen Reiches eventuell kürzer gewesen.

Abkürzungen der Bücher der Bibel, die in diesem Buch verwendet werden

Apg	Die Apostelgeschichte	Jes	Das Buch Jesaja	Mt	Das Evangelium nach Matthäus
Am	Das Buch Amos	Jdt	Das Buch Judit	Nah	Das Buch Nahum
1 Chr	Das erste Buch der Chronik	Jer	Das Buch Jeremia	Neh	Das Buch Nehemia
2 Chr	Das zweite Buch der Chronik	Ri	Das Buch der Richter	Num	Das Buch Numeri
Kol	Der Brief an die Kolosser	Joël	Das Buch Joël	Obd	Das Buch Obadja
1 Kor	Der erste Brief an die Korinther	Joh	Das Evangelium nach Johannes	1 Sam	Das erste Buch Samuel
2 Kor	Der zweite Brief an die Korinther	Jona	Das Buch Jona	2 Sam	Das zweite Buch Samuel
Dan	Das Buch Daniel	Jos	Das Buch Josua	Phlm	Der Brief an Philemon
Dtn	Das Buch Deuteronomium	1 Kön	Das erste Buch der Könige	Ps	Die Psalmen
Est	Das Buch Ester	2 Kön	Das zweite Buch der Könige	1 Petr	Der erste Brief des Petrus
Ez	Das Buch Ezechiel	Lk	Das Evangelium nach Lukas	Röm	Der Brief an die Römer
Esra	Das Buch Esra	Lev	Das Buch Levitikus	Offb	Offenbarung des Johannes
Ex	Das Buch Exodus	1 Makk	Das erste Buch der Makkabäer	Hld	Das Hohelied
Gal	Der Brief an die Galater	2 Makk	Das zweite Buch der Makkabäer	Tob	Das Buch des Tobit
Gen	Das Buch Genesis	Mi	Das Buch des Micha	Tit	Der Brief an Titus
Hebr	Der Brief an die Hebräer	Mk	Das Evangelium nach Markus	2 Tim	Der zweite Brief an Timotheus
				Sach	Das Buch Sacharja

Andere Abkürzungen

v. Chr.	vor Christi Geburt	S.	Seite
n. Chr.	nach Christi Geburt	Hl.	Heilige/Heiliger

Alle biblischen Zitate stammen aus der Bibel, Einheitsübersetzung, 1980, Katholische Bibelanstalt GmbH, Stuttgart. Die Zeitangaben neben Herrschern, wie Salomon (961-920 v. Chr.), bezeichnen die Regierungsperiode. In den Fällen, in denen keine Verwechslung möglich ist, wurde die Beifügung v. Chr. oder n. Chr. weggelassen.